마을영웅

8387

그길

마을영웅 8387

발행일 2024년 9월 1일
엮은이 박상선/펴낸곳 그길
출판사 신고번호 제2012-000083호
신고일자 2012년 8월 27일
사업자 등록번호 446-62-00015
개업일자 2015년 3월 4일
팩스 031-8057-6908
이메일 odawoki@gmail.com
Copyright © 2020 by Park Sangsun
All rights reserved
ISBN 9791191789362

정가 13,200원

ISBN 979-11-91789-36-2

책규격 112x184mm, 책등 13.3mm 표지글꼴 Tmon몬소리, 본문 본명조9.5pt, TimesNewRoman, SpinozaPro,행간15pt, 무선무광, 표지 컬러 아트지250g, 내지 흑백 미색모조80g, 면지 120밍크(백회), 총페이지수 296

목차

우리 나라 우리 마을 *8*

박정희 대통령 친필 *11*

마을영웅 1983

1화 새마을운동으로 기적을 낳은 매바위마을 *27*
   경기 화성군 남양면 장덕1리
   부녀지도자 여채봉(35세)

2화 하늘밑 첫동네가 부자마을이 되기까지 *33*
   강원 평창군 도암면 차항2리
   지도자 박병승(35세)

3화 인내와 끈기로 이룩한 복지 어촌마을 *39*
   강원 고성군 죽왕면 오호2리
   지도자 신응균 (50세)

4화 다각적인 복합영농으로 부자마을 이룩 *44*
   충북 괴산군 칠성면 사곡마을
   지도자 송관헌 (44세)

5화 주민의 협동으로 이룩한 복지어촌 *50*
   충남 서산군 안면읍 황도리
   지도자 편무호(34세)

6화 끝없는 새마을운동을 향하여 *56*
   전북 남원군 운봉면 연동마을
   지도자 박용선(38세)

7화 새마을운동에 남은 생애를 바치기로 *62*
   전북 완주군 이서면 후농마을
   부녀지도자 배종환(48세)

8화 하나의 힘보다 열개의 힘으로 68
　　전남 여천군 화양면 소장마을
　　지도자 최용권(41세)

9화 5년간의 대역사 끝에 마을의 길을 내고 73
　　전남 순천시 삼산동 조비마을
　　지도자 이봉춘(48세)

10화 조상의 얼을 받들어 복지마을로 79
　　전남 광산군 임곡면 광곡마을
　　지도자 기영호(34세)

11화 강변 백사장에 이룩한 복지마을 85
　　경북 선산군 선산읍 원3동
　　지도자 김성배 (35세)

12화 바다를 개발하여 부자마을 만들고 90
　　경북 영일군 구룡포읍 삼정 2리
　　지도자 권혁주(42세)

13화 부녀회의 활동으로 복지마을 건설 96
　　경북 안동군 임하면 신덕 1리
　　부녀지도자 이헌정 (34세)

14화 실패를 딛고 일어선 섬마을 100
　　경남 통영군 한산면 여차마을
　　지도자 이충남 (38세)

15화 복합영농으로 부자가 된 후곡마을 105
　　경남 의령군 화정면 후곡마을
　　지도자 김영수(38세)

16화 피땀으로 이룩한 축산마을 111
　　제주 남제주군 표선면 성읍리
　　지도자 양남일(38세)

17화 황무지에 싹튼 밀알 116

서울 도봉구 중계동
지도자 김동익(42세)

18화 반상회가 점화시킨 새마을의 불길   *122*

부산 동구 수정 1동
지도자 류지형(52세)

19화 고물 아줌마   *127*

부산 남구 남천동
부녀지도자 지영자(39세)

20화 주민화합으로 이룩한 선진마을   *133*

대구 남구 봉덕 1동
지도자 김삼태(45세)

21화 주민 단결로 이룩한 복지마을   *139*

대구 동구 신천3동
지도자 권기범(44세)

22화 협동으로 이룩한 도시새마을운동   *144*

인천 동구 송림 5동
부녀지도자 김옥희(47세)

23화 오늘의 송탄시 부녀회가 있기까지   *149*

경기 송탄시 신장 1동 12통
부녀지도자 최정애(41세)

24화 빈민촌에서 12억 자산을 조성   *155*

강원 원주시 개운동
새마을금고 이사장 이강부(50세)

25화 도시 새마을운동은 부녀회에서   *161*

충북 청주시 탑대성동 8통
부녀지도자 최영자(36세)

26화 시장새마을운동의 결실   *165*

전북 정주시 연지동 미창마을
지도자 박원규(53세)

27화 꽃과 노래와 웃음으로 가득찬 즐거운 학교 *169*
    충남 대전시 충남여자중학교
    교사 윤성웅(42세)

28화 일심운동으로 주인의식을 정착 *175*
    전남 목포시 남양어 망공업주식회사
    대표이사 홍순기(55세)

29화 주인의식으로 뭉친 내 직장 *181*
    경기 성남시 경기교통(주)
    대표이사 김충호(53세)

30화 클로바의 힘으로 복지마을 건설 *187*
    충남 당진군 석문면 통상리
    덕송새마을청소년회 회장 임임규(22세)

31화 농산물 유통개선으로 자립 농촌건설 *193*
    경남 밀양군 삼랑진
    단위농협 조합장 정대근(40세)

32화 자립의지로 역경을 극복한 어촌계 *198*
    강원 고성군 현내면 초도리 어촌계
    어촌계장 이상근(47세)

마을영웅 1987

1화 올림픽을 위한 지도자의 자세 *206*
    서울특별시 종로구 종로 5·6가동
    새마을지도자 박연택(49세)

2화 86 아시아경기대회와 부녀회원들의 봉사활동 *212*
    경기도 성남시 성남동
    부녀지도자 김선규(42세)

3화 집념으로 이룬 소망 *219*
    전라남도 승주군 주암면 백록리
    새마을지도자 조준현(37세)

4화 주민의 피땀과 화합으로 이어진 달천교 *225*
　　경상북도 군위군 소보면 봉황 3동

5화 인삼재배로 키운 복지마을의 꿈 *231*
　　전라북도 진안군 마령면 덕천리 신덕마을

6화 바지락이 숨쉬는 복지터전 *238*
　　전라남도 보성군 득량면 해평리 구룡마을

7화 불모지에서 피땀흘려 이룬 보람 *242*
　　대구직할시 북구 산격2동 산격 시영아파트

8화 올림픽을 향한 화합 *248*
　　인천직할시 남구 옥련동

9화 새마을운동으로 이룬 세계속의 라니 *254*
　　인천직할시 북구 작전동 라니산업(주)

10화 새마을금고 육성으로 이룬 복지마을 *261*
　　부산직할시 부산진구 개금동 새마을금고

11화 무지의 마을을 밝힌 독서의 횃불 *267*
　　충청북도 중원군 노은면 우성 3리 우성새마을금고

부록

마을영웅 1973 목차
마을영웅 1974 목차
마을영웅 1975 목차
마을영웅 1976 목차
마을영웅 1977 목차
마을영웅 1978 목차
마을영웅 1979 목차
마을영웅 1981 목차
마을영웅 1983 목차
마을영웅 1984 목차
마을영웅 1987 목차

우리 나라 우리 마을

이 책 마을 영웅 8387은 내무부가 1973년부터 1987년까지 엮어낸 새마을백서인 새마을운동 시작에서 오늘까지 중에 1983년 판 및 1987년 판에 실린 마을 성공사례를 따로 편집 합본하여 묶은 것입니다. 백서에는 5천년의 한 맺힌 가난을 극복해낸 뭇 민중들의 피눈물 나는 역정들이 기록되어 있습니다. 그 역정들을 새마을운동이 주도하였습니다. 그 새마을운동에는 남녀노소의 마을 주민들이 있었습니다. 그리고 앞장서서 솔선수범하였던 마을지도자가 있었습니다. 실패와 좌절로 포기하였다가도 오뚜기처럼 다시 일어나서 결국은 해냈습니다. 가난을 벗어던지고 잘 사는 마을을 만들어 냈습니다. 대저 못사는 자기 마을 자기 고향을 떠나서 공부로 장사로 운동으로 연예 활동 등으로 출세하고 성공하여 영웅으로 칭송을 받습니다. 개인의 영달 내지는 가문의 영달을 달성을 한 것이지요. 그러나 마을영웅 들은 자기 마을 자기 고향을 떠나지 않고 피눈물나는 형극의 고통을 온몸으로 받아내며 더불어 잘사는 마을, 이웃 모두가 인간답게 살 수 있는 마을로 만들어 낸 진정한 영웅들인 것입니다. 어느 역사 학자는 전쟁을 일으킨 이유 중 하나가 어린 자식들이 배고프다고 칭얼대도 먹일 것이 없기에 전쟁을 일으켰다고 진단한 바 있습니다. 새마을운동은 전쟁이었습니다. 배고픔에서 벗어나기 위해 가난과 싸운 전쟁이었습니다. 우리는 그 전쟁에서 승리를 거머쥐었습니다.

나라가 백척간두에 처하게 되면 민중들이 앞장서서 이 나라 이 민족을 위해 한 목숨 바쳐왔던 것입니다. 나라를 말아 먹은 자들, 나라를 빼앗긴 자들은 권력을 휘두른 위정자들이었습니다. 왜구나 오랑캐들이 쳐들어 왔을 때 임금이나 고관대작들은 산으로 기어들어가서 숨거나 강건너 똥구멍 빠지게 줄행랑치기 바빴습니다. 부끄러운 줄 모르는 작태가 아닐 수 없습니다. 민중들이 나라를 지켜왔습니다. 전국 곳곳에는 내 마을 내 지역을 지키다 장렬하게 숨진 지역 영웅 마을 영웅들의 역사가 새겨져 있음을 발견하게 됩니다. 예컨데 백두대간길 화령재를 지나는 25번 국도변에는 나라를 지키다 장렬하게 전사한 지역 영웅 마을 영웅들의 기념비가 세워져 있습니다. 바로 이들 민초들이 이 나라를 지켜온 것입니다. 새마을지도자들은 가난이라는 적과 싸워 이긴 바로 마을 영웅 지역 영웅들인 것입니다.

한 사람의 훌륭한 부락지도자가 한 마을을 완전이 일어나도록 만든 예를 많이 보고 있다. 이들이 이룩한 업적을 기록에 남기고 후세역사에 남겨야 한다. 이들이 바로 우리 농촌의 영웅이다. 박정희 대통령의 친필에 나오는 명언입니다. 이 백서의 기록들은 바로 마을 영웅들의 이야기인 것입니다. 박정희 대통령이 주재하는 경제동향보고회의 말미에 새마을지도자가 자기 마을의 성공사례를 직접 발표하였습니다. 매번 대통령께서는 이 성공사례를 들으며 흐느꼈습니다. 장관, 재벌 회장 등 동석자들도 또한 흐느껴 회의장은 이내 눈물 바다가 되곤 했습니다. 이들 성공사례는 형극(荊棘)의 역정을 헤쳐온 마을 영웅들의 이야기 우리 조상들의 이야기 바로 마을 주민들의 향토사(鄕土史)인 것입니다. 필자는 이 일화를 들여다볼 때면 헨델(Georg Friedrich Händel)의 오라토리오 메시야(Oratorio Messiah)가 런던에서 초연(初演)될 때 할레루야(Halleluja) 합창시 영국 국왕 조지 2세(George II)가 감동을 받고 자리에서 벌떡 일어났다는 일화가 연상되곤 합니다.

새마을운동 50주년을 맞으며 별책 '새마을 지금까지'을 쓰면서 먼지 쌓인 서궤(書櫃)에서 감동적인 성공사례들을 재발굴했습니다. 이 어메이징한 영웅담을 재발견한 바 이를 그대로 묵혀놓기 보다는 자라나는 세대들에게 우리 선대들이 어떻게 우리 마을 우리 나라를 잘 살게 만들었는지를 알려주는 것이 역사교과서처럼 중요하다고 생각하였습니다. 그리하여 새마을 지금까지 책과는 별도로 내무부가 출판했던 새마을백서 1973년판부터 1987년판까지에 실린 성공사례들만 따로 묶어 제명(題名)을 '마을영웅 1973~1987'으로 하여 출판을 하였습니다. 백서란 정부의 치적을 기록보존하는데 주목적을 두고 있습니다. 그리고 백서의 배포 또한 정부기관 등 조직단위에 배포하는 것으로 그칩니다. 그러다보니 일반 대중이 백서를 손쉽게 열람 및 빌려서 읽어보기가 지난합니다. 더욱이 자라나는 후손들에게 우리의 위대한 조상들의 행적을 읽히게 하기는 더욱 어려웠던 것입니다. 이 시리즈들이 특히 후세대들에게 많이많이 자주자주 읽히도록 어른들이 후세대들에게 적극적으로 권유하여 주실 것을 부탁합니다. 특히 새마을백서는 정부 전 부처가 총망라다시피하여 작성된 정부의 종합백서 성격을 띠고 있습니다. 새마을백서*는 1973년부터 출판되기 시작하여 1987년도를 마지막으로 출판이 종료됩니다. 이 책은 백서 1983년판에 실린 32화 및 1987년판에 실린 11화를 제명 "마을영웅 8387"로 합본하여 엮은 것입니다. 성공사례들은 1987년판까지에만 수록이 되고 이 이후 성공사례 기록 관리는 각 부처별 및 지방정부별로 이루워져서 가뜩이나 일반 대중들이 이들을 읽고자 하여도 접근하기가 더 불편하게 됩니다. 이번 마을 영웅 책들이 이런 불편들을 덜고 널리널리 많이많이 자주자주 읽혀져서 나를 성찰하고 나라를 성찰하는 모멘트가 되었으면 합니다. 가난을 이겨낸 그 역사의 여정길을 초심처럼 변치 않고 우리들의 마음 속에 길이길이 간직되기를 두손 모아 축원합니다.

새마을백서 연도별 수록 화(話) 수
1973년판 30화, 1974년판 18화, 1975년판 21화, 1976년판 29화, 1977년판 25화, 1978년판 32화, 1979년판 31화, 1981년판 30화, 8387년판(1983년판 32화와 1987년판 11화 합본), 1984년판 17화, 새마을운동 전성기인 1970년대에 있어서 자연 부락 숫자인 3만3천여 마을 숫자 만큼의 성공사례가 있었다고 해도 과언이 아니다. 따라서 백서에 실린 내용은 그 대표적인 일부 사례들이라고 말할 수 있다.

박정희 대통령 친필

새마을운동   1972. 4. 26. (광주)

1. (1) 지금 전국방방곡곡에서 새마을운동이 활발히 전개되고 있다. (지금은 대체로 매듭 지을 단계) 나도 그동안 여러 부락을 찾아가 보고 보고를 통하여 듣고 우리 농민들이 우리도 한번 잘 살아 보겠다고 몸부림치는 그 모습을 보고 깊은 감명을 받았다. (2) 도지사 이하 시장 군수 기타 모든 일선 공무원들이 토요일도 일요일도 없이 잠바 바람에 밤낮을 가리지 않고 뛰어다니면서 이들을 지도하고 격려하면서도 지칠줄 모르고 보람을 느끼는 것도 우리 농민들의 그 부지런 모습에 감동 되었기 때문이라고 생각한다. (3) 확실히 이 운동은 우리 농촌 사회에서 일어나고 있는 새바람이요, 서광이요, 희망이라고 본다. 우리 역사상 과거에도 이런 일은 찾아 볼 수 없던 일이다.

확실히 우리 민족도 잠재적으로 무한한 저력을 가진 민족이다. (4) 왜 이러한 저력을 가지고 있으면서도 저력을 발휘하지 못했느냐 역시 여기에는 어떠한 계기가 마련되어야 하고 자극이 있어야 된다고 본다. 지난 10년 동안 1·2차 5개년 계획을 통해서 우리 국민들이 땀 흘려 이룩한 건설의 성과가 우리 농민들로 하여금 큰 자극을 주었고 오랜 침체 속에서 잠을 깨고 눈을 뜰 수 있는 계기를 만들어 주었다고 봐야 할 것이다. 우리도 하면 된다 하는 자신이 생겼다. (1) 한 민족이 침체에서 벗어나서 일대 약진을 할 때 가장 중요한 것이 자신이다. 자신이 있으면 의욕이 생긴다. 의욕과 자신이 없는 민족은 아무리 좋은 기회가 있더라도 이것을 이용할 줄 모른다. (기회포착불가) 반대로 의욕과 자신이 왕성한 민족은 역경에 처해서도 이에 굴하지 않고 오히려 이를 전화위복으로 삼을 줄 아는 슬기를 發揮할 줄 안다.

(2) 우리도 그동안 數없이 많은 苦難과 試練을 겪어 왔다.

外敵으로 부터 侵略도 받아봤고, 共産黨의 數없이 많은 挑戰도 받아봤고. 무릇다 水害다 하여 數많은 天災도 받아봤고. 祖上으로 부터 물려 받은 가난이란 서름을 뼈에 사무칠 程度로 겪어봤다

(3) 그러나 우리는 이러한 逆境에 屈하지 않았다.

侵略者에 對해서는 對決해서 싸워서 이길수 있는 힘을 걸러야 하고

天災는 하늘을 쳐다 보고 怨望 할것이 아니라 人力으로, 이것을 克服하는 能力도 모색해야 하고

가난은 부지런히 일하면 잘 살수 있다는 것을 깨달았다

(4) 過去에는 이러한 逆境을 우리힘으로는 到底이 克服할수 없는 일이라고 만 생각하고 할생각도 않았는데. 이제는 우리 힘으로 해볼수 있다는 自信을 가지게 되었다.

우리가 奮發하고. 勤勉하고 協同하고

團結하면 能히 克服할수 있다는 自信을
얻게 되었다

이것이 새마을운동이 鬱然히 일어나게 한
動機가 되고 原動力 이 되였다.

偶然한 일이 아니다.

3. 새마을 運動 이란 뭐냐. (意義·概念)

(1) 俗談쯧에 論語를 읽고도 論語 의 뜻을
모른다 는 말이 있다.

(2) 시멘트 와 鐵筋 가지고 農路닦고
다리놓는 것이다. 운운 ‥‥

(3) 쉽게만 하자면 잘 살기운동 이다

(4) 어떻게 사는것이 잘사는 거냐?
  ○ 貧困脫皮.
  ○ 所得이 增大 되어 農村이 富裕해지고
    보다 더 餘裕있고 品位있고
    文化的인 生活

  ○ 이웃끼리 서로사랑하고 相扶相助 하고

  ○ 알뜰하고 아름답고 살기좋은 내마을

  ◉ 당장 오늘의 우리가 잘살겠다는 것도
    重要하지만 ‥‥‥ 來日을 爲 해서
    우리의 사랑하는 後孫들을 爲해서

4

잘사는 내 고장을 만들겠다는 데
보다 더 큰 뜻이 있다. (새마을 운동에
철한 哲學的인 意義를 發見하자)

4. 어떻게 해야 잘 살수 있는냐?

  (1) 方法은 다 알고 있다.
     問題는 實踐이다.

  (2) 부지런 해야 잘산다.
  (3) 自助精神이 強해야.
  (4) 온마을 사람이 協同精神이 強해야

혼자 부지런 해도 안된다. ― 온집안
食口 全部가 부지런해야 한다

한집만 부지런해도 안된다.
온洞里사람이 全部 부지런 해야 한다.

온洞里사람이 全部 부지런하면 協同
도 잘 된다.

5. 協同의 原理.
  (1) 協同의 必要性 $1+1 = 2+α$
     ○ 能率이 오른다
        例: 農路作業, 堆肥, 지붕개량
     ○ 團結心이 強해진다.
     ○ 自信이 생긴다

협동하면 어마어마 한 힘이 생기므로 자신이 생김 능률 단결심 자신 안되는 일이 없다. 6 근면 자조 협동 정신 이것이 새마을정신이다. 이 정신이 있어야만 새마을운동은 성공한다. 즉 잘 살 수 있다. 이렇게 볼 때 새마을운동이란 정신계발운동이요 정신혁명운동이다. 동시에 이 운동은 말만 가지고 하는 것이 아니라 행동과 실천이 반드시 수반해야 한다. 행동철학이다. 이렇게 되면 우리 농촌은 반드시 잘 사는 농촌이 될 수 있다. 7 어떻게 행동에 옮기느냐. (실천단계) 가. 사업선정을 잘하라. (5대 고려사항) (1) 부락민의 총의에 의하여 결정 (2) 부락공동이익에 기여 (3) 부락 특수성 고려 (타부락 모방

- 前(회 7쪽)
  例: 마을會堂부터….
      農路부터….
      橋梁부터….
      마을안길부터….
      簡易上水道부터….
      有實樹共同造林부터…. 等

(4) 部落民의 自體能力 考慮,
    人口와 勞動力
    資金負擔能力…. 等

(5) 直接·間接으로 部落民 所得增大
    와 直結.

나. 事業의 推進 과 部落指導者

(1) 計劃은 누가 짜느냐
(2) 部落民은 누가 說得하느냐
(3) 여기에 指導者 가 必要
(4) 이事業을 앞장서서 推進할
    推進核心体 (推進委員会)

다. 有能한 部落指導者 가 있고 없고는
    事業成敗 의 關鍵 이다.
    信望이 두텁고 說得力이 있고
    部落發展을 爲해서 献身的이고
    犠牲的 精神旺盛.
    推進力 이 있는 者.

라. 始動이 걸렸다 點火가 됐다.

7

박정희 대통령 친필

> - 事業選定이 되고
> - 훌륭한 指導者가 있고
> - 部落民의 說得이 됐고   } 始動化
> - 計劃을 緻密을 세워서 能率的으로 推進
> — 이와 같이 하면 반드시 成功한다 —
> — 이와 같이 한 部落은 반드시 成功 했다 —
>
> — 이와 같이 해서 成功 한 部落은
> 勤勉 과 協同이 얼마나 所重
> 하다는 것을 깨닫게 되고
> 自己들이 이룩한 일이 엄청나게
> 巨創한 일을 했구나 하고
> 스스로 놀라게 된다.
>
> 8. 이제부터 는 이 事業을 어디로 이끌어 갈 것이냐?
> 가. 直接的인 所得增大 事業으로 이끌어 가야한다.
> (1) 이제 까지 한 事業 도 直接 間接으로 所得增大 에 寄與하는 事業이다. 그러나 本格的인 事業 으로 이끌어가기 爲한 始動作業이요 點火作業이다.
>
> (2) 앞으로 所增 에 直接的으로 寄與 하지 못하면 이 運動은 熱이 식어버린다.
>
> (3) 새마을 운동의 窮局的目標는

8

사업선정이 되고 훌륭한 지도자가 있고 부락민의 설득이 됐고 시동점화 *계획을 치밀을 세워서 능률적으로 추진 이와 같이 하면 반드시 성공한다. 이와 같이 한 부락은 반드시 성공 했다. 이와 같이 해서 성공한 부락은 근면과 협동이 얼마나 소중하다는 것을 깨닫게 되고 자기들이 이룩한 일이 엄청나게 거창한 일을 했구나 하고 스스로 놀라게 된다 8. 이제부터 는 이 사업을 어디로 이끌어 갈 것이냐? 가. 직접적인 소득증대 사업으로 이끌어 가야한다. (1) 이제까지 한 사업도 직접 간접으로 소득증대에 기여하는 사업이다. 그러나 본격적인 사업으로 이끌어가기 위한 시동작업이요 점화 작업이다. (2) 앞으로 소증에 직접적으로 기여하지 못하면 이 운동은 열이 식어버린다. (3) 새마을운동의 궁극적 목표는 농어민의 소득을 증대하여 잘사는 농촌을 만드는데 있다. (잘 살기 운동) (4) 농번기에 접어드는 지금부터 할 일 새마을사업 금년도 전반기 사업 대체 완료 미완료 분야는 후반기 농한기로 돌리고 농사에 전력 경주할 것 (본농사) 농사일에도 협동을 할 수 있는 것은 협동으로 하면 더 능률이 오른다. (모내기 김매기 농약살포 등) (5) 금년 후반기에 할 일도 이제부터 연구하라. 후반기 사업에도 정부는 약 100억 정도의 재원을 마련할 예정이다. (6) 전반기 사업의 성과를 분석하여 성과가 좋은 부락에 집중 투자할 예정 가급적이면 환경 정리 사업보다는 소득 증대에 직접 기여하는 사업들을 검토하라. 9. 금일 토의하는 소득증대 특별 사업도 따지고 보면 우리가 하는 새마을운동의 일환이다.

박정희 대통령 친필

가. 成功한 事例 不成功한 事例있느냐
  ◎ 成功한 事業은 亦是
    勤勉하고 自助精神 强하고
    協同精神이 旺盛한데는 成功
  ◎ 不成功은 그렇지 못했는데다

나. 勤勉하고 協同을 잘 했는데도
  成功하지 못한 例가 있다면
  두가지 原因이 있을꺼다

  하나는 …… (農民側)
    營農에 있어서 科學的인 인(知)
    識과 技術이 不足했거나

  또하나는 …… (政府側)
    政府의 후원이 잘못됐다.
    資金支援이 適期放出 不履行
    計劃生產 不履行
    農產物價格保障 不實施
    販路開拓 不斡旋 等

다. 앞으로는
  農民도 營農에 대한 科學的 知識(머리를 써야) 이 必要하고

政府는 適切한 支援対策이
사이 隨伴 되어야 한다.

10. 새마을 운동을 成功的으로 發展
시켜 나가기 爲하여 留意할 事項들

(1) 成果에 対한 성급한 생각을
버리라 (政府官吏나 農民들)

最少限 5年 동안을 熱心이 持續
해야 成果가 난다

造林事業은 40年 50年도 걸린다
(우리들 子孫에게 물려 준다고 생각)

우리 子孫들에게 遺産으로 물
려주기 爲한 보람 있는 사업이
라고 생각하라.

(2) 새마을 운동은 반드시 農民들의
自發的인 運動으로 啓導되어야 한다
스스로 部落民 마음속에서 우러난
自發的 운동이라야 成功

官에서 이것하라 저것하라 強要동
해서 하는 事業은 成功 못한다

例: 部落民들의 總意에 依하여
農路를 만들기로 決定을 했
다면

정부는 적절한 지원대책이 필히 수반되어야 한다. 10. 새마을운동을 성공적으로 발전시켜 나가기 위하여 유의할 사항 (1) 성과에 대한 성급한 생각을 버리라 (정부관리나 농민들) 최소한 5년 동안을 열심히 지속해야 성과가 난다. 조림사업은 40년 50년도 걸린다. (우리들 자손에게 물려준다고 생각) 우리 자손들에게 유산으로 물려주기 위한 보람있는 사업이라고 생각하라. (2) 새마을운동은 반드시 농민들의 자발적인 운동으로 계도되어야 한다. 스스로 부락민 마음속에서 우러난 자발적 운동이라야 성공 관에서 이것 하라 저것 하라 강요해서 하는 사업은 성공 못한다. 예: 부락민들의 총의에 의하여 농로를 만들기로 결정을 했다면 군이나 면에서는 측량설계를 도와주고 기술지도를 하고 행정지원을 해주고 기술공무원들을 자주 출장시켜서 지도를 하는 등 (3) 반드시 생산과 직결되고 소득증대가 결과되어야 한다. 과학적인 영농기술과 지식이 필요하다. 이를 위하여 일선 공무원이나 농촌지도기관이나 지역사회에 있는 학교가 지도와 협조를 해야 한다. (4) 정부는 근면하고 자조정신이 강하고 협동정신이 왕성한 우수 부락을 우선적으로 지원한다는 방침을 계속 밀고 나간다. (5) 정부는 이 운동을 강력히 뒷받침 하기 위하여 필요한 자금의 지원 기술지도 계획생산 농산물의 가격보장 유통대책을 세워서 농민들이 땀흘려 일한 것이 결코 헛되지 않고 실망하지 않도록 더욱 증산의욕을 북돋아 주도록 한다.

(6) 부락의 부녀 회원들을 적극적으로 참여시키고 그들의 참여의식을 높여줘야 한다. 성공한 부락은 반드시 예외없이 부락 부녀 회원들의 역할이 대단히 컸다는 것을 알고 있다. 대체로 부녀들은 남자보다 더 알뜰하고 성실하고 적극적이다. (7) 훌륭한 부락지도자의 발굴과 양성에 정부는 계속 노력해야 한다. 한 사람의 훌륭한 부락지도자가 한 마을을 완전이 일어나도록 많은 예를 많이 보고 있다. 이들이 이룩한 업적을 기록에 남기고 후세 역사에 남겨야 한다. 이들이 바로 우리 농촌의 영웅이다. (8) 이 운동은 민족의 대약진 운동이다. 농촌에만 해당하는 운동은 결코 아니다. 범국민운동이다. 도시민들도 참여하고 적극적으로 협조해야 한다. 아무도 방관자가 될 수 없다. 그렇다고 나는 도시 사람도 전부 농촌에 가서 농로를 뚫고 지붕개량사업을 지도해달라는 것은 아니다.

박정희 대통령 친필

도시민들은 도시민들로서 뭣인가 이 운동을 도우는 길이 있을 것이다. 최소한 도우지 못한다면 훼방을 놓지 않아야 하겠고 방해는 하지 않아야 하겠다. 일부 도시민들의 지각없는 생활태도는 이 운동에 찬물을 끼어 없는 결과를 가져올 수도 있다. 최소한 이런 일은 하지 않아야 하지 않겠는가? (9) 이 운동에는 물론 여러가지 문제점도 있고 일부 부작용도 있다. 물론 처음부터 실수가 없도록 최선을 다해야 하겠으나 일부 부작용이 있다 해서 비방만 할 것은 못 된다. 시정해나가면 된다. (10) 모든 사업은 처음부터 치밀한 계획을 세워서 착수하고 하나 하나의 공사는 야무락지게 견고하게 착실히 해야 한다. (다리를 놓았더니 비 한번 오니 내려 앉는 예는 없도록) (11) 모든 공무원들은 이 운동에 앞장 서고 이 운동을 지도하고 그들 농민을 도와주는 일에 무한한 긍지와 보람을 느낄 줄 알아야 한다.

끝

마을영웅 1983

1화 새마을운동으로 기적을 낳은 매바위마을

경기 화성군 남양면 장덕1리
부녀지도자 여채봉(35세)

마을현황

가구수 (호)	계	농어가	어가	인구수 (명)	계	남	여
	30	13	17		148	79	69
경지 면적 (ha)	계	논	밭	마을공동 기금	새마을조직현황(명)		
					새마을 부녀회	새마을 청소년회	새마을 금고
	24.5	14.3	10.2	9,200천원	30	14	30
마을호당 평균 소득(천원)	1973		1980	1982	1983추정	1985전망	
	715		2,694	3,810	4,210	5,800	

주요사업실적

사 업 별	세 부 사 업 명	사 업 량	사 업 비
생 산 기 반	암 거 설 치 교 량 가 설 선 착 장 설 치	3개소 12m 2개소 10m 1개소 50m	1,345천원 1,460천원 7,200천원
소 득 증 대	굴 양 식 장 바 지 락 양 식 장 과 수 단 지 조 성	8ha 10ha 7ha	35,000천원 12,500천원 8,200천원
복 지 환 경	진 입 로 포 장 간 이 급 수 시 설	200m 25호	3,800천원 3,600천원

육지의 끝, 매바위 마을

장덕 1리 매바위 마을은 면소재지에서 남쪽으로 12km나 떨어진 육지의 어촌이다.

　마을과 바다가 인접한 곳에 매처럼 생긴 바위가 있어 매바위라 불리워진 이 마을은 30가구에 135명의 주민들이 살고 있으며 13호는 농사와 어업을 겸하고 있으나 17호는 어업만을 생계수단으로 살아가고 있다.

이 마을도 새마을운동이 불붙기 전엔 오지 빈촌이었으나 새마을사업으로 확장된 도로를 따라 시외버스 정류장이 생겼고, 면소재지에서 마을까지 하루 일곱번씩 버스가 운행되어 30리를 걸어서 통학하던 학생들이나 바다에서 잡은 생선을 머리에 이고 왕복 50여 리의 오솔길을 오고 가던 아낙네들도, 이제는 버스를 타고 다니는 편리한 생활을 하게 되었다. 마을어귀에 들어서면 시멘트로 깨끗하게 포장된 진입로가 나타나며 선착장에는 5톤짜리 고기잡이 배들이 고동을 울리고 드넓은 개펄에는 굴 양식장과 바지락 양식장이 끝없이 펼쳐지고 있다.

바닷가 빈촌으로 시집와서

이 마을에 여채봉 부녀지도자가 12년 전인 1971년 강화도에서 이곳으로 시집왔을 때 여 부녀지도자는 정말 눈앞이 캄캄하였다. 남양에서 12km 나 떨어진 오솔길로 생선을 팔기 위하여 수십리를 걸어서 다녔으며 옹기종기 모여 있는 초가집은 전기조차 들어오지 않고 약간의 고기잡이와 바다를 막아 조성한 간척지 논에서 수확한 보잘 것 없는 곡식으로 생계를 유지하는 낙후된 마을이었다.

여 부녀지도자는 처녀시절에 농사일을 해보지 않았기 때문에 피곤과 배고픔을 참다 못해 도망이라도 칠까 하고 여러번 어리석은 생각을 갖기도 하였다.

어느날 여 부녀지도자가 서투른 솜씨로 논에서 피사리를 하다가 비가 오기에 못자리에서 끌어낸 비닐을 온 몸에 두르고 다시 논으로 들어가려는데 택시 한대가 들어오므로 무심코 바라보았더니 여자손님 두 명이 내리면서 리장댁이 어디냐고 묻길래 가르쳐 주고 돌아서는데 그들은 "저런 여자 한테도 신랑이 있을까?"하고 이야기를 주고 받는 것이었다.

여 부녀지도자는 도시여자들의 조롱에 화가 치밀었지만 잘 나지 못하여 농촌에 시집와서 살게 된 자신이 원망스럽고 너무나 억울해서 밤새 눈이 붓도록 울고 도시로 나가 무엇이든지 해

보자고 남편을 졸랐다. 그러나 남편은 둘째 아들이지만 농사를 지으면서 고향의 부모님을 모셔야하므로 떠날 수 없다는 것이었다. 여 부녀지도자는 남편의 뜻을 따르기로 하고 농촌생활에 묻혀 사니 농사일에도 익숙해지고, 시부모님께 효성을 다하니 시부모님의 사랑도 받게 되었으나, 시아버지께서 병환으로 돌아가시자 부부가 어린 아들을 데리고 조그만 집을 얻어 살림을 나게 되었다.

생선행상으로 공동기금을 마련하고
얼마되지 않는 농토와 남편의 고기잡이 생활만으로는 신접살림 꾸려나가기가 너무나 벅차서 여 부녀지도자는 5일만에 열리는 남양장터로 생선행상을 나가지 않으면 안되었다.

남양장으로 생선 행상을 다니던 여 부녀지도자는 새마을사업으로 나날이 변모해가는 이웃 농촌의 모습을 보게 되었고 새마을운동이 시작된지 5년이 넘었는데도 변모는 커녕 오직 먹고 살기에 급급한 매바위마을을 볼 때 한심스럽기만 했다. 더구나 매바위마을을 남양면내에서도 가장 못사는 낙후마을로 부르는 사실에는 화가 치미는 것이었다.

매바위 마을에도 리장, 새마을지도자, 부녀회장들이 있지만 잘 산다는 것은 주민 전체의 힘이 뭉쳐져야 되는 것이지 어느 개인의 힘만으로는 불가능하다는 것을 굳게 믿게 된 여 부녀지도자는 부녀회장을 찾아가서 부녀회의 공동기금을 모아보자고 의논하였다. 그러나 부녀회장은 어려운 일이라고 아예 말도 못 붙이게 했다.

여 부녀지도자는 함께 생선행상을 하는 몇몇 부녀자들에게 부녀회 활동과 공동기금 마련방법을 설명하면서 절미 저축과 행상에서 몇푼씩 저축하여 보자고 제의했고 부녀자들 몇몇이 동조하고 나섰다. 절미저축으로 모아진 돈은 7만6천 원이 되고 행상으로 조금씩 공동저축한 돈은 15만 원으로 1년 동안에 22만6천 원이 되었다.

농악기구 선물로 주민이 단합되고

이듬해 이른 봄 풍어제를 맞이하여 여 부녀지도자일행은 저축금 중에서 20만 원으로 농악기구 일체를 구입하고 농악에 조예가 있는 노인들을 초청하여 동네 잔치를 베풀었다. 그리고 그 자리에서 다른 마을의 발전과 새마을사업에 대하여 본대로 설명하고 매바위마을도 한번 일어나보자고 역설하였다.

수십년을 살아왔어도 풍어제 지낼 때 장고 하나 제대로 갖추지 못했던 마을에 농악기구가 생겼으니 주민들은 신이나게 되었고 부녀지도자는 1977년 6월, 28세의 어린 나이로 장덕1리 부녀회장이 되었다.

그때만해도 주민들의 생활은 농토가 적어 농사일보다는 어업에 힘을 썼지만 고기잡이 기구가 발달하지 못하여 소득은 형편없이 낮았으며 고기잡이에서 돌아오거나 고기잡이를 나가지 않는 날은 남자들이 술과 노름으로 소일하는 것이었다. 부녀회장이 된 여 부녀지도자는 술과 노름을 몰아 내기 위해서는 남자들에게 새로운 일감을 주어야 한다고 결심하고 항상 협조해주는 남편을 주축으로 마을 사람들이 공동으로 야산을 개간토록 설득시켰다. 마을 주변의 야산이 대부분 국유림이라서 개간에 더욱 큰 어려움이 있었으나 여러 사람의 노력과 주민들의 협동으로 복숭아, 포도, 밤나무 등 7ha의 공동 과수원이 조성되었고, 일하는데 힘쓰게 된 남자들의 술과 노름하는 버릇은 자연히 사라져 갔다.

공동사업에 눈뜬 어민들

정부의 혜택으로 매바위 마을에도 전기가 들어오고 주민들은 뒤늦게나마 새마을운동에 눈을 뜨게 되었으며, 걸어서 다녀야만 했던 12km의 도로중 4km의 구간을 확장하여 마을어귀 산중턱까지 시외버스가 통행하게 되었다. 물론 인근부락의 주민들도 동원되었고 행정기관과 군부대의 장비지원도 큰 힘이 되었다.

1977년 겨울, 매바위마을 주민들은 개펄을 이용한 소득사업 개발을 본격적으로 추진하게 되었다. 개펄을 굴양식장으로 만들 것을 결의하고 추운 겨울이었지만 개펄에 돌을 깔아넣는 작업을 시작했다.

가혹한 시련을 이겨내고

겨울 해풍은 무서우리만큼 사나왔고 마을이 작아 노동력이 부족한 주민들은 겨우내 쉴 사이 없이 혹한의 바다 바람과 싸웠다. 남자들은 바위를 해머로 깨고 부녀자들은 깬 바위를 머리에 이고 흙투성이가 되어 20여리의 개펄을 왕래했다. 손발이 얼어터지고 입술이 부르터도 그들은 고생스럽다고 생각하지 않았다. 그런데 여 부녀지도자의 남편이 경운기로 바위를 실어나르다 경운기가 전복되는 사고로 의식불명이 된 채 병원으로 실려갔다. 남편에 대한 극진한 정성과 주민들의 진실어린 기원으로 의식을 회복 했지만 사고당시의 충격이 커서 한동안 병고에 시달리는 괴로움을 당하기도 하였다.

소득사업 개발에 박차를 가하고

여 부녀지도자가 하는 일이라면 언제나 앞장서 주던 남편의 경운기 사고로 인하여 여 부녀지도자는 자신이 직접 남편대신 경운기를 운전하며 주민들을 격려하였고 주민들은 억센 의지에 감동되어 8ha의 굴양식장을 무난히 조성하게 되었다. 이에 재미를 붙인 주민들은 해마다 바지락 증식 사업에도 힘쓴 결과, 10ha의 양식장을 조성하였다.

또한 배가 드나드는 포구에 선착장이 없어 많은 불편을 겪어왔던 주민들은 50m의 선착장을 자력으로 축조하였으며 선착장에서 산 마루턱 버스 종점까지 200m의 진입로를 어촌계 공동기금으로 포장사업을 시작하자, 면 사무소에서 시멘트 300부대를 지원하여 사업을 알차게 마무리지었다.

주민들은 모든 일을 협동하여 자율적으로 추진해 나가고 소득증대사업에 힘쓴 결과, 굴양식장에서 1천5백만 원, 바지락양식으로 8백만 원, 맛조개와 까무락 채취로 1천만원, 고기잡이로 7백만 원 등 연간 4천여만 원의 공동수입을 바다에서 벌어들이고 있어, 1973년말 호당소득이 72만원에 불과하던 것이 1982년말에는 3백81만 원으로 늘어나게 되었으며 이제 매바위마을 30

가구는 바다를 떠나서는 살 수 없게 되었다.

잘 살겠다는 의지는 부자마을로

여 부녀지도자의 극진한 정성으로 남편의 건강은 예전처럼 좋아졌으며 복숭아, 포도밭, 밤나무 등 과수원에서 얻어지는 수익금과 절미 저축, 구판 사업 등으로 모아진 부녀회기금은 이제 4백만 원이 넘고 어촌계에서 운영하는 공동기금도 여러가지 새마을 사업을 추진하면서도 5백만 원이나 남아있다. 또한 금년엔 2천만 원의 소득사업특별자금이 행정기관으로부터 지원되어 흑염소 집단사육을 추진하고 있다.

이제 마을 주민들은 2척의 마을공동어선을 건조하고 마을 가운데 아담한 부녀복지회관을 지어 그동안 일에만 몰두하여 고생만 시켜드린 노인들에게 달마다 경로잔치를 베풀어 드리고자 하는 것이 내일의 설계이며 무진장의 소득자원인 바다를 개척하여 낙후마을이라 불리우던 불명예를 말끔히 떨쳐버리고 알찬 마을을 만들고야 말겠다는 신념에 가득차 있다.

2화 하늘밑 첫동네가 부자마을이 되기까지

강원 평창군 도암면 차항2리
지도자 박병승(35세)

마을현황

가구수 (호)	계	농가	비농가	인구(명)	계	남	여
	98	63	35		506	243	263

경지면적 (ha)	계	초지	밭	마을공동 기금	새마을 조직현황(명)		
					새마을 부녀회	새마을 청소년회	새마을 금고
	370.6	223	147.6	178,000천원	87	34	180

마을호당 평균 소득 (천원)	1973	1980	1982	1983추정	1985전망
	2,210	4,285	5,108	6,000	10,000

주요사업실적

사업별	세부사업명	사업량	사업비
생산기반	농로개설	4,198m	125,940천원
	안길확장	5,000m	75,000천원
	진입로포장	245m	9,800천원
	소하천정비	1,050m	8,400천원
	소교량가설	117m	58,500천원
소득증대	감자저장고	2동 140명	42,000천원
	공동축사	48명	9,600천원
	공동초지	23ha	69,000천원
	공동창고	60평	18,000천원
복지환경	마을회관	85평	25,500천원
	공동구판장	10평	4,000천원
복지환경	간이급수시설	45호	4,600천원
	어린이놀이터	50평	4,200천원
	주택개량	54동	432,000천원

가난에 지친 산간농촌

차항2리 마을은 영동고속도로에 위치한 대관령 휴게소에서 서북쪽으로 8km의 높은 고냉지대에 자리잡고 있는 산간 농촌마을로서 논이라고는 찾아 볼 수 없고 밭 88ha와 임야 1,032ha로 가구당 약 1ha 정도의 밭농사를 위주로 하는 마을이다. 일년 중 서리가 오지 않는 날이 100여 일 밖에 되지 않아, 1970년대 초반까지만 하여도 마을주민들은 옥수수와 감자에 의존하여 생계를 이어가고 있었으며 그나마 흉년이라도 들면 산나물로 근근히 연명하면서 유난히 춥고 긴 겨울을 하는 일 없이 보내야만 하는 마을이었다.

의욕이 넘친 젊은 지도자

이러한 가난한 마을에서 태어난 박병승 지도자는 고학으로 고등학교를 졸업할 때까지 그 누구보다도 가난을 뼈저리게 느끼면서 성장하였다. 1969년 3월에 군에 입대하기까지 청년들을 규합하여 4H 활동을 시작한 것이 마을 주민들에게 크게 감명을 주었던지 그가 제대를 하였을 때 때마침 가정 사정으로 새마을지도자가 사임을 하게 되자 박병승씨를 새마을지도자로 선출하였다. 군대 생활을 통하여 여러가지 발전된 도시의 모습과 이미 새마을의 열기로 나날이 급속도의 성장을 계속하고 있던 농촌들을 살펴볼 수 있었던 박지도자는 젊음을 다 바쳐서라도 꼭 이 마을을 복지마을로 이룩하고야 말겠다는 비장한 각오를 굳게 하면서 새마을의 선봉자가 될 것을 다짐하였다.

소득원을 찾아 황병산으로

고지대인 이 마을은 주 소득원이 고냉지 채소이다. 그러나 그간 계속된 화학비료의 과다한 사용과 연작재배로 인한 토질의 산성화 때문에 소출은 해마다 감소되고 있는 실정이었다. 이러한 사실을 깨달은 박지도자는 농촌지도소와 군청을 찾아갔다. 그들은 하나같이 "당신네 마을은 황병산을 이용하여 돈을 찾아야 한다"라고 일깨워 주었다. 태백산 준령인 이 황병산의 무궁한 초자원을 이용한다면 퇴비를 만들어 토지를 다시 옥토로 만들 수도 있고, 초지를 조성하여 축산을 한다면 일거양득의 효과를 거둘 수 있을 것이라는 얘기를 듣고 이를 실천해 보기로 작정하였다. 박지도자는 마을 주민들을 독려하여 3년간에 걸친 퇴비증산 결과로 어느 정도 토질의 산성화를 극복할 수 있게 되었으며, 또한 1976년도에는 퇴비실적 전국 1위라는 수상의 영광도 함께 갖기도 하였다.

그리고 농촌지도소의 기술지도를 받아 군유림 8ha에 초지를 조성하였고 한우와 도입육우를 입식시켜 소득향상의 기반을 마련하였다. 이런 기초적인 축산의 발판이 마련되자 다시 1976년도에 군유림 15ha를 추가로 임대받아 초지조성계획을 추진키로 하였으나, 이때만 하여도 초창기였기 때문에 주민들은 실질적인 소득증대를 실감하지 못하고 있었으므로 관리하기에 힘들다는 이유를 앞세워 이를 반대하였다. 박지도자는 주민들의 설득을 위하여 대관령 대단위목장 견학을 실시하였는 바 의외로 주민들의 반응은 상당히 좋았으며, 특히 박지도자는 여기서 훌륭한 목축전문가를 만나게 되었다. 뉴질랜드에서 초청되어 마침 국립종축장 대관령지장에 근무하는 "콜리"씨였다. 박지도자는 선진지 견학에서 돌아와 마을 공동기금 100만 원을 투자하고 콜리씨의 도움을 받아가며 순수한 주민들의 노력으로 15ha의 초지조성을 완료하였고 도내에서는 처음으로 전기목책기를 설치하여 관리인 없이 소를 키울수 있는 훌륭한 축산단지를 만들 수 있었다.

황금소득을 눈앞에 두고 흘린 눈물

마침내 주민들의 가슴속에는 잘 살수 있으리라는 자신감과 의욕이 점차 높아져 가고 있을 때 성공의 길은 순탄하지만은 아니하였다. 차항 2리가 축산의 기반을 다지고 막 성장의 발돋움을 하려던 1977년부터 소값은 계속 하락하였고 1979년에는 사육비가 소값을 능가하게 되는 지경에 이르자 실의에 지친 주민들은 비난의 화살을 박 지도자에게 퍼부었고 설상가상으로 도입육우인 "헤어포드"가 새끼를 못낳는 것이었다. 알고보니 헤어포드는 어미가 작은 데다 새끼는 커서 혼자 힘으로는 새끼분만이 어렵다는 것이었고 절박도살(切迫屠殺)할 수 밖에 없다는 것이었다.

소를 팔자고 아우성치는 주민들의 비난에 조금만 더 참고 기다려 보자고 호소도 하고 애원도 하였으나 주민들의 원성을 가라 앉히지도 못한 채, 박 지도자는 지친 나머지 원가조차 제대로 받지 못하고 소를 모두 팔아 버리지 않을 수 없었다.

더구나 엎친 데 덮친 격으로 1979년도에 고냉지 채소값의 하락으로 생활 수입조차 타격을 입게 되는 불운을 겪었다.

복합영농으로 다시 승리자가 되어

그러나 박 지도자는 실망에 젖어 괴로와 하고 있지만은 아니하였다. 만일 이때 박 지도자가 모든 것을 불운으로 돌리고 그냥 주저 앉았다면 오늘과 같은 차항 2리 마을은 결코 이룩될 수 없었을 것이다. 박 지도자는 우선 채소값 하락의 주요 원인이 재배기술이 향상되어 고냉지가 아닌 다른 지방에서도 여름채소 재배가 가능하게 되어 전국 생산량이 날로 증가되고 있음을 알고, 좀 더 소득이 높은 더덕, 도라지, 약초, 산채, 샐러리 등의 고등 채소로 작물을 바꾸기로 하고 감자의 홍수 출하를 조절하기 위한 저장시설의 확보와 고등채소의 가뭄 피해를 줄일 수 있는 스프링쿨러를 설치할 것을 계획하였다.

우선 마을공동 감자 저장시설로서 총공사비 4천만 원 규모의 지하 저장시설을 완공하고 스프링쿨러도 설치하였다. 이런 가운데 주민들의 여론이 점차 가라앉는 틈을 이용하여 축산에의 꿈을 버리지 못한 박 지도자는 1980년도에 놀고 있던 초지 23ha에 한우 육성사업을 다시 시작하였다. 한편 이웃마을인 횡계리와 감자 생산협동농장의 운영과 씨감자 윤작재배를 실시하고 또 저장시설을 이용한 출하시기를 조절하게 되자 감자가격의 안정이 자연 이루어지게 되어 획기적인 소득증대를 이룩할 수 있었다.

축산사업도 계속확대하여 1982년도에는 한우입식 150두, 젖소 100두, 도입육우 50두 등 모두 300여 마리의 소를 키우게 되어 명실공히 축산과 고냉지 채소재배의 복합영농 시범마을로 육성하여 1970년대초 30만 원에 불과하던 호당 소득이 550만 원으로 무려 18배의 획기적인 소득증대를 가져오기에 이르렀다. 소득구조에 있어서도 축산소득 165만 원 (30%) 감자재배소득 209만 원 (38%), 고냉지채소 재배로 얻어진 소득이 149만 원 (27%)으로서 이 분석이 말해주듯이 쌀 한 톨 나지 않는 고냉지 산간 마을이 소득에서 전국에서도 수위를 차지하는 고소득마을로 발돋움 할 수 있었던 것은, 농촌이라면 의례히 논농사를 생각하고 논이 없으면 가난할 수 밖에 없다는 농사개념을 완전히 뒤바꾼 복합영농의 본보기가 아닐 수 없다.

무한한 저력을 갖게된 하늘밑 첫 동네

새마을정신이 깊이 뿌리를 내린 이 마을에는 불가능이란 찾아보기 힘들게 되었다. 지난 엘리스태풍이 이 마을을 덮쳤을 때는 유실된 소하천 석축 3,000m, 농로 3,500m, 교량 115m, 경지 4,500평을 정부지원 8천만 원과 주민부담 7천7백만 원 등 도합 1억5천만 원의 공사비를 투자하여 단 3개 월 만에 완전히 복구하는 놀라운 저력을 과시하고 있다. 이제 하늘 밑 첫 동네는 지난날의 가난과 침체를 말끔히 씻어버리고 집집마다 텔레비젼은 물론 오토바이까지 보유하고 있으며, 자가용의 숫자만도 20대가 되는가 하면 전화기도 50%의 가구가 가설하였고 현대식 2층으로 된 85평의 거대한 복지회관에서는 월 1회 홍보 영화를 상영하는 등 문화복지 농촌 마을로 변모되어가고 있다.

희망에 찬 내일을 향하여

금년에는 정부로부터 지원받은 특별지원금에 힘을 얻어 총 공사비 4천2백만 원이나 되는 마을공동 감자저장고 1동을 추가 건립하였으며 여기에서 얻어질 저장고 임대료 수입 연간 600만 원 상당과 공동한우 사육수익금 연 500만 원을 마을 공동기금으로 조성하여 마을의 문화복지사업을 자체적으로 추진해 나가는 한편, 현재 추진하고 있는 장학금 제도를 확대할 꿈도 키워가고 있다. 이제 금년말 목표인 호당소득 600만 원은 무난히 달성될 것이며 전국 1위의 고소득마을의 꿈을 향하여 차항 2리 주민들은 오늘의 작은 성공에 만족하지 않고 박 지도자를 중심으로 지금이 순간에도 새마을운동에 전력해 나가고 있다.

3화 인내와 끈기로 이룩한 복지 어촌마을

강원 고성군 죽왕면 오호2리
지도자 신응균 (50세)

마을현황

가구수(호)	계	농가	비농가	인구(명)	계	남	여
	98	19	79		455	233	222

경지면적 (ha)	계	논	밭	마을 공동기금	새마을조직현황(명)		
					새마을 부녀회	새마을 청소년회	새마을 금고
	15.5	11.5	4	20,000천원	32	27	

마을호당평균 소득(천원)	1973	1980	1982	1983추정	1985전망
	1,500	2,500	3,973	4,500	5,400

주요사업실적

사 업 명	세 부 사 업 명	사 업 량	사 업 비
생 산 기 반	교량	73m	75,000천원
	호안벽	500m	20,000천원
	소하천정비	2,000m	40,000천원
	방파제	50m	10,000천원
소 득 증 대	전복증식	5ha	10,000천원
복 지 환 경	주택개량	59동	59,000천원
	간이급수시설	1개소	5,000천원
	마을회관	35평	10,000천원
	하수구	2,500m	60,000천원
	안길포장	2,500m	70,000천원
	주차장	2,100평	1,000천원

영광뒤에 숨겨진 지난날

오호2리는 동해의 최북단에 위치하고 있으며, 군청 소재지인 간성읍과 속초시를 잇는 7번 국도변에 98세대 455명의 주민이 오늘도 한마음 한뜻으로 뭉쳐 새마을운동에 열성을 다하고 있는 전형적인 어촌마을로서, 호당 소득 500여만 원의 고소득 복지마을이다. 그러나 1970년대 초반 까지만하여도 영세어업에 의존하고 있던 가난한 마을이었다.

신웅균 지도자는 이 마을에서 한 가난한 어부의 외아들로 태어나, 아버님을 일찍 여의고 팔순의 할머니와 노모 그리고 어린 동생들을 거느린 가장으로서 어업으로 생계를 이어갔다. 그러던 중 농촌과 도시의 생활차이가 크게 벌어짐에 따라, 한사람 두사람 도시로 떠나가고 수복직후 군정시대에 지어준 올망졸망한 구호주택에 살면서도, 서로 믿고 의지하며 협동하기는 커녕 불신과 갈등, 오해와 질시의 악순환 속에서 벗어나지 못하고 있는 고향마을에 환멸을 느낀 신웅균씨도 막노동을 해서라도 도시에서 살고싶은 충동이 수없이 일어났으나, 선조들이 묻힌 고장, 장차 우리 후손들이 살아갈 고향이라는 애착때문에, 젊음을 고향발전에 바쳐보자는 결심을 버리지 못하였다. 이런 상황에서 1974년 10월 주민총회에서 새마을지도자로 선출된 신웅균씨는 주민의 기대에 보답하기 위해서라도 전 주민이 모두 잘 살수 있는 길을 찾아 혼신을 바쳐 마을을 위해 일하자고 굳은 결의를 하였다.

변소개량으로 시작한 마을환경개선

신 지도자는 의욕은 앞섰으나 무슨 일을 어떻게 시작해야 될지 몰라 고민하던 끝에, 발전은 환경의 변화에서 시작된다는 결론을 내리고, 제1단계로 환경개선사업을 추진키로 하였다. 그러나, "지금까지 아무 불편없이 살았는데" 하는 불평과 불만을 앞세우며 무기력과 무지의 잠속에서 깨어 나지 못하는 주민들의 반대에 부딪혀 쉽게 일이 풀려나가지 않았다. 그러나 신 지도자는 주민들의 뿌리깊은 사고방식을 하루아침에 고칠 수는 없다는 생각에서 "솔선수범으로 따라오게 하자. 그리고 인내와 끈기를 가지고 설득시키자"라고 다짐하면서 평소 뜻이 맞는 몇몇 친구들과 상의하여 제일 먼저 변소개량에 착수하였다. 몇몇 사람의 힘으로는 매우 힘든 일이었으나, 불량변소 50여 동을 개량하였으며, 이를 계기로 지붕개량을 비롯한 주택보수 42동과 새마을회관 1

동을 건립하게 됨으로써 마을의 기본환경정비를 마무리 하였고 이때의 주택 보수작업은 후에 주택개량을 실시하는 데 주민들의 호응을 얻는 큰 밑거름이 되어주었다.

해수욕장개발로 주민소득과 연결

1975년 이전만 하여도, 마을주변의 넓은 해변 백사장은 해수욕장으로 개발되지 않은 채 여름철이면 몇명의 학생들이 가끔 놀러오는 것이 고작이었다. 신 지도자는 천혜의 관광자원인 이 백사장을 해수욕장으로 개발하기로 하고 주민들에게 피서객이 많이 찾아오면 이들이 뿌리는 관광소득을 올릴 수 있음을 강조하면서 한편, 관계기관에도 주민들의 숙원임을 누차 건의한 끝에, 1976년 여름 드디어 송지호 해수욕장을 개장하기에 이르렀으며, 모든 여건과 시설이 미비한 데도 불구하고 첫해 피서객이 4만여 명이나 찾아와 이들의 민박유치 등으로 9천여만 원의 소득을 얻게 되었다. 마을주민들은 지금까지 생각지도 못했던 막대한 소득을 보게되자 "모든것이 신 지도자의 덕"이라면서 기뻐하였고 이때부터 더욱 신 지도자를 신임하는 계기가 되었다. 신 지도자는 이에 힘을 얻어 해수욕장시설 확충사업으로 진입로개설과 주차장시설 등을 추진키로 하였으나, 개인소유지 700평의 확보가 큰 장애 요소가 되어 사업추진이 어려움에 부딪히게 되었다. 생각다 못한 신지도자는 사재를 털어 60만 원을 선뜻 희사하면서 나머지 300여만 원은 주민들이 부담할 것을 요청하였고 이러한 신 지도자의 열성에 감격한 주민들은 자진하여 마을회의를 열고 만장일치로 이 사업추진을 결정하였으며 사유지 700평을 매입한후 1977년 해수욕철이 되기 이전까지 해안진입로 700m, 주차장시설 800평, 호안벽 500m를 완공하는 등 환경을 정비하여 지난해의 두배가 넘는 해수욕객이 찾아와 주민의 소득을 높여주었다. 그러나 비만 조금 내려도 돌다리가 넘쳐 해안진입로가 가장 불편하였다는 피서객들의 얘기를 듣고 이곳에 교량을 가설하기로 주민들과 협의하였으나, 사업비가 해결 되지 못해 망설이고 있던 중 때마침 새마을 우수부락으로 뽑혀 각하 하사금을 받게되었다. 신 지도자는 이 하사금 150만 원에 군비지원 300만 원 그리고 주민부담 900만 원 등 모두 1,350만 원을 투자하여 공사를 착공하였다.

이때는 마을주민들도 새마을사업에 어느 정도 자신이 있었던지라, 야간 횃불작업까지 하면서 전주민 남녀노소가 모두 합심으로 사업을 추진한 결과, 시작한지 단 5개월만에 73m의 거대한 다리가 완공되었다.

병마를 이겨내고

신 지도자는 계속 사업장을 헤메던 어느날 갑자기 과로로 쓰러져 병원으로부터 폐결핵의 진단을 받았다. 밤낮으로 자신의 몸을 돌보지 않고 과로한 탓이다.

1년간의 투병기간동안 치료비 한푼 제대로 댈 수없어 아내가 화장품 판매원을 하는 고생을 하는 등 아내의 정성어린 간호로 병석에서 일어나게 되자 신 지도자는 지도자직을 그만 사직키로 마음을 먹었다. 그러나 주민들이 계속 새마을지도자직을 맡아달라고 간청을 하여 마지막 남은 여력을 새마을운동에 바치기로 하였다.

신 지도자가 지도자직을 맡은 지난 9년간 마을의 주요 새마을사업 추진 실적중 대표적인 것으로는 73m에 달하는 마을앞 교량가설을 비롯 주택개량 59동, 해안진입로 개설포장 1,900m, 주차장시설 2,100평, 소하천석축 1,950m, 마을안길포장 2,350m 등으로 마을의 모습을 완전히 탈바꿈시켜 놓았다. 주민들의 소득수준도 1982년말에는 본업인 어업소득과 관광수입 등을 모두 합하여 호당평균 500여만 원의 부자마을로 육성되었다.

고소득 관광어촌을 다져가고

지난 여름에는 군내 시범해수욕장으로 송지호해수욕장이 지정되어 샤워장을 비롯한 각종 고객 편의 시설들을 확충하여 바야흐로 동해안의 새로운 명소로 두각을 나타낼 수 있었으며, 특히 질서있고 품위있는 관광지로 가꾸자는 결의로 피서기간동안 부녀회원, 이·반장이 안내요원 계도요원으로 활동하여 바가지요금을 근절시키는 한편, 민박객과 결연을 맺어 다시 찾아올 수 있도록 유도함으로써 명실공히 고소득 관광어촌으로의 꿈을 다져가고 있다. 이제 오호2리는 많지 않은 농토지만 여건에 알맞는 원예 작물과 신품종의 확대재배, 그리고 현재의 전복증식사업 확장은 물론 광활한 바다에서 더 많은 소득을 올리기 위한 계획을 착착 추진해 나가고 있으며, 또한 주민숙원사업인 대형 복지회관을 건립하기 위하여 전주민이 개미처럼 부지런히 기금을 조성해가고 있다.

4화 다각적인 복합영농으로 부자마을 이룩

충북 괴산군 칠성면 사곡마을
지도자 송관헌 (44세)

마을현황

가구수(호)	계	농가	비농가	인구(명)	계	남	여
	69	66	3		336	175	161
경지면적(ha)	계	논	밭	마을공동기금	새마을조직현황(명)		
					새마을부녀회	새마을청소년회	새마을금고
	53.9	29.1	24.8	35,000천원	62	27	67
마을호당평균소득(천원)	1973		1981	1982	1983추정	1985전망	
	450		4,042	4,935	6,000	10,000	

주요사업실적

사 업 별	세부사업명	사 업 량	사 업 비
생 산 기 반	진 입 로 포 장	300m	4,500천원
	안 길 포 장	850m	8,000천원
	농 로 개 설	8,500m	17,500천원
소 득 증 대	양 묘	4,300평	9,000천원
	사 슴 사 육	8두	8,700천원
	한 우 입 식	13두	9,100천원
	양 돈	70두	3,200천원
복 지 환 경	마 을 회 관	40평	10,000천원
	어 린 이 놀 이 터	50평	2,700천원

가난하고 암담했던 농촌마을

사곡마을은 충북 괴산군청 소재지에서 동쪽으로 약 13km 지점에 위치 한 산간지역으로 4개의 자연부락이 이웃해 있으며 맑은 물, 돌과 숲으로 잘 조화된 한폭의 그림을 연상케하는 아름다운 농촌이지만, 재래식 영농에서 탈피하지 못한 채 조상대대로 물려온 가난을 숙명처럼 여기는 무기력하기 짝이 없는 마을이었으나 송관헌 지도자와 69가구 336명 사곡마을 주민들이 일심단결하여 새마을사업을 추진하고 다각적인 소득원을 개발하는 등 온갖 어려움을 극복, 오늘의 풍요로운 마을을 이룩하게 되었다.

선생 지도자의 탄생

당시 송 지도자는 서울사대를 졸업하고 고향 가까이 있는 칠성중학교에서 교편을 잡고 있으면서 항상 눈에 보이는 고향마을의 허약한 농촌실정을 잘 파악할 수 있었다. 마침내는 정든 학교를 떠나, 어떠한 어려움이 따르더라도 자신의 힘으로 무지한 마을 주민을 일깨워 잘사는 마을로 만들어야 겠다는 굳은 결심을 하였지만 외아들인 그는 부모님의 거센 반대에 부딪히지 않을 수 없었다.

그 당시 어려운 농촌실정으로 대학까지 보낸다는 것은 여간 어려운 일이 아니었기 때문이었으나, 결심이 선 송 선생은 교단을 떠나 고향으로 돌아 오게 되자 먼저 뜻을 같이 할 수 있는 몇몇 주민들을 규합하여 함께 마을 발전문제에 관하여 설명도 하고 설득도 하였지만 오랫동안 깊은 타성에 젖어 있던 주민들은 아무런 반응을 보이지 않았다. 오히려 학교에서 "애들이나 가르치지 남의 일에 참견이냐"며 반발하기가 일쑤였다. 그러나 끈질긴 설득을 계속하자 결국은 자기들이 하여온 일이 옳지 않다는 것을 깨닫기 시작한 주민들은 마을총회를 열어 송 선생을 새마을지도자로 선출하기에 이르렀다.

환경개선을 통하여 협동정신을 다지고

새마을지도자가 된 송 선생은 먼저 마을환경개선사업으로 안길 정비, 담장보수 등 모든 주민이 참여할 수 있는 손쉬운 사업부터 선정하여 추진하기로 결의하고 조심스럽게 사업을 착수하였다. 사업을 무리없이 끝내기 위해서 청년들을 모아 설득도 하고 희망도 불어 넣으며 청년회를 조직하고 사업추진에 앞장 서도록 하였다. 1972년 해빙이 되자 청년회원들은 너나 할 것 없이 앞장서 첫사업을 추진하자 모든 주민들도 새마을사업에 달려들어 해묵은 돌담장과 나무울타리를 뜯어내고 구부러지고 좁은 안길은 바로 잡아 확장했으며 조립식 담장을 설치하였다.

그해 공동작업일수는 무려 45일이나 되었고, 85건에 달하는 많은 사업에 자진 참여하여 눈에 띨 정도로 마을의 모습을 바꾸어 놓았다.

그 이듬해에는 전가구가 지붕개량을 하였고 어려움 속에서도 1977년, 1978년 2년에 걸쳐 농로 8천5백m를 완공하여 우마차도 들어가기 힘들었던 길이 큰 차량이 들어갈 수 있게 되어 서울, 대전 등지를 잇는 농산물 유통에 기여할 수 있게 되었으며, 지금까지의 사업에 보람을 느끼기 시작한 주민들은 어떤 어려움도 헤쳐나갈 수 있다는 자신감이 마음속에 용솟음치게 되었다.

그러나 주민들의 마음 속에는 쉽게 고쳐지지 않는 퇴폐적이며 비생산적인 사고방식이 남아있어, 송 지도자는 이것을 생산적인 생각으로 바꾸어 보고자 미신타파, 도박근절, 술안마시기 등을 마을의 수칙으로 정하여 꼭 지키도록 결의하고 모두가 스스로 이행할 것을 당부했다. 또 주민들이 마을에 관심을 가지고 단합되기 위해서는 마을기금이 조성되어야겠다고 생각하고 그해 정부로부터 폐천부지 4천9백 평을 불하받아 사업을 착수하였으나 얼어붙은 땅을 파고 돌을 캐내는 작업에 손이 부르트고 지친 사람은 지도자만이 아니었다. 너무도 힘든 작업으로 주민들이 포기하여 돌아설 때마다 붙잡고 격려하며 사업뒤의 성과와 앞으로의 계획을 역설하는 등, 길고 힘든 작업의 고통은 이루 말로 표현할 수 없었다. 30여 일간에 걸친 공동작업 끝에 제방축조가 완료되고 모든 사업이 끝났을 때 자신들의 손으로 이룩한 놀라운 사업의 성과에 대한 기쁨과 보람의 감정은 차라리 엄숙하였으며 지도자의 손을 덥썩 잡은 주민들의 얼굴에는 순박한 웃음이 떠날 줄 몰랐다.

양묘사업으로 공동소득기반 구축

이렇게 힘들게 조성한 개간지에 양묘사업을 착수하여 이태리포

플러, 푸라타나스 등 5만 본을 삽목하였으나 밤나무 접목은 기술과 경험부족으로 실패하였다. 갓 개간한 토박한 땅에다 돌도 많고 배수가 되지 않아 고사하고만 것이다.

이 실패를 거울삼아 이듬해 군과 산림조합의 기술지도를 받아가며 리기다소나무, 밤나무, 은행나무 등 8만 본의 묘목을 심어 1976년에는 4백만 원의 소득을 올렸다. 이에 자신을 얻은 주민들은 매년 육묘사업을 하여왔으나 1979년 묘목대의 하락과 판로문제로 한때 어려움을 겪었다. 1980년대에 들어 오면서부터 국민식수운동과 함께 급증하는 수요로 작년에는 2천4백만 원의 공동기금을 조성하였다.

고소득 작목개발에 온 열성을

1978년도에 마을 인근의 풍부한 초자원을 이용하는 유축복합영농에 눈을 돌려 양묘사업에서 생긴 공동기금으로 자돈 70두를 구입 공동사육하였으며 1979년에는 정부지원금 2백만 원과 공동기금 350만 원으로 사들인 송아지 13두와 각 농가 한우 130두를 공동관리하여 연간 평균 두당 70만 원의 순 이익을 올려 공동수익만도 매년 2천4백만 원에 달하고 있다. 사슴도 8두를 사육하여 연 480만 원의 순이익을 보고있다.

그리고 겨울철에도 10동의 비닐하우스에 고등소채를 재배하여 매년 500만 원의 소득을 올리고 이른봄부터는 고추를 멀칭재배하여 연간 11톤을 생산, 3천만 원과 논에 담배 6ha를 경작하여 연평균 2천4백만 원의 가계수익을 올리고 있다. 이렇게 지역여건에 적합한 양묘, 축산, 특용작물 등 고소득작목의 개발에 성공하여 부자마을의 기틀을 다져 나갔다.

복지농촌건설에 박차를

소득이 점차로 증가되자 지도자는 생산기반 및 환경조성사업에 중점을 두고 1980년에는 비만오면 진수렁을 이루는 마을앞 하천을 가로지르는 보 60m를, 지원받은 양회 5백 포와 공동기금 6백만 원을 투자하여 설치하였고 도수로 150m를 시설하여 농업용수를 해결함으로써 10ha의 천수답을 수리안전답으로 바꾸어 놓았으며 공동기금 200만 원과 수해복구비 400만 원으로 하천제방 450m를 완전 복구하여 15ha의 농지가 매년 되풀이되는 수해의 시달림으로부터 벗어났다. 그리고 40평 규모의 새마을회관도 건립하여 구판장을 설치하였고, 마을문고도 설치하여 주민의 영농기술보급은 물론 학생들의 공부방으로 이용하고 있다. 또 지금까지 미루어왔던 주택개량사업으로 점차 문화농촌건설에 박차를 가하고 있다.

새마을협동권사업에도

사곡마을에 이웃해있는 갈론마을이 면소재지까지 가는 길이 없어 큰 불편을 겪어 왔으나 여러가지의 어려운 조건으로 속수무책일 뿐이었다. 1977년 부터 면지도자협의회장의 일도 맡아 오고 있는 송지도자는 이러한 사실을 갈론 지도자로부터 듣고는 마을간 협동권사업이 아니면 해결할 수 없다고 판단, 1980년 12월 갈론마을에서 각 마을지도자들과 함께, 갈론마을로 들어가는 유일한 통행로인 수전 수력발전소로부터 얼음판위를 한시간 반동안 걸어 어려운 실정을 체험하게 한 후, 지원을 요청한 결과 전 마을의 협조를 약속받기에 이르렀다. 산등성이의 바위를 깨뜨리며 오솔길을 넓히는 어려운작업이 예상보다 순조롭게 추진되어 연장 8km, 폭 5m의 농로개설작업을 끝냄으로써 전 마을이 하나가 되어 협동심을 보여준 본보기가 되었다.

영광을 안은 사곡마을

송 지도자의 그간의 헌신적인 노력과 마을주민들의 협동단결의 결과로 인하여 1983년 6월 29일 경제동향보고회의시 우수새마을운동 성공사례마을로 보고하게 되어, 송 지도자에게는 대통령각하로부터 새마을훈장을 친수받고 마을에는 5백만 원의 상금을 타는 영광을 갖게 되었다. 그러나 송 지도자는 우리 모두가 잘살기 위해서 마땅히 해야할 일들 인데 이토록 과분하게 훈장을 타게됨은 앞으로 더욱 열심히 일해나가라는 채찍으로 생각하고 이 모든 영광을 마을주민들의 노력의 댓가라고 그 공을 돌리고있다.

전국제일의 복지마을을 향하여

지난 10년동안 온갖 역경을 딛고 일어서서 오늘의 부자마을이 된 사곡 마을 주민들은 오늘의 영광에 만족하지 않고 전국 제일의 문화복지마을을 꼭 이룩하고 말겠다는 굳은 각오로 전주민이 더욱 협동하여 다각적인 소득원을 개발하여, 1982년 호당 평균소득 494만 원을, 1985년에는 7백만 원선으로 끌어올리고 또한 유아원을 건립하고 마을회관도 증축하여 다목적회관으로서의 기능을 확충시키며 농촌후계자 육성을 위하여 젊은청소년들의 영농 기술지도, 선진지견학 등을 실시하여 과학하는 농촌, 협동하며 잘사는 이상농촌을 건설하려는 의지로 주민들은 불타고 있다.

5화 주민의 협동으로 이룩한 복지어촌

충남 서산군 안면읍 황도리
지도자 편무호(34세)

마을현황

가구수 (호)	계	농가	비농가	인구 (명)	계	남	여
	119	3	116		703	367	336
경지면적 (ha)	계	논	밭	마을공동 기금	새마을조직현황(명)		
					새마을 부녀회	새마을청 소년회	새마을 금고
	29.4	7.4	22	2,500천원	50	79	85
마을호당 평균소득 (천원)	1973		1980	1982	1983추정		1985전망
	800		3,050	3,814	5,000		6,500

주요사업실적

사 업 별	세부사업명	사 업 량	사 업 비
생 산 기 반	호 안 석 축	300m	1,500천원
	방 파 제	50m	1,500천원
	진 입 로	6km	30,000천원
	연 육 도 로	260m	180,000천원
	선착장설치	50m	2,000천원
소 득 증 대	바지락양식	20ha	1,500천원
	해 태 양 식	800책	8,000천원

섬중의 섬마을

서산군 안면읍과 홍성군 서부면을 경계로 천수만 중간 부근에 위치한 황도리 마을은 119호에 703명이 살고 있으며 경지는 전 22ha와 답 7ha로 호당 평균 0.3ha에 지나지 않으며 주민의 90% 이상이 어업에 종사하고 있는 전형적인 어촌 마을이다.

모든 섬마을이 그러하듯이 이 마을의 유일한 교통 수단은 배를 이용하거나 추운 겨울에도 신발을 벗고 발이 빠지는 개펄을 건너야 하는 길뿐으로 생활필수품을 구입하거나 호적초본 한 통을 발급 받고자 해도 육지인 태안읍이나 안면읍까지 배를 타고 바다를 건너야 하는 위험까지 감수해야만 했고 시간을 다투는 급한 환자가 있어도 바람이 불 때는 꼼짝 못하고 운명의 시간을 기다려야 하는 섬생활의 고통을 뼈저리게 느껴야만 하는 마을이었다.

황도리 마을은 그야말로 섬중의 섬마을이다. 이러한 마을에 배재고등 학교를 졸업하고 가사를 돌보던 편무호씨가 1974년 1월 마을총회에서 새마을지도자로 선출되었다.

편 지도자는 지금까지 자라왔고 앞으로도 여기에 살면서 뼈를 묻어야 하는 고향이 분열과 반대를 일삼는 한심스러운 현실을 목격하고 개탄하던 중 이왕에 새마을지도자로 선출된 이상, 맡은 일에 뼈가 부서지고 살이 깎여 나가는 한이 있더라도 몸과 마음을 바쳐 일하기로 결심하고 옛날부터 내려오는 묵은 때를 하나씩 벗겨 나가기로 치밀한 계획을 세웠다.

우선 주민들의 그릇된 사고방식을 새마을정신으로 개혁할 것을 구상하고, 군청에 찾아가 영사기와 새마을영화 필름을 빌려다 전 주민에게 관람케 하여 새마을운동이 무엇인가를 깨우치기 시작했다.

섬마을에도 전기의 불빛이

1976년 당시 육지 마을은 오지까지 전기의 혜택을 받는 데 이 마을은 바다를 낀 섬마을이기 때문에 전기 가설공사가 어려워 가물거리는 등잔불 밑에서 문명의 혜택이라고는 전혀 찾아 볼 수가 없었다. 어떻게 해서든지 전화사업을 해야겠다고 다짐하고 한국전력공사 서산지점을 찾았지만 260m의 바다를 가로 질러 전기를 가설하려면 섬마을을 잇는 대형전주를 세워야 하므로 기술도 기술이려니와, 여기에 소요되는 1천2백여만 원이란 많은 사업비에 편 지도자는 놀라지 않을 수 없었다.

그러나 편 지도자는 마을에 돌아와 주민총회를 개최하고 전기 가설공사에 대한 자세한 설명을 한 후 우리도 문화혜택을 받아가며 살아야 할 것이 아니냐고 호소, 호응을 얻게 되자 추진위원회를 구성하고 한전 서산지점을 찾아 갔다.

조속한 시공을 부탁했으나 겨울철이며 바다를 가로질러 시설을 하여야 하는 난공사이므로 1977년 봄으로 미루자는 한전측의 제의였다. 그래도 편 지도자는 추진위원전원과 한전을 다시 찾아가 사업을 착수하지 않을 경우 물러서지 않겠다고 강경한 태도를 표명하자 이에 감동하여 1976년 11월 공사를 착수하게 되었다. 마을 주민들은 문명의 혜택을 받게 되었다는 자부심에서 사업을 하는 동안 물심양면으로 지원한 결과, 1977년 7월 20일 점화식을 갖고 119세대가 밝은 빛을 볼 수 있게 되었다.

연육의 꿈을 안은 역사의 대행진

전기가설에 성공한 편지도자는 1978년도에는 여세를 몰아 선착장의 불비로 30척의 어선이 출입에 불편을 느끼고 있어 주민들과 함께 지원금 1백만 원과 자부담 1백만 원으로 선착장 50m를 신설하여 어선 정박에 안전을 도모하였고, 1979년에는 자력으로 150만 원을 투입하여 호안 300m를 축조하고, 50호에 간이상수도를 설치하여 식수난을 해결하는 등 마을의 당면한 일들을 하나 하나 해결하여 마을의 면모를 새롭게 바꾸어 나갔다. 그러나 조상 대대로 내려오는 이 마을의 큰 숙원사업인 육지와 섬을 잇는 연육도로 사업은 2억여 원이나 드는 막대한 사업비와 고도의 전문 기술을 요하는 공사이기 때문에 누구도 엄두를 못내고 있었다.

편 지도자는 어떻게 해서든지 기필코 연육도로를 가설하고 말겠다는 생각으로 1975년부터 몇몇 젊은이들과 함께 선배와 후배 그리고 친우들을 찾아다니며 간조시라도 발을 안빼고 건너 다닐 수 있는 징검다리라도 만들자고 이해와 설득을 거듭하여 1976년에는 정부 취로사업비 150만 원을 지원받아 우선 폭 4m, 높이 3m, 길이 50m를 시공하게 되었다. 또 1977년 대통령각하 하사금 1백만 원과 주민부담금 1백만 원으로 어한기를 이용하여 추운 겨울 눈보라속에서도 70m를 시공, 120m로 연장하였으나 나머지 140m는 공사비 부족으로 부득이 공사를 중단해야만 했다.

"하늘은 스스로 돕는자를 돕는다"는 속담과 같이 이 마을에 큰 경사가 닥쳐왔다. 1978년 10월 전통민속놀이인 "붕기풍어 놀이"가 전국 민속경연대회에서 영예의 대통령상을 받게 되어 상금 1백만 원을 받았고, 여기에 도 군비 3백만 원, 그리고 주민부담 60만 원으로 나머지 공사 140m를 1979년 2월 공사를 또 다시 착공하게 되었다. 그러나 남자들은 모두 바다로 나가는 원양 어부들로 공사에 참여할 사람은 부녀자와 노약자들 뿐이었으나, 편 지도자와 마을 주민들은 이 공사는 완료해야 한다는 비장한 각오와 투지로 바위에 구멍을 뚫고 화약을 터뜨려 바위를 깨고, 부녀자들과 노약자들은 깬 바위를 머리에 이고 등에 져 날랐다. 빠른 물의 흐름과 수심이 9m나 되는 바다를 막는다는 것이 결코 쉽지는 않았다. 지칠대로 지친 마을 주민들에게 하늘은 시험이라도 하려는 듯 연약한 부녀자들이 쌓은 돌이 1979년 4월 골창 막이를 앞두고 20m가 하룻밤 사이에 해일에 몽땅 떠내려가고 말았다. 편 지도자는 주민들의 의지가 굽혀질까 두려워 했지만 오히려 남녀노소가 편 지도자를 찾아와 위로와 격려를 하는 것이었다. 이에 용기를 얻은 편 지도자는 종전보다 더 조직적으로 사업을 시작하여야겠다는 생각하에 운반한 돌을 여러개씩 철사로 묶어서 유실되는 것을 방지하기로 계획을 세우고 사업을 또 다시 원점으로 돌아가 시작했다. 사업은 순조롭게 진행되어 1979년 9월 만 8개월만에 폭 5m와 연장 260m의 잠수식 연육도로가 완공되어 자동차라고는 구경도 못하던 이 마을에 간조시에는 택시와 트럭이 운행하게 되니 주민들은 감격의 눈물을 흘렸고, 주민 모두가 편 지도자가 하는 일이라면 무엇이든지 믿고 따르게 되었다. 그러나 예산의 부족으로 완전한 연육도로를 만들지 못하고 하루 8시간의 만조시에는 물에 잠기는 이른바 잠수도로를 시공한 관계로 통행에 불편을 겪었고 물살이 센 곳에서 급히 건너 가려던 일부 주민들이 생명을 빼앗길 뻔한 것이 한두

번이 아니었다.

잠수도로를 연육도로로

마을 주민들은 언제나 불편없이 왕래할 수 있는 완전한 연육도로를 가설하는 것이 큰 소망이 되었다. 드디어 기회가 왔다. 정부에서 추진하는 도서낙도개발 5개년 계획에 의하여 사업비를 정부에서 1억5천만 원을 지원해 주겠다는 것이었다. 용기를 얻은 편 지도자는 설계를 해 본 결과, 총 공사비 1억8천만 원이 소요되어 3천만 원을 주민들이 부담을 하기로 결정하고 1982년 1월 드디어 대역사가 시작되었다. 마을 주민들은 혼연일체가 되어 정말 불개미와 같이 일들을 했다. 그러나 당초에 잠수교로 가설해 놓았기 때문에 연육교사업은 그리 큰 힘을 들이지 않고 1982년 12월 260m를 설치하여 황도리는 섬이 아닌 육지로 탈바꿈을 하게 되었다.

섬의 동맥 도로를 개설

연육도로는 준공을 보았으나 안면읍 창기리 버스종점에서 황도리까지 4개 마을을 연결하는 6km의 오솔길을 확장하는 것이 문제였다. 도로 확장에 따른 남의 마을 문전옥답을 희사 받기란 그리 쉽지가 않았다. 편 지도자는 3개 마을 리장과 새마을지도자를 찾아가 협조를 구하고 한집 한집 찾아가 설득을 하여 보았으나 예상대로 허사였다. 그렇다고 포기할 수는 없었다. 편 지도자를 주축으로 리장, 개발위원등 추진위원회를 구성, 토지를 희사 받기 위하여 동분서주했다. 어떤 집에는 열번을 찾아가기도 했으며 아침 저녁으로 때를 가리지 않고 찾아가 애원끝에 72필지 10,290평의 도로 편입용지를 희사받는 데 성공을 했다. 편 지도자의 마을에서 앞장서 도로확장사업에 착수한 결과 다른 마을에서도 다 같이 참여, 연장 6km의 도로를 완공시켰고 1882년 12월 드디어 섬마을에 버스가 개통되던 날 주민 모두가 기쁨을 감출길 없었고 버스를 처음 본다는 고령의 할머니는 죽어도 여한이 없다면서 울음을 그치지 않았다.

연육도로를 소득증대 원천으로

연육도로가 완공됨으로써 이 마을 주소득원인 바지락, 낙지 등 어획물이 싱싱한 채 직접 출하되어 종전의 2억 원의 어업소득이 3억 원을 넘어 섰으며 1982년말 호당 소득 3백80만 원에서 1983년도에는 5백만 원을 바라보는 고소득마을로 급성장할 수 있게 되었다. 마을주민 모두는 이에 만족하지 않고 앞으로 20여 척의 무동력선을 동력선으로 교체하여 어획소득을 높이고, 해태, 바지락 양식장을 연차적으로 확대개발하여 보다 풍요롭고 복된 어촌 건설의 부푼 꿈을 안고 오늘도 편 지도자와 주민들은 협동단결하여 새마을운동에 땀흘려 열심히 일하고 있다.

6화 끝없는 새마을운동을 향하여

전북 남원군 운봉면 연동마을
지도자 박용선(38세)

마을현황

가구수 (호)	계	농가	비농가	인구 (명)	계	남	여
	56	53	3		304	160	144
경지면적(ha)	계	전	답	마을 공동기금	새마을조직현황(명)		
					새마을 부녀회	새마을 청소년회	복지진 흥조합
	64.2	23.4	40.8	300,000천원	54	20	56
마을호당평균 소득(천원)	1973		1980	1982	1983추정		1985전망
	395		730	2,494	7,944		12,995

주요사업실적

사 업 별	세부사업명	사 업 량	사 업 비
생산기반	농로개설	3개소 2,800m	52,000천원
	진입로포장	1개소 1,000m	25,000천원
	하수구설치	500m	5,000천원
소득증대	젖소사육	215두	
	산양사육	100두	9,000천원
	초지조성	50ha	15,896천원
	공동축사	5동	20,000천원
복지환경	주택개량	17동	153,000천원
	변소개량	17동	8,500천원
	마을회관	30평	6,500천원

지리산 분지의 영농 1번지 마을

이 마을은 남원시에서 서북쪽으로 12km 떨어진 해발 500m의 산간분지에 위치하고 있어 전국에서 가장 먼저 모를 심고 제일 먼저 수확을 하는 농사짓기에 어려움이 많은 반면 고냉지 기후의 특성을 살려 여름채소와 젖소 사육으로 호당 450만 원의 소득을 올리고 있는 마을이다.

그러나 70년대 초반 이 마을의 실정은 어느 농촌보다 나은 것이 하나 없는 마을이었다. 사방이 산으로 둘러쌓인 지리적 여건에 저수지 하나없는 천수답을 겨우 호당 3마지기 정도로 의식주를 해결하는 마을이었다.

박용선씨는 1968년 전북대 농과대학을 졸업하고 농협에 근무하던 1971년도에 농업분야의 선진국이라고 할 수 있는 일본과 자유중국을 시찰하여 그들의 여건과 국민의식구조 등을 살펴볼 수 있는 기회를 갖게 되었다.

우리 농촌도 그들의 여건에 못지 않지만 농민들의 의식구조가 침체되어 있음을 느낀 박용선씨는 학교에서 배운 지식과 새마을정신을 농촌에 심는다면 잘 살 수 있다는 신념을 갖고 1974년 직장을 그만두고 귀향을 결심하였다.

새마을운동에 앞장서기로 한 박용선씨는 막연한 농촌운동보다는 우선 자기 마을부터 그리고 작은 일에서 부터 하나하나 실천하기로 하였다.

연동새마을 1차 5개년 계획을 세우고

박 지도자는 마을의 여건을 살펴볼 때 논경지가 산골 다랭이라 노동력이 많이 소요되는 것을 감안 어느 골짜기던지 기계가 들어 갈 수 있도록 기계화 영농으로 대체하고 여기서 얻어진 노동력을 소득사업에 활용하는 연동새마을 1차 5개년 계획을 세웠으나 지도자의 뜻을 이해하지 못한 주민들은 "그많은 어려운 일을 누가 어떻게 하느냐"하면서 "10년이 걸려도 못다 하겠다", "대학을 나온 놈이라 농촌실정을 잘 모른다"는 식으로 제각기 한마디씩 하며 반대를 하였다.

박 지도자는 방법을 달리하여 한사람 한사람 설득하는 한편 청년들을 규합하여 지도자 생활 1년만에 주민들의 힘을 모으는

데 성공하였다.

주민의 단합된 힘으로 마을의 지붕을 완전히 개량하고 골목길을 환하게 뚫고 국도와 연결되는 2km의 진입로 포장사업을 비롯하여 농기계가 어느 골짜기이던지 들어갈 수 있는 기반을 갖추게 되었다. 그리하여 영농방법도 지게에서 경운기로 경운기가 다시 트렉타로 개선되는 등 주민들의 뭉쳐진 힘은 시작한지 2년만에 환경개선사업과 소득기반을 갖추었고, 이 힘은 새로운 소득원개발에도 쉬임없이 이어지게 되었다.

1979년에는 밭에는 고냉지의 특성에 맞는 여름채소를 재배토록 하였으며 지리산 능선의 산야초를 이용한 축산 사업을 계획하기에 이르렀다.

젖소 50마리에 희망을 걸고

박 지도자는 축산사업중에서 비교적 자금 회전이 빠르고 시세가 안정되어 수익이 보장된 젖소 키우기를 권유하였으나 주민들은 한번도 구경못한 얼룩소 키우기는 자신이 없다고 망서리는 것을 선진낙농 농가를 견학시켜 직접 눈으로 보고 느끼게 하여 우리도 할 수 있다는 자신감을 갖게 한 후 축산 융자금을 지원받아 1977년 10월, 50두를 입식하였다. 박 지도자는 책을 통하여 젖소의 특성과 최신 사육기술을 익히고 다른 소도 자기것 같이 정성껏 지도한 결과, 1978년 봄에는 송아지가 늘고 젖을 짜기 시작하여 젖소 한마리에 70만 원의 소득으로 농가당 350만 원의 순수익을 올리자 모든 주민들이 관심을 갖고 참여할 차비를 갖추었다. 그러나 갑작스럽게 밀어 닥친 우유파동으로 송아지를 생산하여도 값은 고사하고 사려는 사람조차 없었고 우유 또한 처분하기가 어려워 주민들은 젖소 키우기를 포기하고 말았다.

지리산 줄기의 젖소마을

젖소사육이 어려운 난관에 직면하였지만 박 지도자는 마을여건으로 볼 때 알맞는 소득사업이므로 좌절할 수 없어 위기를 넘길 수 있는 방법에 몰두하였다.

첫번째로 시장에서 구입하는 배합사료를 줄이고 산야초와

신품종 사료용 옥수수를 심는 한편 여름채소를 심은 후작으로 이타리안라이그라스 등 사료작물을 재배하고 겨울철에는 토굴 싸이로를 설치하여 싱싱한 자가생산 먹이를 대체하여 사육비를 줄였고, 두번째로 생산된 우유 또한 가공공장에 납품하는 수량만큼의 완제품을 가져와 친지의 상점을 찾아 직접 판매 하는 등 노력 끝에 위기를 극복하였다.

지도자를 비롯한 사육농가에서 어려움을 이겨나가자 망서리던 주민들이 박 지도자를 찾아와 사육을 희망하게 되어 축산조합에 알선 하였던 바 1980년에는 30농가에 젖짜는 소만도 130두로 늘어나게 되었다. 또한 먼저 기술을 터득한 농가에서는 새로 참여한 농가를 보살펴 줌으로써 한농가도 실패하지 않았으며 이제는 연간 520톤의 우유를 생산하여 1억5천만 원의 소득을 올리고 있으며 융자금을 모두 상환하여 연동마을은 완전한 낙농전업마을로 탈바꿈 하였다.

연동새마을 2차 5개년계획

박 지도자와 마을주민들은 여기에 만족할 수 없었다. 주택위주의 재래식 축사 시설로는 더 이상의 증식이 어려웠고 초지와 거리가 멀어 노동력이 많이 소요되고 소에서 나오는 배설물 처리도 위생면에서도 문제점이 많아 박 지도자와 주민들은 2천년대의 복지농촌건설을 위한 연동새마을 2차 5개년 계획을 수립하였다.

제1차년도인 1983년에는 초지 15만 평을 조성하고 사료포 6만 평을 개간하였으며 조성된 초지에는 2km의 순환도로를 개설하고 집단취락 형태에서 과감히 벗어난 초지위주의 축사와 주택을 한곳에 신축토록 지도하였다.

주택은 25평 이상으로 현대식 주방기구가 설치된 입식부엌에 까스연료를 사용하도록 하여 노동력을 줄일 수 있도록 하였고 수세식변소와 목욕탕이 구비된 문화주택 13동을 신축하여 집안까지 트럭이 들어갈 수 있도록 하였다.

지도자의 길이란

박 지도자의 끊임없는 노력은 볏짚을 이용한 사료공장 신축부지 확보와 기금을 지속적으로 모으고 있으며, 새로운 기술 습득에도 여념이 없었다. 밀폐식 축사에 사육함으로써 더위에 약한 젖소의 위생과 생산성의 저하를 염려하여 통풍이 잘 되도록 개방식 축사로 신축토록 지도하는 등 축사작업장으로, 주택신축장으로, 초지조성 현장으로 바쁘게 뛰어다니다가 지난 4월에는 아버님의 운명도 보지 못하고 말았다. 마지막 떠나시는 아버님의 유언 한마디 못듣고 쓸쓸하게 돌아가시게 한 불효에 울지 않을 수 없었다.

그러나 박 지도자는 연동마을을 기필코 복지농촌으로 이룩하는 것만이 불효를 용서받는 길이라 믿고 작업현장으로 나섰으며 이에 마을주민들은 지도자의 노고를 위로 하였다.

끝 없는 새마을운동을 향하여

박 지도자는 낙농사업뿐만 아니라 수도작, 특용작물재배 등 각 분야별로 추진하는 "연동새마을 복지진흥조합"을 구성하여 사료구입에서부터 농기계구입, 생산품 판매에 이르기까지 조합을 통하여 거래토록 하여 생산자와 소비자를 직접 연결하는 유통구조 개선에도 노력하였다.

박 지도자의 이러한 노력의 결과, 이익만을 앞세우던 주민들이 나보다도 마을일을 생각하게 되었으며 도시로만 나가려던 청소년들이 내 마을은 내가 발전시키겠다는 생각으로 변하였고, 축산고등학교에서도 이 마을에 실습을 오게 되었으며 낙농을 희망하는 인근마을 주민의 산교육장으로 활용하는 등 모든 주민이 기술자가 되어 친절히 가르쳐 주고 있다.

박 지도자와 연동마을 주민들은 1985년까지 불량주택 32동을 개량, 모든 주택을 문화주택으로 바꾸고 축사 45동을 건립하고, 초지 13만 평과 사료포 7만 평을 확대 조성하여 270두를 더 사육, 호당소득 1,300만 원 달성을 목표로 추진중에 있으며 지금은 생산된 우유를 가공공장에 납품하고 있으나 앞으로 마을공동 가공공장 설립을 계획하고 있어 운봉면 전체 33개 마을에 대한 낙농단지화계획도 구상하고 있다.
    새마을운동은 어느 한때 하고 마는 운동이 아니라 시작은 있으되 끝이 없는 영원한 운동이므로 박 지도자와 주민들은 이 운동의 실천을 위하여 땀흘려 오늘도 노력하고 있다.

7화 새마을운동에 남은 생애를 바치기로

전북 완주군 이서면 후농마을
부녀지도자 배종환(48세)

마을현황

가구수 (호)	계	농가	비농가	인구 (명)	계	남	여
	65	39	26		366	186	180

경지면적 (ha)	계	논	밭	마을 공동기금	새마을 조직현황(명)		
					새마을 부녀회	새마을 청소년회	새마을 금고
	35.2	15.3	19.9	3,900천원	38	25	38

마을호당평 균소득(천원)	1973	1980	1982	1983추정	1985전망
	807	1,856	2,963	3,481	4,800

주요사업실적

사 업 별	세 부 사 업 명	사 업 량	사 업 비
생산기반	농 로 개 설 석 축 소 하 천 정 비 진 입 로 포 장 안 길 포 장	2,400m 150m 400m 360m 180m	12,000천원 4,500천원 20,000천원 15,000천원 8,000천원
소득증대	공 동 답 조 성 면장갑공장운영	200평 16평	2,000천원 5,000천원
복지환경	취 락 구 조 개 선 변 소 개 량 하 수 도 설 치 간 이 급 수 시 설	24동 20동 350m 22호	7,000천원 4,000천원 11,000천원 9,000천원

피난민이 이룬 마을

후농마을은 전주에서 서쪽으로 12km 지점의 전주-광주간 호남고속도로 변에 위치한 마을로 5개 자연부락으로 구성되어 있으며 주민의 대부분이 6.25사변 이후 정착한 피난민들로서 단합된 힘은 찾아볼 수 없고 마을 발전은 더욱 기대하기 어려운 낙후마을이었다.

이 마을에 1978년 고속도로가 개설되자 취락구조개선사업으로 마을의 외부환경은 깨끗하게 단장되었으나 하수구 급수시설 등 마을기반환경사업은 이루어지지 않았다.

부녀지도자의 힘으로 복지사업을 추진

부부교사였던 배종환씨는 남편이 이곳 완주로 전근되자 살림을 따로 할 수 없어 교직을 그만 두고 1978년 이 마을로 이사를 오게 되었다. 외부환경과는 달리 너무나도 낙후된 마을실정에 배종환씨는 놀라지 않을 수 없었다. 마을에 하나밖에 없는 우물로 전주민이 식수를 해결하고 있어 그 불편함이란 말할 수도 없고, 저녁때가 되면 우물물이 바닥이 나 부녀자들의 고충과 수질 또한 좋지 않아 주민들의 건강생활에도 문제점이 있었으나 누구하나 관심을 갖는 사람이 없었다. 배종환씨는 급수시설을 개선하자고 부녀자들을 설득하기 시작하자 주민들은 배종환씨에게 부녀지도자의 임무를 맡기었다.

급수시설사업을 한다면 누구나 환영하고 협조할 줄 알았으나 마을이 생긴 이래 한번도 공동사업을 하지 않은 주민들인데다 더구나 자체자금을 마련하자고 하자 사업자체를 반대하고 나서는 것이었다. 그러나 부녀자들을 끈질기게 설득하여 간이급수시설을 두달만에 완공을 보았다. 그러나 미처 생각지도 못하였던 전기시설이 되어있지 않아 당장 사용할 수가 없었다. 주민들은 취락구조개선사업이 완공되면 도로변 마을이라서 정부에서 공사를 해 줄 것이라는 막연한 기대만 하고 있을 뿐이었다.

누구를 탓할 수도 없어 배지도자는 한전지점에 찾아가 문의해 본 결과 공사신청도 되어있지 않아 그날로 서류를 접수시켰더니 한전 담당직원이 "아주머니 동네는 그렇게 남자가 없읍니까?"하는 핀잔과 함께 떼어준 고지서는 100만 원을 부담하여야 한다는 것이었다.

마을총회를 열어 부담방법을 논의하였으나 "남자들이 해도 안되는 일을 어떻게 할 수 있느냐"면서 "잘난 여자라 남자를 이

기려한다"는 비웃음과 야유를 받았으나 부녀회원들과 함께 집집마다 방문설득으로 공사비를 마련, 사업을 착수할 수 있었다.

전신주를 새로 세우며 2km가 넘는 전기줄이 마을로 연결되어 전화사업이 완공되자 맑은 수도물이 콸콸 쏟아지면서 전기불이 환하게 켜지는 날, 마을주민들은 그간의 배 지도자의 노력에 고마움을 느끼고, 이때부터 배 지도자를 중심으로 마을 주민이 협동단결하는 계기가 조성되었다.

어린이, 부녀자도 한마음이 되어

배 지도자는 아침이면 모터를 돌리고 물탱크를 오르내리며 집집마다 물이 잘 나오는지 살피기를 3년동안 계속하였으며 마을앞으로 나오는 상수도 사용의 전기요금까지 대납하면서 관리하였으나 주민들은 수도요금의 전기료가 비싸다고 돈을 내지 않고 투정만 부리는 것이었다. 이러한 불평을 없애기 위하여 배 지도자는 1가구가 1개월씩 윤번으로 관리하도록 하였더니 수도물을 내것처럼 아껴 전기료도 절약할 수 있었다.

배 지도자는 마을앞 진입로가 비가오면 다닐 수 없어 평소이 마을 주민들은 "아내 없이는 살아도 장화 없이는 살 수 없다"고 불편을 느끼고 있으면서도 포장할 생각조차 않다가 시멘트가 지원되자 이번에는 자체 자금이 없다고 완공되어야 할 날짜까지도 계속 연기하고 있는 것을 보고만 있을 수 없어 12만 원의 자금을 사비로 마련하여 골재 120 트럭분을 마을입구에 산더미처럼 쌓아 놓고 청년반, 장년반, 부녀반으로 조를 편성하고 일에 착수하였다. 그러나 어제까지만 해도 다같이 참여하겠다던 주민들중에 노인과 부녀자들만 삽을 들고 나오는 것이 아닌가.

새마을사업은 공동사업이니 청장년들은 나오지 않고 힘없는 부녀자와 노인들을 앞세워 하루만 채우면 된다는 주민들의 얄팍한 심사에 배 지도자는 분노를 느꼈으나 쉬지않고 열심히 계속하였다. 어렵게 시작한 사업이라 굽어진 길을 바로잡아가면서 추진하는데 농토의 주인이 토지값을 받지 않고서는 양보할 수 없다며 공사를 못하게 하였지만 누구하나 설득하려 들지 않았다.

배 지도자의 정성어린 설득에 오히려 수고한다면서 술까지 사주며 위로까지 하는 고마운 땅주인의 성의와 배 지도자의 열성에 감동되었음인지 어린이에서 청장년, 부녀자까지 총동원할 수 있었다. 공사는 빠르게 진행되어 350m의 진입로가 말끔히 포장되었다. 배 지도자의 헌신적인 노력으로 여자가 설친다고 심술을 부리던 주민들이 자신의 잘못을 뉘우치고 앞장서 일하게 되었고, 마을이 생긴 이래 처음으로 전주민이 뜻을 모으게 되었다.

부녀회원이 세운 장갑공장

포장사업의 협동심이 계기가 되어 하수도, 마을안길, 변소개량, 담장개량사업이 잇달아 추진되었고 후농마을의 환경개선사업은 마무리 되었다. 그러나 노동자가 주류를 이룬 마을이라 소득은 300만 원으로 가난을 벗어 나지 못하고 있었다.

더우기 부녀자들은 일을 하려고 해도 마땅한 부업이 없어 안타까워하고 만 있었다. 배 지도자와 부녀자들은 쉽게 배우고 판매가 쉬운 장갑공장을 세우기로 뜻을 모으고 부녀기금 120만 원으로 아담한 공장을 건립하였다. 그러나 장갑공장의 운영은 뜻한 대로 이루어지지 않았다. 재단기를 사들여오고 원단을 구입하는 데도 100만 원, 200만 원의 선불을 해야 했으니 자금이 없는 부녀회로서는 시작한지 10일만에 실패하고 말았다.

사전계획이 치밀하지 못했고 자금도 부족했지만 무엇보다도 기술과 경험이 없이 의욕만 앞섰음을 깨달은 배 지도자는 인근 공장을 견학하여 생산과 판매 방법을 터득하였으며, 군으로부터 소득금고 융자금 지원도 약속받고 원단 구입도 친지의 도움으로 확보함과 아울러 주민에게 가르칠 기술자도 초빙하는 등 사전계획이 착착 진행되어 꿈에 부풀었으나 약속된 융자금의 지연으로 신용없는 사람이라는 달갑지 않은 따돌림을 받아 모든것이 수포로 돌아가는 두 번째의 허탈감에 빠져야 했다.

실패를 거울삼고

어렵게 확보한 원단을 가져가라는 날짜를 어기게 되니 다른 곳으로 처분되었으며 기술자 또한 다른 곳으로 가고 말았다.

배 지도자는 원단구입의 길을 다시 개척해야 했으며 지도자 자신이 이공장 저공장으로 다니면서 재단, 모타미싱을 굴리는 등의 직접 기술을 익혀 주민에게 다시 배워 주는 등 정성을 다하였다. 마침내 융자금이 지원되어 원단을 트럭으로 가득싣고 마을로 들어오고 주민들은 모두 나와 짐을 운반할 때 배 지도자는 기쁨 보다도 책임감이 앞섰다. 이제 겨우 시작이고 70만 원의 소득에 불과할 뿐이며 앞으로 판로가 개척되고 연중 기계가 돌아가야만 더욱 많은 소득을 기대할 수 있기 때문이었다.

강낭콩, 감자를 이용한 식품개발

배 지도자는 식생활개선에도 힘을 기울여 새로운 식품을 개발하는 데도 성공하였다. 유휴지를 활용하여 얼마든지 증산이 가능한 강낭콩과 감자를 이용, 주식으로 대체할 수 있는 빈대떡 제조 연구를 거듭하여 농촌진흥청에 감정을 의뢰하였던바, 그 영양가와 실용성을 인정받았으며 1982년도 전국 "식생활개선 및 향토식 솜씨자랑대회"에서 당당 전국 1위로 입상 하였다.

이를 계기로 배 지도자는 완주군내를 순회하면서 강연과 직접 실습을 통하여 보급하고 있으며 가는 곳마다 주민의 호응을 받고 있어 전국으로 확산할 계획을 세우고 있기도 하다.

생애를 새마을운동에 바치기로

이 식품이 범국민적으로 보급되어 우리 국민이 열끼니만 식사로 대용한다면 외국쌀 수입량의 5%에 해당하는 식량이 절감되고 영양가가 더 좋으니 균형식으로서 국민체위 향상에도 이바지할 것을 믿고 오늘도 또 다른 식품개발을 위하여 연구를 하고 있다.

배 지도자는 "뜻이 있는 곳에 길이 있다"는 것을 새마을운동의 실천을 통하여 체험하였으며 "근면·자조. 협동"의 힘이 발휘되는 곳에는 언제나 성실한 열매가 맺는다는 경험을 살려 장갑공장의 규모를 확대하고, 장학금을 조성하여 불우한 이웃에 희망을 심어주는 일과 식생활을 개선하여 국민체위 향상을 위하는 일 등 새마을운동에 생애를 바쳐 일할 것을 다짐하며 오늘도 노력하고 있다.

8화 하나의 힘보다 열개의 힘으로

전남 여천군 화양면 소장마을
지도자 최용권(41세)

마을현황

가구수 (호)	계	농가	비농가	인구 (명)	계	남	여
	123	114	9		732	357	375

경지면적 (ha)	계	논	밭	마을 공동기금	새마을 조직현황(명)		
					새마을 부녀회	새마을 청소년회	새마을 금고
	80.3	23.6	56.7	9,500천원	81	42	81

마을호당평균소득(천원)	1973	1980	1982	1983추정	1985전망
	517	2,985	3,431	4,200	5,500

주요사업실적

사업별	세부사업명	사업량	사업비
생산기반	농로개설	3,750m	33,500천원
	소교량	4개소	7,000천원
	공동창고	2동 80평	8,000천원
	안길포장	500m	7.800천원
	담장개량	1,800m	9,000천원
	선착장	68m	40,000원
소득증대	피조개양식장	10ha	3,000천원
	도정공장	1동 20평	3,500천원
	도입육우	20두	20,000천원
	한우입식	120두	120,000천원
복지환경	마을회관	1동 21평	7,000천원
	소하천정비	1,650m	11,500천원

가난은 젊은이를 몰아내고

소장마을은 여수시에서 약 26Km 떨어져 있는 중산간 어촌마을로서, 농 경지와 어장을 가지고 있으면서도 이를 생산적으로 활용치 못하고 재래식 미맥 영농에만 의존해 왔던 가난한 마을이며, 주거 역시 대부분이 토담집에 방 한칸, 부엌한칸이 고작이었고 환경도 불결하였다.

주 소득원으로는 영세한 농사와 해안에서 채취하는 자연산 바지락, 고막 등이 고작이었는데 이것을 여수시장에 내다 팔아 근근히 생계를 이어 가는 정도였다. 이렇게 생활이 어렵다 보니 돈벌이를 한다고 젊은이들은 하나, 둘 고향을 빠져 나갔고, 그나마 남아 있는 사람들도 날마다 주막가에서 막걸리 타령이나 하면서 소일하는 나태한 마을이었다.

이러한 환경속에서 자란 최 지도자도 따분하고 배고픈 농촌생활보다는 도시에 대한 동경으로 부모님과 친지들의 만류에도 불구하고 고향을 등지고 무작정 서울로 올라갔다.

다시 고향에 정착

그러나 인정없고 각박한 도시환경에 적응하지 못하고 서울생활 3년만에 고향으로 다시 내려오고 말았다.

이때가 바로 새마을운동이 전국 곳곳에서 시작되던 1971년 봄이었으며, 소장마을에도 마을개발위원회가 구성되고, 최 지도자는 청년회장이란 직책을 맡게 되었다.

최 지도자는 여러 회원들과 며칠을 숙의한 끝에 먼저 주민에게 새마을정신을 심어 주기로 하고 마을회관에서 교육을 실시하는 한편, 영농기술 지도도 하여 주민들에게 새마을운동의 중요성을 깊이 심어주는 데 열과 성을 다하였다.

여기에 힘입은 최 지도자는 1972년부터 환경개선사업에 착수하여 초가지 붕과 담장개량을 실시하여 괄목할만한 실적을 올렸다.

새마을지도자가 됐으나

지붕개량과 담장개량사업의 추진을 눈여겨 본 주민들은 1975년 마을총회에서 최 지도자를 새마을지도자로 선출하였다. 이러한 주민들의 뜻에 보답하고자 최 지도자는 마을 어른들과 상의하여 그해 2월 마을의 숙원사업 이었던 4km의 농로개설을 자력으로 추진키로 결의하고, 첫단계로 부지확보를 순조롭게 끝내고 사업을 착공하게 되었다.

최 지도자는 나와 내 가정은 희생되더라도 마을의 새마을운동은 어떤 일이 있어도 지속되어야 한다고 굳게 결심하고 용기를 내어 미진한 사업부터 하나, 하나씩 순리대로 해결해 나가기로 하고 개발위원들과 함께 체납자들을 찾아 다니며 협조해 줄 것을 요청하였다.

최 지도자와 개발위원들의 간절한 호소에 옹고집인 유지들도 협조하게 되어 소장마을의 숙원인 농로사업이 완성되었다.

첫 양식사업의 실패를 이겨내고

어려운 여건속에서도 어느 정도 환경개선과 소득기반조성사업이 이루어 지자, 이를 바탕으로 소득증대사업을 하기로 하고 주민총회를 열어 1975년 4월 마을연안에 10ha의 피조개 양식사업에 착수하였다.

종패를 구입하여 주민들과 함께 종패를 뿌리고 관리하면서 수확의 기대에 부풀어 있었으나, 천만 뜻밖에도 가막만 일대의 적조현상으로 마을 양식장 피조개는 완전히 폐사되어 버렸다.

마을사람들은 모두 최 지도자만 원망하게 되었고, 껍질만 수두룩한 양식장 개펄에서 앞일을 곰곰히 생각한 최 지도자는 주민총회를 열어 지금까지 추진해온 과정을 세밀히 분석하여 문제점을 해결하기로 하고, 우선 청년회와 부녀회를 통하여 마을의 단결을 더욱 다져 나가기로 결의 하였다.

청년회에서는 새로운 영농기술과 소득작물재배에 앞장서 추진키로 했으며, 부녀회에서는 마을구판장을 설치하여 저렴한 가격으로 생활필수품을 공급하고 근검절약으로 저축하는 한편, 농번기에 공동작업으로 얻은 수익금을 부녀회 기금으로 새마을금고에 예치하여 기금을 키워 나갔다.

최 지도자는 먼저 마을 도정공장을 건립키로 하고, 200만 원의 자체자금을 모금키로 하였으나, 일부 주민은 전번의 피조개 사업의 실패를 들어 반대하였으나, 여기에 굴하지 않고 도정공장만 완공되면 연간 순소득 50만 원을 얻을 수 있다는 설득으로 그 해 가을 준공을 보게 되었다.

최 지도자는 여기에 만족하지 않고 지난 해 실패한 피조개 양식사업을 다시 해보기로 하고, 여수 수산진흥원의 자문을 얻는 한편 성공한 인근 연안 마을을 수십차 찾아가 기술과 방법을 익혀, 청년회 피조개 양식장과 부녀회 바지락 양식장 10ha를 조성하게 되었으며, 관리에 정성을 다한 결과, 현재는 호당 100여만 원의 순이익을 얻고 있으며, 또한 양식장 부산물인 해삼, 석화, 해초 등을 공동채취하여 마을 기금을 늘려 나가고 있다.

한편으로는 새마을작목반을 운영, 동계 영농교육으로 익힌 다각적인 영농방법을 활용하여 품종개량, 지력증진, 퇴비증산, 공동병충해 방제, 공동 모내기 등으로 종전에 반당 생산 240kg에서 550kg의 벼를 생산함으로써 소득증대는 물론 주민화합과 협동의 계기도 마련하게 되었다.

이리하여 소장마을은 공동창고, 마을회관, 새마을독서실, 공동구판장 등을 갖추고, 가정은 TV, 냉장고 등을 가진 호당 600만 원의 소득을 내다 보는 문화복지농촌의 부자마을이 되었다.

찬란한 꿈을 향하여

주민들의 숙원사업으로 추진하고 있는 선착장이 연내 완공되면 주민들의 불편을 해소함은 물론, 피조개양식을 비롯한 수산물 소득증대에 크게 기여하게 될 것이며, 인근 야산에 초지를 조성하여 도입육우 20두를 입식 시켰으나 앞으로 1가구당 한우 3마리 이상 기르기운동을 적극 전개하여 축산단지를 조성하여 소득원을 다변화할 계획이다.

또 추진중에 있는 경지정리도 마무리하여, 비닐하우스 단지 조성, 기계화 영농의 부푼 꿈을 실현해 나가고 새마을금고 장학회를 설립하여 가족계획사업과 병행 추진할 계획이다.

뿐만아니라, 내일의 새마을역군인 학생새마을봉사단을 더욱 활성화하여 새마을청소와 질서지키기를 생활하고, 애국애향심 및 경로사상 등 청소년 지도에도 힘을 다하고 특히 마을회관을 증축하여 유아원을 설치, 훌륭한 민주시민으로 유아들을 키우고, 또한 경로당을 설치, 노인들이 남은 여생을 즐겁게 지낼 수 있도록 할 계획이다.

9화 5년간의 대역사 끝에 마을의 길을 내고

전남 순천시 삼산동 조비마을
지도자 이봉춘(48세)

마을현황

가구수 (호)	계	농가	비농가	인구 (명)	계	남	여
	18	16	2		105	49	56

경지면적 (ha)	계	논	밭	마을 공동기금	새마을 조직현황(명)		
					새마을 부녀회	새마을 청소년회	새마을 금고
	6.4	2.8	3.6	2,500천원	18	9	18

마을호당평균소득(천원)	1973	1980	1982	1983추정	1985전망
	2,025	2,462	3,023	3,476	4,000

주요사업실적

사업별	세부사업명	사업량	사업비
생산기반	진입로 확장 도로 개설 공사 교량 가설 공사	10km 2km 10.8km	131,500천원 20,000천원 3,600천원
소득증대	비육우	72두	14,600천원
복지환경	마을회관 간이급수 전화가설 전기사업	1동 25평 18가구 1대 20가구	1,500천원 1,400천원 2,00천원 1,600천원

산간오지 조비마을

조비마을은 순천시로 부터 약 10km 떨어진 비봉산 줄기에 위치하고 있으며 명색이 순천시 삼산동이지 주변의 모든 여건은 산간오지마을 못지 않은 산간지대로서 처음 32가구가 거주하고 있었으나 살기가 불편하고 소득원이 없어 14가구가 떠나가고, 지금은 18세대에 105명의 주민이 거주하고 있으며 호당 경지면적은 평균 0.4ha로 극히 빈곤한 마을이었다.

마을 주민들의 생계수단으로 손바닥만한 농경지가 유일한 소득원으로서 온통 여기에 의식주를 기대하며 생활하자니 끼니를 거르는 일은 흔히 있을 수 있는 일이었고 이러한 가난 때문에 마을을 떠나는 것은 당연한 사실이었다.

그러나 남아있는 사람도 호구지책을 연명하자니 가장 손쉬운 방법은 주위의 나무를 이용한 땔감이나 숯을 구어 첫닭 울음소리와 함께 10km 길을 걸어 순천시내 시장에 내다 파는 것이 유일한 생계수단이었다. 가장 뼈아픈 것은 환자라도 발생하면 속수무책으로 귀중한 생명을 운명에 맡길 수 밖에 없는 절해고도와 다름이 없는 산간오지였으며, 심지어 중학생과 5~6학년 국교생이 하교시에는 부모들이 조를 지어 횃불을 들고 마중을 나가야 할 정도로 교통수단이 가장 불편하였다. 이때 이봉춘 지도자는 우리 마을이 잘 살기 위해서는 "길을 뚫어야 한다" "그래야만 산다", 이렇게 판단하고 마을 진입로를 확장하기로 결심하였다. 10년 아니 20년이 걸리 더라도 길을 뚫기로 굳게 다짐하였다.

라디오 선물이 새마을운동을 점화

이때에 전국 방방곡곡에는 새마을운동의 열풍이 일었지만 조비마을만은 격리된 채 갈수록 산간오지로 침체되어 가고 있었다. 그러던 1974년, 산간오지마을 주민들은 대통령각하께서 하사하신 라디오 1대를 받게 되었는데, 이 라디오 소리가 마을 주민들에게 새마을운동을 시작하게 되는 계기가 될 줄이야 아무도 몰랐다.

이때 이 지도자는 새마을운동은 우리 조비마을 같은 곳에서 시작해야 된다고 수차 다짐하면서 무지한 주민들을 계몽하고 한 자리에서 머리를 마주하고 새마을사업을 토론 할 수 있는 교육장소를 우선적으로 세워야 하겠다는 생각으로 회관을 건립하기로 결심하였다. 그리하여 이 지도자는 동장님을 찾아가 수차 애걸하여 새마을가꾸기사업자금 5십만 원을 지원하여 줄 것을 약속 받았다. 그러나 정작 회관건립에 착수하려 했으나 마을 주민 모두는 이 지도자의 마음과는 달리 끼니가 어려운 형편인데 무슨 회관건립이냐고 이 운동의 취지마저도 이해못하여 절대 반대였으며, 회관을 건립해야 할 부지조차 마련 못해 커다란 난관에 부딪혔다. 며칠을 고심 한 끝에 이 지도자는 그의 소유 밭 80평을 마을에 희사하면서 1975년 3월 2일 처음 사업을 착공할 수 있었다. 당초 이 지도자는 지원금 50만 원을 자재대로 하고 나머지는 주민 노력부담 1백만 원으로 무난할 것으로 생각했으나 10km의 먼거리 자재운반관계와 입지여건이 좋지 않아 많은 인력과 비용이 지출되어야 했고 특히 기술인부의 비싼 노임이 어려움을 더 했으며 또한 75일이라는 사업기간이 가난한 마을주민의 의식주해결에 압박을 주는 것이 더 큰 어려움이었다. 하지만, 마을 주민들의 강한 협동정신으로 많은 땀을 흘린 결과 끝내 1975년 5월 17일 준공을 하였으며 주민들은 마을이 생긴 이후 마을공동 사업으로 맨 처음 이룩한 보람의 기쁨을 맛 보았다.

본격적인 환경개선사업에 착수

이때 정부로 부터 전기사업계획을 통보받았다. 호롱불, 횃불신세를 면하게 되었다는 흥분은 잠깐이었으며 호당 8만 원의 부담금이 큰 문제가 되었다. 숙의를 거듭한 끝에 이자가 싼 농협융자로 전기사업부담금을 지급하여 1975년 9월, 20가구 모두 전기불을 켰다. 전기불이 들어오게 되자 마을주민들은 새마을운동의 성과를 더욱 알게 되었으며 이 운동이야 말로 말로만 부르짖는 운동이 아닌 꼭 실천해야 하는 운동이며 노력한 만큼의 댓가가 있다는 사실을 깨닫게 되어 조비마을 주민은 무에서 유를 창조하고 불가능을 가능으로 전환시키려는 의욕으로 똘똘뭉쳐 마을의 발전을 위하여 지도자를 중심으로 협동할 것을 다짐하는 또 하나의 계기가 되었다.

10km의 길을 뚫어라

이때 이 지도자는 누대로부터 숙원이었던 시내와 연결된 10km의 농로 겸 도로의 확장사업 추진을 1976년 4월 마을총회를 열어 결의하였다. 10km가 되는 도로를 폭 6~8m로 확장한다는 것은 마을사람들의 협동만 가지고는 힘든 일이 아닐 수 없었으나 이 지도자와 전 주민은 굳게 이를 악 물었다. 이때부터 마을회관은 새마을의 열기가 흘러 넘치는 새마을운동의 산실이었다. 진입로 확장 사업은 1년에 2km씩 5개년 계획을 세워 추진하기로 결정하고 확장에 소요될 토지조사를 실시한 결과 조비마을 주민의 소유가 아닌 178필지 15,040평의 토지가 편입되게 되었다. 이중 5천여 평은 고지마을 주민의 소유토지로서 서슴없이 희사되었으나 108필지 1만여 평은 시내 주민의 소유토지로 이에 대한 희사는 절망상태였다. 이때 이 지도자는 편입토지를 희사받기 위하여 매일 10km의 길을 왕래 할 수 없어 숙원사업 출발지인 석현천 고수부지 위의 거지 기거지에 취사도구를 준비하고 사업이 추진된 5년 동안 23개월을 기거하면서 끈질긴 집념으로 기어이 108필지 10,140평을 희사받는 데 성공하였다. 물론 희사를 받는 과정에서는 마을 전 주민이 토지소유자집에 가서 노동을 해주는 등 눈물겨운 고생끝에 1981년 5월까지 5년동안 대 역사를 완료하였다. 여기에 투자된 총사업비는 1억3천2백만 원으로 이중 정부지원금 1천2백만 원에 연 3만여 명이 도로현장에서 땀흘려 일하는 등 주민부담으로 이루어진 실로 대역사였다. 진입로의 확장 사업과 아울러, 1982년 3월 25일에는 마을이 생긴 이래 처음 시내버스가 개통하게 되는 감격을 맛보았다.

쉬지않고 부지런히 부지런히

이 지도자는 10km의 대역사를 추진중에도 1977년 1월에는 지붕개량 22동을 완료하였고, 1977년 9월에는 간이상수도 시설을 설치하여 전 가구에 위생수를 공급하였으며, 1978년에는 4개월간에 걸쳐 마을 안길포장 650m를 완료함으로써 마을의 기초환경 정비를 마무리 지었다. 그러나 이 지도자는 같은 여건이면서도 아직 낙후된 용수동 삼거마을에 열기를 불어 넣어 주기 위한 첫단계로 이 마을과의 길을 뚫기로 하고 비상도로개설 사업비 1백만 원을 지원받아 용수동 삼거마을 주민 30명과 삼산동 조비마을 주민 28명이 연 1만8천여 명 참가하여 1.2km의 도로를 폭 5~6m로 개설하는 데 성공하였다. 또한 1983년에는 범죄없는 마을로 선정되어 3백6십만 원의 사업비를 지원받아 그간 마을 주민의 닦아진 토목 기술을 바탕으로 연장 11m의 현대식 콘크리트 다리를 놓았다.

소득증대사업에 착수

조비마을은 소득증대사업에도 눈을 돌려 1979년부터 비육우 육성사업을 시작하였다. 주민들은 그간 열심히 소를 키워 정부융자금 1천4백만 원을 전부 상환하고, 1982년 부터는 여기에서 호당 2만원 의 순소득을 올리고 있으며, 1983년 9월 현재 1가구당 평균 5~6마리의 소를 사육하고 있어 잘 사는 농가로 한발 다가서 가고 있다. 이 지도자는 제2의 소득원으로 약초 재배를 권장, 1가구당 당귀 등 한약 원료를 1,200평 이상 경작하고 있어 여기에서도 호당 평균 1백만 원의 소득을 올리고 있으며, 제3의 소득사업으로 순천시민의 피서지 부족현상에 착안하여 1982년 2월부터 마을앞 2km의 암반위를 흐르는 천혜의 관광자원을 마을 공동으로 개발하고 인근 야산을 개발, 과일나무를 2,800본 식재하였으면 2년간 공동경영 수익으로 호당 1백6십만 원을 올리는 등 조비마을 주민에게는 다시없는 소득원으로 크게 각광을 받고 있다.

지도자의 보람과 향후계획

이제 조비마을은 견디기 어려웠던 역경, 뼈를 깎는 고통들이 이제 와서는 한낱 추억이 되었고 산간오지 마을이 아닌 호당 6백 5십만 원의 소득이 넘는 마을로 탈바꿈되어 이젠 마을로 되돌아오려는 사람이 하나 둘씩 늘어가는 현상을 보이고 있다. 이 지도자와 주민들은 이것이 바로 새마을운동의 보람이라고 크게 자부하고 있다.

1983년 가을에는 시내와 연결된 10km의 도로와 용수동 삼거마을과 연결한 1.2km의 도로 양쪽에 나라꽃 무궁화 60만 본을 가로수로 식재하여 무궁화길을 조성하고 마을 조기청소회를 조직 운영, 마을권의 대대적인 환경청소와 시내 변두리지역 지원청소를 계획하고 있으며 계곡 일대에 편익시설을 완료, 순천시민의 휴식처로 완비할 계획이다. 그리고 제1의 숙원사업이었던 10km의 시내권 연결도로의 포장을 위해 1986년까지 자체자금 2천5백만 원을 확보하여 3km를 포장완료하고, 1988년까지는 100% 포장을 완료하겠다는 또 다른 대역사의 계획이 멈추지 않고 있다.

10화 조상의 얼을 받들어 복지마을로

전남 광산군 임곡면 광곡마을
지도자 기영호(34세)

마을현황

가구수(호)	계	농가	비농가	인구(명)	계	남	여
	59	55	4		304	134	170

경지면적(ha)	계	논	밭	마을공동기금	새마을 조직현황(명)		
					새마을부녀회	새마을청소년회	새마을금고
	52.0	33.0	19.0	20,000천원	43	25	43

마을호당평균소득(천원)	1973	1980	1982	1983추정	1985전망
	1,216	2,473	3,572	4,000	5,000

주요사업실적

사업별	세부사업명	사업량	사업비
생산기반	마을진입로포장	1,200m	6,000천원
소득증대	한우비육우사	70두	70,000천원
	고등원예	5ha	5,000천원
	유실수	5ha	5,000천원
복지환경	마을회관건립	40평	12,000천원
	간이급수시설	43호	8,000천원
	주택개량	20호	138,865천원

전통의 문화재 마을

광곡마을은 전남 광산군청 소재지로부터 13km 지점에 위치하고 있으며 장성군과 인접하면서 마을 앞으로 호남평야의 젖줄인 영산강이 흐르고 뒤로는 백우산이 병풍처럼 가리워진 산 좋고

물 맑은 중산간 지역으로, 이조 성리학자 고봉 기대승 선생의 출생지며 수학의 전당인 지방문화재 빙월당이 소재하고 있는 마을이다. 또한 행주 기씨 자자 일촌으로 양반의 허세를 부리며 선조의 유업을 유일한 자랑으로 여기면서도 조상으로부터 물려받은 가난의 유산을 숙명으로만 여기며 살아가는 마을이었다.

돈벌이 서울 길은 병만 얻고

가난은 기지도자에게도 예외가 될 수는 없었는지 돈을 벌어 잘 살기 위해 무작정 상경하였으나, 서울의 생활은 고통의 연속이었다. 거기에다 설상가상으로 몇 달이 못되어 가난보다 더 무서운 질병에 걸려, 서울의 생활을 청산하고 기지도자는 병약한 몸을 이끌고 부모 형제가 있는 고향을 찾았으나 반가이 맞아주는 사람은 없었다.

안일과 나태에 빠진 고향 마을은 예나 지금이나 어떠한 변화도 찾을 수 없었지만 그때 요원의 불길처럼 이웃마을 곳곳에서는 새마을운동의 메아리가 울리고, 그 열기는 불길처럼 타올라 잘 사는 마을로 변해 가고 있었다.

지도자를 자원하다

잘 살기 위한 새마을운동의 힘찬 메아리는 몸과 마음이 병들어 있는 기 지도자의 마음 한 구석을 사로잡았다. "새마을운동은 곧 부자 마을"에 직결된다는 신념을 굳힌 기 지도자는 마침내 1976년초 건강치 못한 몸으로 낙후된 마을을 잘 사는 마을로 만들기 위해 지도자를 자원했다. 그리고 "하면 된다"는 새마을정신을 마음속의 신앙으로 삼고 우선 뜻을 같이 할 수 있는 청년들을 설득 규합하여 청소년회를 조직하고 회원을 중심으로 마을 문고를 창립하여 독서를 생활화함으로써 정신 계발과 지식 함양에 노력함은 물론, 한정된 농토를 효율적으로 활용하여 단위 면적당 수확량을 최대한 높이고, 미맥 위주의 재래식 영농에서 탈피하기 위해 시설 원예작물 재배를 시작하였다.

또한 주민들에게 강인한 의지와 새 바람을 불어 넣기 위하여 활동적이고 지도능력이 있는 인사들에게 마을내의 영농회와 새마을부녀회의 조직을 맡아 주도록 호소하고 15명으로 구성된 청소년회가 앞장서서 모심기, 벼베기, 보리베기 등 마을 공동작업을 실시, 처음으로 12만 원의 공동노임으로 마을공동기금을 확보하여 회원 각자에게 통장을 만들어 청소년회원들의 의욕을 북돋아 주고 이 기금으로 새마을금고의 창립을 하는 기틀을 마련하였다.

새마을금고 창립을 시작으로

벼농사 한번 보리농사 한번이면 농사일을 마치고 할 일 없이 동네 사랑방에 마을 사람들이 모여 남의 험담 비방과 자자 일촌의 병폐인 할아버지, 삼촌, 조카 등이 한데 어울려 윷놀이와 도박판을 벌이고 새벽녘이면 서로 멱살을 쥐고 주먹 다짐을 하는 풍토를 개선하기 위해서는 마을 내 윷놀이, 화투놀이 추방과 겨울철 농한기 유휴인력의 생산화 사업에 청소년 회원이 앞장서야겠다는 생각으로 기 지도자는 벼 후기작으로 겨우살이 채소와 시설원예를 권장하여 지도하였다. 그러나 연로한 어른들은 보수적이고 봉건적인 관습에 젖어 비닐하우스의 특별한 기술을 우려한 나머지 비난과 비방을 멈추지 않았다. 청소년회원들은 이러한 소리에 굴하지 않고 더 많은 피땀 어린 노력과 활동을 펴면서 성공하여야 겠다는 신념을 가지고 정성을 쏟았다.

"두드리라 그러면 열리리라"는 성경 말씀처럼 첫해의 시설원예사업이 성공하게 되자 청소년회원들의 사기는 높아갔고 비방과 험담을 하던 어른들도 어느 정도 동조함으로써, 처음으로 마을 주민들은 결속의 분위기를 조성하였으며 새마을금고 또한 창립한지 2년만에 3백만 원의 자금으로 증식됨에 따라 마을 내에서는 고리대금 풍조가 자연스럽게 없어지고 말았다. 그러나 새마을 금고 사건으로 새마을운동은 뜻밖에 커다란 문제에 부딪혔다.

역경속에서도 "너브실 소식" 발행

1978년 여름 새마을 금고 자금 4백만 원을 투자하여 운영하던 새마을 구판장 관리인이 사업자금과 물품 대금을 가지고 잠적해 버렸다.

기 지도자가 천거한 사람이 사고를 냈기에 지도자를 향한 마을 주민들의 성화는 점점 커졌고 그에 따라 기 지도자는 신경성에 의한 장파열과 과로로 입원하고 말았다.

그러나 항상 용기를 불어넣어 준 새마을부녀회장과 몇몇 청소년회원을 생각하니 마음이 편하지 못하여 병상에만 누워 있을 수 없었다. 기 지도자는 퇴원후 더 이상 실패해서는 안된다는 굳은 신념하에 마을 주민 전체의 단합된 뜻을 한데 모아 잘 사는 길을 개척해 나가기 위해 먼저 새마을청소년회가 핵심이 되어 전국에서는 처음으로 이 마을의 옛 이름을 딴 "너브실 소식"을 매월 제작, 마을 주민들은 물론 출향민에게도 배포하여 고향을 잊지 않고 고향발전에 다 같이 참여토록 유도함으로써 단합된 마을로 바 꾸어 놓았다.

"너브실 소식"이 마을 회관을 건립

그 간의 축적된 경험을 살려 새마을금고 육성에 박차를 가했으나 일부 주민들의 새마을금고 육성에 대한 부정적인 관념은 뿌리깊었고 새마을사업에 대한 문제점이 날이 새면 발생하고 해결하면 또 다른 문제점이 대두 되곤 하였다. 그때마다 청소년회, 새마을부녀회, 영농회가 제가끔 문제점을 극복하면서 새마을운동의 열기를 가속화시켰다. 한편으로는 생산기반 사업도 게을리 하지 않고 폭 1m 내외의 마을 진입로 1,200m를 노폭 5m로 확장 포장하였으며, 또 마을안길 500m를 노폭 3m로 확장 포장하고, 교량 1개소와 마을 앞 소하천 500m를 개수하여 기계화 영농기반을 다졌다. 1980년도에는 20여 명의 출향민으로부터 "너브실 소식"을 통하여 보내 준 5백만 원의 새마을성금에 마을주민들의 적극적인 참여로 40평 규모의 2층 슬라브 다목적 마을회관을 1천2백만 원을 투입, 건립함으로써 주민의 오랜 꿈을 실현하였다.

소득사업에 눈을 돌리고

전 주민이 근면·자조·협동의 새마을씨앗을 연중 쉬지않고, 거두다 보니 이젠 새마을운동에 대한 확고부동한 신념이 생활을 지배하게 됨으로써 시설 원예가 현재는 50ha의 방대한 면적에서 1년 내내 쉴 새 없이 싱싱한 원예 작물이 생산·유통·판매가 되고 있으며, 새마을 금고는 처음 15명의 회원에서 43명의 회원에 자본금도 2천만 원의 법인금고로 정착되었다.

이에 힘입어 작년도에는 전체 43호중 우선 주택개량을 희망하는 20호 농가를 대상으로 취락구조개선사업을 실시, 쾌적하고 아름다운 농촌마을을 건설하였고 새마을운동으로 다져진 협동정신으로 모든 정부 시책에 능동적인 자율참여가 생활화되어 건조장, 하수구정비, 진입로포장, 농로 개설, 담장개량, 간이급수시설 등 마을 기반사업을 1982년까지 완료하여 문화복지농촌의 면모를 갖추게 되었다. 다각적인 복합영농사업으로 1981년도에는 마을 뒷산의 무한한 산야초를 이용하여 농가의 소득증대에 활용하기 위하여 새마을공동자금 1천5백만 원으로 한우·비육우 30마리를 입식시켜 금년말까지는 100여 두의 한우·비육우를 갖게 되는 한우 마을로 성장 발전하는 계기를 마련하는 한편 감나무, 밤나무 등 유실수단지 10ha를 조성 연간 농가 호당 평균 4백만 원이상의 소득을 올리는 풍요한 농촌 마을 "너브실"로 변모 하였다.

고소득 복지농촌을 향하여

이제 광곡마을은 나태와 빈곤을 청산하고 새마을의 정신적 지주인 근면·자조·협동하는 새 인간상을 익히게 되었으며 "하면된다"는 확고한 자신감으로 한우, 비육우사육, 비닐하우스재배, 유실수단지조성, 과학영농 기술개발 등 소득증대에 정진하고 있으며 생활면에 있어서는 마을의 문화복지 시설의 급진적인 개선이 이루어지고, 소득 향상과 더불어 TV, 냉장고 등이 주민들에게 보급되는 등 생활수준의 향상으로 지난날의 가난으로 얼룩진 상처를 없애고 근면 질약으로 저축하는 새 생활이 정착되고 있다.

또한 1980년대의 고소득 복지농촌을 이룩하기 위하여 농가소득 1천만 원의 목표달성과 함께 찬란한 선진조국의 내일을 지

향하며 오늘도 기 지도자와 마을 주민들은 전국 어느 곳에 내 놓아도 손색없는 문화복지 마을이 될 자부심에 한마음 한 덩어리가 되어 굳게 협동 단결하여 힘찬 정진을 거듭하고 있다.

11화 강변 백사장에 이룩한 복지마을

경북 선산군 선산읍 원3동
지도자 김성배 (35세)

마을현황

가구수 (호)	계	농가	비농가	인구 (명)	계	남	여
	53	47	6		304	147	157

경지면적 (ha)	계	논	밭	마을 공동기금	새마을 조직현황(명)		
					새마을 부녀회	새마을 청소년회	새마을 금고
	75.8	9.3	66.5	1,200천원	35	19	-

마을호당평균소득(천원)	1973	1980	1982	1983추정	1985전망
	460	4,068	6,201	7,100	8,300

주요사업실적

사업별	세부사업명	사업량	사업비
생산기반	제방축조	850m	6,000천원
	교량가설	25m	12,000천원
	도수로	460m	3,000천원
	양수장	30HP	2,000천원
	진입로확장개선	200m	1,5000천원
소득증대	한우입식	125두	
	양돈	500두	
복지환경	안길포장	460m	13,000천원
	하수구	640m	5,000천원
	복지회관건립	72평	35,000천원
	간이급수시설	53호	2,500천원
	취락구조개선	16동	135,000천원

개간으로 삶의 터전을 마련하고

원3동 마을은 선산군청이 소재하는 선산읍에서 정남방향으로 5km쯤 떨어진 낙동강변에 위치하고 있으며, 53세대의 개량된 문화주택에 산이라곤 전혀 없는 잘 정리된 농토에 풍요를 누리고 있어, 어느 한 곳도 다른 농촌에 뒤진 데라곤 없는 앞서가는 마을이다.

원3동 마을의 형성은 1910년 일제하에 소작농도 얻지 못하고 무지와 가난 속에서 배고픔에 지치다 못한 5세대가 허기진 배를 움켜잡고 낙동강변에 버려진 황무지라도 개간하여 먹을 것을 찾겠다고 움막을 짓고 기거하면서부터 시작되었다.

주민들은 조상대대로 황무지를 개간하여 내 땅을 한번이라도 소유하고 살아보려는 끈질긴 생활속에서 60년대를 맞게 되어 점차 농경지의 면적도 확대되고 어느 정도 영농기반을 갖추게 되었다. 사실 낙동강변의 황무지는 갈대 뿌리로 뒤덮혀 있어, 개간하기에는 실로 엄청난 노력이 필요했으며, 또한 모래땅은 봄과 겨울철 바람에 먼지가 잔뜩 날리고, 여름장마기에는 허리까지 빠질 정도로 수렁이 되는 토질이었다.

마을에 한창 토지개량사업이 전개된 1968년 군에서 제대한 김 지도자는 우선 청년회를 조직하고, 개별적으로 실시하던 객토사업을 협동사업으로 전개하면서 30대이상 청장년으로 영농계를 조직하고 지붕개량사업에 착수 토록 하여 단 한줌의 퇴비라도 더 농경지에 들어갈 수 있도록 대대적인 사업을 실시하게 되었다.

새마을교육을 실천한 지도자

이 마을에서 계속 자라온 김 지도자는 어느 정도 소득수준이 높아진 1980년 3월 자원해서 지도자가 되겠다고 나선 후, 그해 4월 새마을지도자 연수원에 입교하여 "지도자가 갈 길은 무엇이며, 새마을운동의 최종목표는 어디에 있는가"하는 의문점을 교육을 통해 해소하고 새마을운동의 추진이론에 대한 가르침과 새마을의 역사 속에는 수많은 지도자가 있었고, 또한 지도자는 묵묵히 일만 해오고 있다는 것을 자각하고 불같은 열기를 가지고 마을발전에 헌신할 것을 스스로 다짐, 실천하게 되었다.

1980년 당시 마을호당소득은 도내에서 가장 높은 406만8천원이었고 경지 소유 면적 또한 1.6ha로 어느 곳보다 살기 좋은 부촌이었으나 근본적인 환경 개선, 농업생산기반사업은 전혀 되어있지 않은 낙후된 마을이었다. 죽지 않고 살아보겠다는 두더지같은 생활에서 가족들의 생계에만 급급하여 마을공동일이나, 공동기금조성 등은 생각조차 하지 않았기에 마을환경이 낙후한 것은 당연한 결과였다.

김 지도자는 이제야말로 내가 일할 때라 판단하고 도내 최초의 복지마을 건설을 목표로 힘찬 첫 발을 내딛게 되었다.

새마을복지회관을 건립하고

1975년대 초반 자력으로 건립해 사용하던 낡고 비좁은 12명의 마을회관을 헐고 1981년부터 2년차 계획으로 250평의 부지를 확보하여 2층 72평의 새마을복지회관을 건립키로하였다. 우선 단층 36평부터 건립하기로 하고 5월 초 도지사를 비롯한 각계 기관장을 모시고 기공식을 가졌다. 농번기 이전 완료에 박차를 가해 6월말에는 구판장, 유아원, 사무실을 갖춘 단층 건물을 완공하고, 즉시 유아원을 개설하여 27명의 유아들을 교육하게 하였고, 공동구판장은 부녀회의 공동 생활필수품을 시중보다 1할 싼값으로 공급, 부녀회 공동 기금조성에 큰 몫을 담당하게 되었다.

취락구조를 근본적으로 개선

한편으로는 마을의 형태를 바꾸게 한 취락구조 개선사업이 착수단계에 놓이게 되어 그 어느 때보다 더 어렵고 힘든 일을 해야 했다. 마을 안길을 5m로 넓히면서 주택 16동을 일시에 철거하는 사업으로 마을길에 편입되는 부지확보와 택지조성 및 분배, 소요자금의 부족, 임시천막 설치 등 어느 것 하나 쉽게 해결되는 것이 없었다. 주민을 설득하고 지도층의 솔선참여를 권유하면서 추진위원회를 구성하여 모든 일은 주민총의에 의해 해결한다는 방침하에 사업을 착수하였다. 우선 임시천막을 공동으로 설치하고, 중장비를 동원하여 담벽과 집을 철거한 후 택지를 정리한 다음, 일면 농사와 병행하여 공사를 강행하였다.

주택의 구조는 사전에 경주, 안동 등 선진 주택개량 마을을 견학하고 한옥과 양옥 중에 각 농가에서 편리한 설계를 선택하도록 하여 주택의 특성을 살려 나가도록 하였다. 3개월간의 건립목표로 자체자금 4천3백만 원과 농촌 주택개량 융자금 9천2백만 원 등 도합 1억3천5백만 원을 투입하여 자재는 공동으로 구입함으로써 운반비와 경비를 절감했으며 소요 벽돌은 인근에 풍부한 골재를 이용하고 새마을사업으로 윤번제 제작방법을 택하여 다른 마을보다 평당 9만 원이 절감된 35만 원으로 완공하는 효과를 가져왔으며 동시에 부속사와 변소도 개량하여 농촌의 전 근대적인 주거환경을 근본적으로 개선한 일석이조의 성과를 거두게 되었다. 안길은 직선으로 사방으로 통하게 확장되었고, 불록담장 위에는 특수하게 제작된 기와모양의 불록을 얹어 조형미를 살렸으며, 그림에서나 봄직한 아담하고 깨끗한 주택들이 짜임새있게 배치되어, 이웃마을 주민들은 물론 동민 자신들까지도 눈을 의심하게 될 정도였다.

이와같은 마을주민들의 한결같은 마음과 협동을 통한 피와 땀의 결과로 1981년도 도내 최우수마을로 선정되어 각하 하사품인 트랙터 1대를 지원받았다.

새마을의 열기는 더욱 뜨거워지고
1982년에는 주민숙원사업이었던 안길포장과 함께 하수구공사를 착수하게 되었다.

폭5m로 간선 안길 460m를 특별지원사업으로 말끔히 포장하고 640m의 하수구를 완전히 복개하는 데 불과 1개월밖에 안 걸리는 저력을 보여 주게 되었으며 또한 1981년도에 단층만 완공한 새마을복지회관의 2층 36평을 지원금 1천만 원과 주민부담 5백만 원으로 완공하여 회의실을 겸한 새마을 독서실로 활용하고 있다.

현재 50명을 동시에 수용할수 있는 독서대와 장서 1,500권으로 주민의 영농기술보급과 자녀들의 학습에 큰 보탬을 주면서 복지마을의 위용을 과시하는 듯 자랑스러운 모습으로 우뚝 서 있다.

1982년 마무리 사업으로 마을 앞을 흐르는 세천 위에 보잘 것 없이 놓여있던 폭 3m의 낡은 교량을 철거하고 길이 25m 폭 6m로 견고한 교량을 가설하여 통행에 편리와 안전을 도모하였다.

도내에서 가장 잘사는 마을이 되어

1983년에는 생산기반 사업의 확충에 중점을 두고, 1982년 11월 경제동향보고 시 대통령각하로부터 지원받은 500만 원으로 공동창고와 영양개선의 집 건립을 계획하여, 8월까지 공동창고 50평, 영양개선의 집 10평, 화단 3개소를 마무리했으며, 수세식변소 개량에 박차를 가해 10월 중에는 16동을 완공하였다.

1970년대 초의 소득기반확충사업과 1980년부터 복합영농에 전력을 다해 온 결과 지금은 호당소득이 6백2십만 원으로 증대, 도내 최고소득마을의 영광을 3년동안 계속 지켜오고 있다.

대대적인 축산단지조성을 목표로

1982년부터 복합영농을 주축으로한 한우사육과 양돈사업에 축산진흥기금 5천만 원과 자부담 6천만 원으로 한우 125두 공동입식 및 양돈 500두를 사육하고, 이를 점차 확대할 계획으로 있어 한우는 증체 증식을 포함, 두당 연 80만 원씩 순수익 8천만 원이 예상되며 양돈도 두당 연 5만 원으로 도합 2천5백만 원을 무난히 달성할 수 있을 것이다.

한편 장기계획으로는 인근 구미시의 발전에 따른 육류 수요 증가에 대비하여 낙동강 삼각주 10ha에 대대적인 축산단지를 조성하기 위해 토질이 척박한 가장자리 2ha에 사료용 옥수수를 재배하여 연간 50톤의 청예사료를 생산하고, 잔여 8ha에는 초지를 조성, 500두의 한우를 입식시킬 계획으로 추진 중에 있는 등, 김 지도자와 마을주민들은 더 나은 내일의 선진농촌을 이룩하여 도시보다도 더 살기 좋은 농촌을 만들 각오로 열심히 노력하고 있다.

12화 바다를 개발하여 부자마을 만들고

경북 영일군 구룡포읍 삼정 2리
지도자 권혁주(42세)

마을현황

가구수 (호)	계	농가	어가	기타	인구 (명)	계	남	여
	98	36	49	13		550	262	288

경지면적 (ha)	계	논	밭	마을 공동기금	새마을 조직현황(명)		
					새마을 부녀회	새마을 청소년회	새마을 금고
	45.5	17.2	28.3	3,000천원	67	35	74

마을호당평균소득(천원)	1973	1980	1982	1983추정	1985전망
	735	2,862	5,020	6,032	8,870

주요사업실적

사업별	세부사업명	사업량	사업비
생산기반	소교량가설	2개소/84m	2,500천원
	안길정비	3개소/270m	4,500천원
	공동 광장 조성	1,000평	10,000천원
	진입로 포장	500m	9,500천원
소득증대	선착장	170m	178,000천원
	방조제	200m	9,100천원
	공동회집	1동/50평	13,000천원
	전복양식장	4ha	4,000천원
복지환경	주택개량	13동	110,000천원
	주방및변소개량	20동	4,500천원
	유아원신축	50평	5,500천원

세사람의 정승이 정착하여

삼정 2리 마을은 포항시에서 29km, 구룡포읍 소재지에서는 영일만 바깥쪽을 거슬러 3km 북쪽에 위치한 전형적인 어촌마을로서 98호 550여 명의 주민이 살고 있다. 옛날 신라시대 관직을 떠난 세사람의 정승이 여생을 보낼 곳을 찾아 다니다가 이 마을에 정착해 살았다는 전설에 근거하여 마을 이름이 "삼정리"라 불리워지고 있다.

스스로 뱃사람을 지원하여

이 마을이 오늘날과 같이 잘 살게 된 것은 이 마을에서 태어나 자란 권혁주 지도자의 땀과 눈물의 결정체였다.

권 지도자는 구룡포 종합 고등학교를 졸업하고, 1961년도에 현대건설에 취직하였으나 새마을운동만이 가난한 이 마을을 잘 살게 할 수 있다는 생각으로 부모님과 친척들의 반대에도 불구하고 1976년 1월 정든 직장을 떠나 스스로 바다에 나가 뱃사람이 되면서부터 버려진 마을앞 바다를 개발하여 기필코 잘 사는 마을을 이룩해야겠다고 굳게 결심하고, 아무도 원하지 않는 새마을지도자를 자원하였다.

권 지도자는 우선 마을주민들의 전통적인 악습을 타파하기 위해서 주민 총회를 소집하고 "우리가 잘 살기 위해서는 우리 모두가 양반의식과 허레 허식을 없애고 다같이 힘을 모아 우리에게 주어진 환경 여건인 마을앞 바다를 개발해 나가는 길밖에 없다"고 설득하였으나, 대다수의 주민들은 "아무리 못산다 할지라도 양반이 어떻게 고기잡이를 할 수 있으며, 설령 바다를 개발한다 해도 무슨 돈으로 할 것이냐?"며 동조해 주지 않았다.

그러나 권 지도자는 마을의 세 문중의 뜻있는 청년 12명으로 마을개발추진위원회를 구성하고 이를 주축으로 마을 앞바다를 개발하여 잘 사는 마을을 이룩해 보자며 적은 돈으로 많은 성과를 거둘 수 있는 사업을 물색한 결과, 우선 다시마 양식부터 시작하기로 하고 1977년 첫 사업으로 권 지도자의 사비 50만 원과 추진위원회에서 내놓은 100만 원으로 2ha의 양식장을 조성하게 되었다

첫 양식사업의 실패를 이겨내고

그러나, 배양기술 및 경험부족으로 관리가 미흡하여 다시마 종묘가 파도에 휩쓸려버려 의욕적으로 추진했던 첫 사업이 실패로 끝나게 되자, 참여했던 추진위원들 마저 "본전을 내놓으라"

며 부모형제들까지 원성은 물론 주민들은 "정신나간 사람"이라고 비웃기까지 하였다. 권 지도자는 여기에서 좌절하지 않고, 수산진흥청을 찾아가서 배우고 또 양식업을 많이 하는 남해안까지 찾아가 견학을 하고 돌아와서 1978년 6월 다시 사비 100만 원과 수협에서 어업자금 100만 원으로 우렁쉥이 2ha를 양식하여 하루도 빠짐없이 수온조절 등 생장상태를 관리한 결과, 이듬해는 자연산과 똑같은 우렁쉥이 3,000kg를 생산하여, 처음으로 450만 원의 소득을 올리게 되었고, 1차 실패한 다시마 양식도 다시 시험배양을 시작하였다.

권 지도자는 우렁쉥이양식사업의 이익금 전부를 마을공동기금으로 적립하고, 양식업을 확대할 뜻을 주민들에게 전하자 실패하였을 당시와는 달리 마을주민들도 그제서야 권 지도자를 따르게 되었다. 이에 용기를 얻은 권 지도자는 그해 7월 마을주민들과 함께 우렁쉥이 4ha와 다시마 5ha를 양식하여 지난 1980년에는 2,070만 원이란 큰 소득을 얻게 되었으며, 다시마는 일본에 수출함으로써 870만 원의 수출실적까지 올리게 되었다.

연안어업에서 근해어업으로

또 마을 여건에 알맞는 양식종류를 다양화하여 미역, 전복 등의 양식을 계속 확대하고 있으며, 특히 우렁쉥이는 4~5년 전부터 자연산의 멸종으로 가격이 높아져 수익성이 좋아졌고, 미역은 1981년도에 1년간 25톤을 생산하여 1,100만 원의 소득을 올렸다. 그리고 근해어업에도 관심을 기울여 양식 사업에서 얻은 소득과 수협의 지원금으로 15톤급의 동력선 18척을 건조하여 공해상까지 진출, 전어 등 연간 1,500톤의 어획고를 올려 1억7천2백만 원의 소득을 올리고 있다.

부녀자들도 바다개발에 참여하고

어업소득이 계속 높아지고 양식업에 성공하자 집안살림만을 부덕으로 여겨왔던 부녀자들도 바다개발에 참여하여 동해안에 주로 서식하고 있는 우무가사리와 고급영양식품인 성게를 채취, 일본과 계약판매하여 연간 2,500만 원의 소득을 얻게 되었다.

이를 바탕으로 새마을부녀회에서는 수 익성이 높은 전복양식장 4ha를 조성함으로써, 1985년도에는 1,600kg의 생산에 2,400만 원의 소득을 예상하고 있으며 전복생산에 치명적인 타격을 주는 불가사리를 잡아내는 등 양식관리에 주력하고 있다.

해안 야산을 이용한 축산개발

권 지도자는 지금까지 마을주민 아무도 관심을 갖지 않은 해안 야산에 눈을 돌려, 내륙 산간지역에서만 하는 것으로 알았던 축산을 장려하여 한우 66두를 사육함으로써 연간 3,500만 원의 소득을 올리는 한편, 각종 해산물에서 나온 찌꺼기마저도 사료로 이용 25가구에 돼지 90두를 사육하여 연간 1,600만 원의 소득을 올리고 있으며, 해안야산에 있는 아카시아를 이용하여 양봉으로 연간 500만 원의 소득을 올리는 등 소득자원을 최대한 활용하고 있다.

그외에도 해안가 비탈진 산지를 개간하여 연간 1,400톤이나 되는 양파를 재배토록하는 등 권 지도자와 주민이 합심 노력한 결과, 1973년도에 호당평 균소득이 73만 원에 불과하던 것이 1982년도에는 502만 원으로 7배 이상 늘어 났다.

새마을가꾸기사업에 더욱 박차를

이렇게 소득이 증가되자 생산기반시설 확충에 관심을 기울여 18척의 어선정박을 위하여 170m의 선착장을 시설하였으며, 방파제도 군비지원 700만 원과 주민부담 210만 원으로 200m를 축조하여 조그만 파도에도 가옥이 피해를 입던 것을 막게 되었고, 홍수때마다 바다로 떠내려가던 나무다리를 철거하고 1983년 봄에 지원금 600만 원과 주민부담 250만 원으로 20m 교량을 가설하였다. 또 바다와 연결되는 하천이 해수가 역류할 때마다 범람하여 생기는 피해를 막기 위하여 군비 1,100만 원과 주민부담 360만 원으로 소하천 610m를 안전하고 견고하게 정비하였을 뿐 아니라, 마을진입로 200m를 개설포장하고 수산물 운반과 통행에 불편을 주던 비탈진 안길 3개소 270m를 차량도 다닐 수 있도록 계단식길로 정비하였다.

한편 권 지도자는 주민들의 소득이 점차 높아지고 마을기초환경이 정비되자, 1981년도에 1차로 불량주택 13동의 주택개량사업도 추진하였으며 1985년까지는 모두 개량할 계획이다.

그리고 부모들의 바쁜 생활에 자칫 소홀하기 쉬운 어린 자녀들의 교육을 위해서 1982년도 마을공동부지 80평에 군으로부터 지원받은 현금 350만 원과 자재로 새마을 유아원을 건립하여 50명의 원아를 교육시켜 도시어린이들 부럽지 않게 밝고 명랑하게 자라게 하고 있다.

마을 앞 섬을 관광지로 개발

권 지도자와 주민들의 마을발전에 대한 집념은 여기에서 그치지 않고 자연경관이 수려한 마을 앞 관풍대 섬을 관광지로 조성하여 소득을 올리고, 해산물 운반의 불편을 덜어주기 위하여 마을과 섬을 연결하는 교량가설 사업을 지원금 800만 원과 주민부담 800만 원으로 3개월만에 전 주민이 참여한 노력 끝에 63m의 교량을 가설하였으며, 이 섬에 마을공동으로 생선횟집을 운영함으로써 올 여름에도 이곳을 찾는 5,000여명의 관광객으로부터 1,500만 원의 소득을 올린 바 있어, 앞으로 여기에 바다낚시터를 조성하여 더욱 소득을 증대시켜 나갈 계획이다.

이와같은 권 지도자의 강인한 집념은 마을발전을 저해하던 인습을 타파하고 주민들을 단합시켜 잘 살아보겠다는 의욕을 갖게 하였으며, 주어진 지역여건을 최대한 활용하여 소득원을 다각적으로 개발하고 바다의 자원을 "잡는 어업에서 기르는 어업으로" 바꾸어 규모있게 추진함으로써 바닷가의 가난한 마을을 부자 마을로 탈바꿈한 어촌새마을운동의 본보기가 되어 이웃마을에도 계속 파급되어 나가고 있다.

노력한 보람과 앞으로의 계획

이러한 권 지도자의 노력으로 삼정 2리 마을은 우수새마을로 성장하여 1983년 9월 월간경제동향보고회의시 성공사례를 보고하게 되어, 권 지도자는 새마을훈장 협동장을 수상하고 마을에는 상사업비 500만 원을 지원받는 영광을 차지하였다.

권 지도자와 주민들은 그간의 성과에 만족하지 않고 복지어촌건설의 기반을 다져나갈 계획으로 마을복지회관 50평을 건립하여 회의실, 마을문고, 구판장, 예식장 등 다목적으로 이용토록 하고, 해산물을 비롯한 각종 생산물의 효과적인 출하로 제값을 받을수 있도록 50평 규모의 저온 저장고를 건립하는 한편, 4톤 트럭 1대를 구입하여 농수산물을 소비지까지 직송하는 유통구조도 개선하여 소득을 향상시킴으로써 "더 풍요롭고 더 살기 좋은 어촌마을"로 발전시킬 결의가 충만해 있으며, 1986년까지는 호당평균소득 1,000만 원을 기필코 달성하기 위하여 권 지도자를 중심으로 오늘도 마을 전 주민이 열심히 일하고 있다.

13화 부녀회의 활동으로 복지마을 건설

경북 안동군 임하면 신덕 1리
부녀지도자 이헌정 (34세)

마을현황

가구수 (호)	계	농가	비농가	인구 (명)	계	남	여
	128	101	27		626	316	310
경지면적 (ha)	계	논	밭	마을 공동기금	새마을 조직현황(명)		
					새마을 부녀회	새마을 청소년회	
	75.0	42.0	33.0	4,800천원	56	34	
마을호당평균소득(천원)	1973	1980		1982	1983추정	1985전망	
	787	2,461		4,370	4,800	5,500	

주요사업실적

사업별	세부사업명	사업량	사업비
생산기반	양수장	1개소	7,000천원
	도수로	1,300m	5,600천원
	보	170m	5,500천원
	농로개설	1,600m	6,300천원
	소하천정비	400m	5,000천원
	소교량	18m	4,000천원
소득증대	한우입식	279두	
	마을양묘	1,000평	5,000천원
복지환경	마을회관	30평	4,000천원
	간이급수시설	128호	5,500천원
	진입로포장	700m	6,000천원
	하수구정비	500m	4,000천원

전통적인 양반 마을

신덕 1리는 안동시에서 동남쪽으로 약 14km 떨어진 임하면 소재지에 위치하고 2개의 자연부락으로 형성되어 있으며, 행정구역으로는 신덕동으로 속칭 "신당마을"이라 불리우는 교통이 편리한 마을로서 128호에 600여 명의 주민이 살고 있다.

이 마을이 오늘같이 살기좋게 변모된 것은 우연의 일이 아니며 모든 주민들이 일치단결하여 노력한 피와 땀의 결과라 할 수 있다.

1970년대 초만해도 좁은 경지면적에 주곡생산에만 의존하는 영농방식에다 잘살아 보려는 의욕도 없이 봄이면 "보릿고개"를 면치 못해 많은 주민들이 장리곡(長利穀)에 의존하는 가난한 마을이었다.

뿐만 아니라 의성 김씨의 집성촌으로 타성을 가진 주민은 몇 호되지 않는 등 아직도 옛 풍속을 많이 찾는 안동지방의 전통적인 양반마을이라고 할 수 있다.

종가집 종부로서 새마을사업에 투신

이 부녀지도자는 대구에서 경북여자상업고등학교를 나와 농촌실정은 물론 특히 농사일도 전혀 모르는 채, 1973년도에 이 마을 의성 김씨 종가 집의 종부로 시집을 오게 되어 낯설은 농촌생활이 시작되었다.

그때 당시 부녀회는 고작 25명의 회원으로 그것도 명칭만 있었을 뿐 하는 일이라고는 전혀 없는 실정이었으므로 우선 몇몇 뜻있는 부녀회원과 함께 집집마다 다니면서 부녀회원이 될 것을 권유 또는 설득하여 56명의 회원을 가입시켜 부녀회 활동을 시작하였다.

그러나 옛날부터 고풍을 찾고 아직까지도 철저히 지켜내려오는 종가집 며느리가 부녀회장을 맡아 일을 하기에는 남보다 많은 어려움이 있었다. 시 어른께서는 물론 남편까지 "옛부터 여자는 집안일이나 하는 것인데 더구나 종부가 남들 앞에 나서 마을일을 해, 어림도 없는 소리지"하며 극구 반대하였으나 끈질긴 설득으로 5일만에야 겨우 승낙을 얻게 되었다.

부녀회기금마련을 위해 처음해본 농사일

1976년초 부녀회 총회시에는 무슨 모임이든 기금이 있어야 단합이 된다는 생각에서 모내기, 보리베기 등의 부녀회 공동작업을 하기로 결정하였으나 오뉴월 땡볕에 보리를 베고 모를 심기는 그리 쉬운 일이 아니었다. 생전 처음 해보는 농사일이라 다른 회원이 다섯 이랑 보리를 베면 한 이랑도 못베는 형편이라 미안하기 그지 없었지만 이를 악물고 열심히 일을 하였다. 그해 공동작업으로 30만 원의 기금을 마련하였으며 마을 사람들도 하나 둘, 생각을 달리하여 힘을 합쳐 노력을 하면 무엇이든 할 수 있다는 생각을 갖게 되었다.

1978년 겨울에는 가마니짜기를 시작했으나, 이 일 역시 힘든 사업이었으며 잘짜는 남자분의 교육을 받아 5명씩 윤번제로 조를 편성 가마니 짜기를 하는 한편, 절미운동을 하여 200만 원의 기금을 마련하게 되자 1979년부터는 매년 어버이날에 경로잔치를 베풀었다.

새마을의 불을 밝혀

이제는 모든 주민들이 방관하던 자세에서 새마을운동에 참여하게 되었으며, 새마을사업으로 도수로 5개소에 1,300m, 양수장 설치, 농로개설 3개소 1,600m, 소하천, 소교량 등 생산기반시설을 착수하자 모든 부녀회원들이 앞장서 골재채취를 도맡아 별 어려움없이 모두 마무리할 수 있었다. 그리고 간이급수시설 128호, 진입로포장 700m, 하수구정비 3개소 500m 등을 완공하자 마을의 모습은 나날이 달라졌으며, 마을회관건립시에는 부녀회에서 기금 100만 원을 내놓아 쉽게 30평 규모의 회관을 완공하게 되었다.

소득증대를 위하여

이 부녀지도자와 마을주민들의 힘찬 노력으로 모든 기반사업이 이룩되어 나가고 있었으나, 새마을운동의 궁극적인 목표는 잘살기운동임을 깨닫고 이 부녀지도자는 송아지를 2마리 사서 키우면서, 6개월만에 1마리를 더 늘리고 주민들에게 소를 키우도록 권장하는 한편 자금이 없는 가정에는 농협 융자금을 받도록 주선하고 군축산계와 농촌지도소의 기술교육과 지도로 한우 사육의 붐이 일어나게 되었다.

그리고, 축산 사업에 이어 농촌지도소로부터 수박 재배가 토양에 적합하다는 자문을 받고, 비닐하우스를 이용한 수박재배를 권장하여 이제는 연간 15ha의 수박 밭에서 4,500만 원이나 되는 소득을 얻고 있다.

이러한 줄기찬 노력으로 1982년에는 도 축산개발단지로 선정되어 마을공동으로 10ha의 초지를 조성하고, 유휴지에는 옥수수 등 녹사료를 재배하여 279두의 한우를 입식하여 연간 8,400만 원의 소득을 올릴 수 있게 되었다. 1983년에는 취락구조 개선사업으로 15동의 주택을 개량하여 총 46동의 주택이 말끔히 정비되어 마을모습이 몰라보게 좋아졌다.

더 높은 곳을 향하여

마을의 소득이 향상되고, 부녀회를 통하여 단합된 전 주민들은 모든 일에 솔선 참여하므로 말 그대로 "새마을"로 달라졌지만 1985년까지는 호당 소득 600만 원을 올리기 위하여 한우 사육도 방목할 수 있도록 목책시설을 하고 있으며, 수박 등의 특용작물 판매를 위해 트럭을 구입, 마을에서 생산되는 생산물을 공동판매토록 하여 소득을 더욱 높여 나가고 현재의 협소한 마을회관을 종합복지회관으로 건립하여 회의실, 유아원, 예식장 등 다목적으로 활용할 계획이다.

아직도 복지마을의 길은 멀지만 이 부녀지도자와 신덕 1리 주민들은 더 높은 곳을 향하여 열심히 전진하고 있다.

14화 실패를 딛고 일어선 섬마을

경남 통영군 한산면 여차마을
지도자 이충남 (38세)

마을현황

가구수 (호)	계	농가	비농가	인구 (명)	계	남	여
	75	58	17		399	201	198
경지면적 (ha)	계	논	밭	마을 공동기금	새마을 조직현황(명)		
					새마을 부녀회	새마을 청소년회	새마을 금고
	16.8		16.8	4,000천원	59	55	69
마을호당평 균소득(천원)	1973	1980		1982	1983추정	1985전망	
	920	2,856		4,927	5,419	6,300	

주요사업실적

사업별	세부사업명	사업량	사업비
생산기반	선착장 호안시설	35m 200m	15,000천원 9,500천원
소득증대	굴수하양식 밤나무단지	23ha 2ha	92,000천원 4,000천원
복지환경	마을회관 공동구판장 간이상수도시설 꽃길조성	23평 12평 100M/T 120m	12,000천원 4,800천원 3,000천원 400천원

가난을 숙명처럼 여기던 갯마을

여차 마을은 충무시로부터 뱃길로 약 6km, 그리고 면 소재지에서 북동쪽으로 6km에 위치한 섬 마을로서 그 옛날 성웅 이순신 장군의 청사에 길이 빛날 한산대첩의 전승지이지만 새마을운동이 시작되기 전인 1960년대만 해도 몇척 안되는 낡은 고깃배와 호당 평균 0.2ha의 경지면적이 마을의 유일한 소득원일 뿐 가난한 갯마을이었다.

　가난한 어부의 7남매 중 장남으로 태어난 이충남씨는 국민학교를 졸업하고 중학교 진학의 꿈을 저버린 채 아버님의 권유로 충무시에 있는 석유판 매점의 점원으로 취직이 되어 어린나이에 고생스런 객지생활이 시작되었다. 이 지도자는 어판장 경비원, 손수레 행상 등 온갖 고초를 겪으면서 야간 고등학교를 나올 수 있게 되었다. 이 모두가 가난했기 때문에 당하여야 했던 쓰라린 아픔이었다.

고향에 돌아와 정착
객지생활을 전전하던 이충남씨는 3년간의 군 복무를 마친 후 부산에서의 생활을 청산하고 충무시에서 뱃길로 육십어 리 떨어진 섬마을의 조그마 한 국민학교에서 1년 6개월간 급사로 일하다가 고향마을에 위치한 염호 국민학교로 전근을 오게 되었다. 실로 12년만에 돌아온 고향마을이었지만 국민학교를 졸업하고 고향을 떠날 때와 다를 바 없었다. 십년이면 강산도 변한다고 했지만 다 쓰러져가는 초가집과 하루 하루 생계 유지에 허덕이는 주민들의 모습들……

　이러한 고향의 형편을 그는 외면할 수 없었다. 그는 마을의 발전을 위하여 일해 보기로 결심하고 생업이라 생각하던 급사 생활을 청산하기로 하였다.

거듭되는 실패에도 굴하지 않고
한사람의 어부로 고향마을에 정착한 그는 가난했기 때문에 고생하던 객지 생활을 하나 하나 되새기며 삼백여년의 가난의 굴레에서 어떻게 하면 우리마을이 잘 살 수 있을까? 하고 궁리하던 끝에 마을에서 놀고 있는 청년들을 설득하여 청년회를 구성하고 공동기금을 마련하기 위하여 놀고 있는 남의 개간지를 빌려 수박, 토마토, 참외를 재배했지만 경험 부족과 야생 조류로 인한 피해로 실패하고 말았다.

　그러나 청년회원들은 이에 굴하지 않고 천혜적 자원인 바다를 개발하여 한창 붐이 일고 있는 굴 수하양식장으로 만들어 가난을 물리칠 수 있다는 부푼 희망을 갖고 회원을 대표하여 군청을 찾아가 양식장 허가를 받으려고 했지만 쓸만한 곳은 벌써 도시나 타지역의 자본이 많은 사업자들의 소유로 된 뒤였다.

그러나 마을 청년들과 힘을 모아 인근 개인 양식장에서 하루종일 피곤한 줄도 모르고 기술을 익혀 일한 댓가로 받은 약간의 종패를 그 이듬해 처음으로 마을 앞바다에 수하하게 되었다.

처음으로 해보는 굴양식은 결코 바라던 것처럼 순조롭지가 못했다. 시설 미비로 강풍에 줄이 끊어져 다시 구입하는 등 애써 일한 댓가는 40만 원의 빚 뿐이었다.

사업의 실패로 좌절하고 있는 청년들에게 "실패는 성공의 어머니"라는 교훈으로 설득하고 마을 총회에서 동네 노인들에게 사정하여 60만 원의 돈을 빌어 이듬해 인근 양식장 일부를 임대하여 12대의 굴을 수하시켰다. 이충남씨와 청년회원들은 양식업을 한다는 자부심과 기대 이상으로 순조롭게 여물어가는 굴을 보며 잘 살 수 있다는 부푼 꿈에 밤낮을 가리지 않고 일했다.

그러나 운명의 신은 바다에 꿈을 키우던 청년들을 엄청난 수렁으로 몰아넣고 말았다. 그 해 남해안을 휩쓴 독수로 인하여 수하시킨 굴 12대가 졸지에 패사하고 만 것이다.

실의와 좌절감에 빠져있는 이충남 회장에게 동고동락 하던 청년들도 하나둘씩 그를 원망하며 멀어져 갔고 시기하던 청년들의 야유가 그칠 줄 몰랐다.

그러나 그는 어쩔 수 없는 천재지변이니 다시 한번 용기를 갖자고 사정하였지만 들으려 하지 않았으며 설상가상으로 노인들은 송충이가 갈잎을 먹으면 못사는 법이라며 빈정거렸고 채주들의 빚독촉에 잠못 이룬 밤이 하루 이틀이 아니었다. 그런일로 그의 아버님께서는 홧병으로 시름시름 앓다가 돌아가시게 되었고 그는 식음을 전폐하고 자리에 눕고 말았다.

이러한 처지를 보다 못한 주민 몇몇이 부산의 객주에게 가서 바다와 굴 양식에 대한 그의 뜨거운 집념을 소상히 이야기하여 생산한 굴은 자기 상회에 납품한다는 조건으로 1백만 원의 사업자금을 빌려다 주었다.

이에 힘을 얻은 그는 다시 굴수하양식을 시작하였고 그와 그 가족은 물론 청년회의 운명을 건 세번째 도전에서 400만 원의 순수익을 보게 되었다 이듬해는 사업규모를 넓혀 거제만에 굴 20대를 임대하여 수하한 결과, 950만 원의 소득을 올렸다.

이렇게 되자 청년회를 외면하던 어른들도 그때서야 동조하기 시작하였으며 청년회는 다시 철통같이 뭉쳐질 수 있었다.

마을 위한 지도자로 선출되고

주민들의 신임을 얻은 이충남씨는 1976년 마을총회에서 새마을 지도자로 선출되었다.

먼저 마을환경 개선을 위하여 공동기금 80만 원과 주민 부담금 120만 원으로 73가구의 지붕개량과 도색 그리고 담장개량을 실시하였으며, 주민통행과 농수산물 운반에 많은 애로가 있던 마을앞 호안도로를 확장하기 위하여 남자는 등짐을 지고 여자는 머리에 이고 돌을 실어 나르는 50여일의 공동작업 끝에 호안도로 200m를 폭 4.5m로 확장하여 말끔히 포장까지 완료하였다.

여기에 용기를 얻은 주민들은 호안겸 농로 260m와 안길 300m를 추가 확장 포장하였으며 주민숙원사업이던 급수난을 해결하기 위하여 250만 원의 자체자금으로 지하수를 개발하고 간이 상수도를 설치하여 수도 꼭지만 틀면 깨끗하고 위생적인 물이 나오게 되어 물이 귀한 섬마을의 식수난을 해결하였다.

주민자력으로 선착장 건설

한편 1978년에는 마을 단위에서는 감히 엄두도 내지 못하던 마을앞 선착장 건설 사업을 시작하게 되었다.

섬마을에서의 선착장은 교통수단의 교두보 역할을 함은 물론 주민의 생명선인 선박을 보호하는 중요한 사업으로서 어떠한 어려움이 따르더라도 해야된다는 집념에 총공사비 1천5백만 원 중 정부지원은 거우 1백만 원으로 나머지 1천4백만 원은 순수한 주민 노력과 현금 부담으로 전 주민이 일심동체가 되어 연인원 3천5백여 명이 투입, 오로지 하면 된다는 인내와 불굴의 투지로 일한 결과, 착공 3개월만에 완공을 보게 되었다.

선착장 가설은 여차마을 주민 한사람 한사람의 협동심과 땀의 결정체였기에 준공식장에서는 모두들 감격에 벅찬 기쁨의 눈물을 흘리지 않는 사람이 없었다.

양식사업으로 복지마을 이룩

이런 의지와 단결로 뭉쳐진 주민들은 마을앞 4만ha의 굴양식장을 부락에서 공동구입하게 되었으며 이것이 오늘의 여차마을이 굴양식 마을로 기반을 굳혀 1970년대초 호당 평균 소득이 78만원이던 것이 1982년도에는 493만원의 높은 소득을 올리는 부자마을을 이루게 된 계기가 되었다.

또한 그 당시 겨우 두집에서 시작한 굴 양식이 지금은 40여가구가 크고 작은 굴 양식장을 갖게 되었고, 특히 76세대가 참여하는 어촌계를 조직하여 공동관리하는 굴 양식장과 20만연의 굴 채묘 사업에서도 연간 6천만 원의 소득을 올리고 있으며, 마을 앞 1종 공동어장에서 바지락 홍합 20톤을 채취하여 600만 원의 소득과 산에는 밤나무 단지를 조성하여 작년부터 30만 원의 수확을 보게되는 등 어느 한 곳도 버려둘 수 없다는 각오로 전 주민이 협동 단결된 힘으로 연간 호당소득 500만 원의 복지마을이 되었다.

풍요로운 내일의 꿈을 키우며

앞으로 여차마을은 50평 규모의 복지회관을 건립하고 불량주택 25동을 문화주택으로 개량하여 살기 좋은 생활환경을 조성하는 한편, 아직까지 개발의 여지가 많은 앞바다에 양식사업을 확대하고 새로운 기술을 익혀서 단위 생산량을 높여 나가고 생산품에 대하여는 공동판매 등 유통구조를 개선, 소득을 향상시켜 낙후된 섬마을이라는 관념을 씻어 버리고 잘사는 복지마을을 만들어 후손들에게 물려주고자 400여 주민 모두가 하나로 굳게 뭉쳐 열심히 일하고 있다.

15화 복합영농으로 부자가 된 후곡마을

경남 의령군 화정면 후곡마을
지도자 김영수(38세)

마을현황

가구수 (호)	계	농가	비농가	인구 (명)	계	남	여
	45	40	5		220	110	110
경지면적 (ha)	계	논	밭	마을 공동기금	새마을 조직현황(명)		
					새마을 부녀회	새마을 청소년회	새마을 금고
	50	27.6	22.4	31,000천원	25	21	35
마을호당평 균소득(천원)	1973		1980	1982	1983추정	1985전망	
	1,750		2,160	3,177	4,160	6,176	

주요사업실적

사업별	세부사업명	사업량	사업비
생산기반	농로개설 소하천정비 공동창고	2km 150m 30평	47,000천원 8,500천원 6,700천원
소득증대	고등소채단지조성 한우입식 과수 단지 조성	15ha 165두 5ha	167,000천원 99,000천원 57,000천원
복지환경	마을회관 취락구조개선 어린이 놀이터	30평 45동 15평	7,600천원 175,000천원 3,500천원

강변의 농촌마을

후곡마을은 의병의 발상지로 홍의 장군 곽재우 장군의 구국충정의 얼이 면면히 이어지고 있는 유서깊은 지역으로서 미맥 생산을 위주로 하는 전형적인 농촌마을이다. 그러나 농경지의 대부분이 남강변에 연해 있어 매년 예외없이 찾아오는 수해로 인한 침수 때문에 낙후와 침체를 벗어나지 못하던 마을이었다.

젊은 꿈을 농촌에 펼치려고

김영수 지도자는 이 마을에서 태어나 기술자가 되겠다는 푸른 꿈을 안고 공업계 고등학교를 졸업하였으나 어쩌다 농업협동조합에 직장을 갖게 되었다. 그는 6년 동안의 농협 근무를 통하여 농촌실정을 차츰 알게 되었고 낙후된 농촌개발을 위해서는 참신한 젊은 일꾼들을 원하고 있음을 깨닫게 되었다. 그는 개인의 안일만 생각하고 고향마을을 낙후된 상태로 도저히 버려둘 수 없다는 사명감을 갖고, 떠난지 10년만인 1976년 3월 고향의 흙내음 속으로 돌아왔다.

하천부지 개간사업의 실패

마을로 돌아온 그는 버려진 산과 강가의 하천부지에 "나의 젊음을 바쳐 이 가난에서 벗어 나리라"고 결심하고 그날부터 동네앞 하천부지 천여 평을 개간하여 고추와 콩을 심어 열심히 가꾼 결과, 풍성한 수확을 앞두고 희망에 부풀어 있던 1977년 8월 예고 없이 찾아온 폭우는 그의 모든 희망을 앗아가 버리고 말았다.

뿐만아니라 뒷산을 개간하여 젖소를 사육해 보겠다는 꿈도 적은 량의 우유 생산으로는 교통이 좋지 않아 판로가 없어 실현되지 못하고 겨울을 맞이하였다.

그는 여기서 대대로 가난하게 살아 온 마을을 하루 아침에 잘 살게 만든다는 것은 너무나 아득한 이상이고 현실과의 마찰은, 인내와 눈물 없이는 해결할 수 없는 많은 어려움이 있음을 체험하게 되었다.

땀흘려 1년 내내 일해온 농사가 단 한 번의 폭우로 모두 허사가 되고 채소 작물의 과잉 생산에 따른 가격 폭락, 돼지 등 가축의 전염병의 만연, 농자재 가격인상 등으로 연말의 결산은 적자가 되는 안타까운 실정을 뼈저리게 느끼게 되었다.

실패를 딛고 소득사업에 성공

그는 이런 어려움에 결코 좌절할 수는 없었다. 어떻게 하면 산과 하천 부지를 소득과 연결할 수 있을까. 하천부지는 홍수가 와도

별로 피해가 없는 양묘장으로 활용하며, 공급 능력이 부족하여 젖소를 사육하지 못한 채 방치되어 있는 산야초는 여러 가구가 힘을 합하여 젖소를 사육하고 공동관리를 하면 된다는 생각에 이장과 몇몇 주민들에게 의견을 제시해 보았지만 대답들이 모두 "너부터 해봐라, 네가 성공하면 우리도 따라 하겠다" 하는 식이었다. 그는 그의 의견에 따라주지 않는 부락민이 야속하기도 하였지만 "나부터 해보자, 내가 성공하면 주민들도 스스로 따라 오겠지" 하고 굳은 결심을 하였다.

이튿날부터 열심히 개간한 하천부지 600평에 밤나무 양묘를 하기로 작정하고 씨앗을 뿌렸으나 양묘에 대한 지식이 전혀 없어 불안하기만 하여 양묘 관계 책을 구입하고 밤을 세워 읽었으며 군 산림과 직원들의 따뜻한 지도로 이듬해 가을에는 17,000여 본의 튼튼한 묘목을 생산해내는 데 성공하였다.

그는 처음 시도한 양묘사업에 성공은 하였지만 그것에 만족하지 않고 양묘 소득으로 생후 15개월 되는 젖소 두마리를 구입하였다. 그때부터 부락민들은 그가 하는 일에는 실패가 없다고 생각하여 젖소 입식이 한 집 두 집 늘어났다. 그러나 젖소 사육에 대한 지식을 가진 사람이 없어 소가 기침만 한 번 크게 하고 한 끼만 먹이를 꺼려하면 내려 앉는 가슴은 무어라 형언할 수 없었고 비포장 험한 산길 20리 밖에 있는 수의사의 왕진료, 약 값도 자본이 빈약한 그들의 처지로서는 감당해 내기가 무척 어려웠다. 그러나 사육농가는 한 집 두 집 늘어나 50마리가 된 지금은 읍의 수의사도 수시로 와서 검진을 하게 되었고 주민들의 경험도 늘어 젖의 생산량도 많아졌으며 우유회사에서도 매일 수거해 가게 되었다.

새마을지도자를 맡고

새마을운동의 열기로 다른 마을들은 몰라보게 달라지고 있었으나 후곡 마을은 아직 잠에서 깨어나지 못하고 있었다. 그러다가 공동 양묘로 마을 공동기금이 조성된 1978년 1월 마을 주민들도 인식이 달라져서 "우리들도 새마을운동을 하자"고 나서기 시작하였다.

그리고 새마을지도자로 김영수씨를 선출하였다

복합영농의 기반을 조성

김 지도자는 마을의 실정을 감안하여 농한기 고등채소 재배, 축산수입 증대, 하천부지 및 천수답을 개간하여 과수 단지 조성, 반당 수확량 제고 등 영농방식부터 개선키로 계획을 세우고 고등채소 단지 조성 10ha, 과수 단지 조성 5ha, 젖소 또는 한우 농가당 3마리 이상 사육목표를 주민총회에의 안으로 제시하였다. 당초 많은 주민들은 비관적이었으나 김 지도자는 하면 된다는 신념으로 주민들을 설득하였으며 그와 뜻을 같이하는 일부 주민들의 협조에 모든 주민의 뜻은 모아졌다.

먼저 고등채소 재배단지 조성을 위하여 1978년 추수가 끝난 뒤 10ha의 논에 비닐하우스 100동을 건립하여 고추, 오이, 토마도를 재배하였지만 그 해 겨울 혹한으로 가혹한 시련과 실망을 안겨 주었다. 고등채소 재배에 대한 지식과 경험부족으로 혹한기 온도조절에 실패하여 전 하우스는 하룻 밤 사이에 꽁꽁 얼어붙어 다시는 재기할 수 없을 정도로 심한 타격을 받게 되었다. 그 사업이 완전 실패로 돌아가자 사과단지 조성과 소 입식 사업은 엎친 데 덮친 격으로 1979년 8월의 태풍으로 전답이 침수되어 꿈도 못 꾸게 되었다.

고등채소 재배의 성공과 축산증식

김 지도자는 뜻을 같이한 몇몇 주민들과 수십 번의 협의와 고심 끝에 당초의 계획은 아무런 차질이 없으나 경험과 지식부족, 게으름 탓으로 실패하였다는 원인을 분석하고 1979년 추수를 마친후 다시 고등채소 단지를 조성키로 결심하였다.

침수로 말라버린 벼 포기를 베어내고 1979년 가을, 단위농협에서 영농자 금 2천만원을 지원받아 비닐하우스 100동을 다시 건립하여 참외, 수박, 오이를 재배하게 되었다. 재배하는 과정에서 전년도의 실패를 거울삼아 일곱 차례에 걸친 선진지 견학, 고등채소 반원의 매일 저녁 연구분석 회의개최, 5명 1조의 야간관리 실시, 원활한 판매를 위한 농협과의 판매계약등 불철주야 노력한 끝에 1980년 3월에는 총소득 1억3천만 원, 순수익 7천5백만 원의 결산을 보게 되었으며 또한 1980년도의 벼 풍작으로 농가소득은 획기적으로 증가되었다.

이에 힘을 얻은 주민들은 1980년도의 성과를 바탕으로 1981년도 부터는 본격적으로 복합영농을 실행에 옮길 수 있었다.

1980년도 고등채소에서 얻은 소득으로 이듬해 봄에 5ha의 하천부지를 개간, 사과단지를 조성하여 1984년 가을부터 연간 소득 4천여만 원에 달할 것으로 예상하고 있으며 또 1981년의 고등채소 재배소득 1억3천만 원과 미맥소득으로 집집마다 한우와 젖소 3마리 이상을 입식 사육케 되어 축산에서 얻는 소득만 하여도 호당 연간 150만 원이나 되고 있고, 1982년도에는 고등채소 재배단지를 15ha로 확대하여 2억1천여만 원의 소득을 올리기도 했다.

복지농촌의 꿈을 앞당겨 나가고
불과 3년전만 하더라도 하늘을 원망하고 정부의 지원만을 기다리며 낙후와 침체를 면치 못하던 후곡 마을이었지만 이제는 1년 내내 축산소득, 여름에는 미맥과 과수, 겨울에는 고등채소 재배로 부자마을이 되었다.

마을주민들도 소득이 점점 높아지자 리어카도 제대로 다닐 수 없었던 꼬부라진 골목과 6·25사변의 폭격으로 불타버린 후 날림식으로 지어 심한 바람이 불때마다 쓰러질까 걱정되던 움막집을 현대식 주택으로 바꾸기 위한 취락구조 개선사업을 추진하기로 하였다.

많은 어려움이 뒤따랐지만 리장, 개발위원, 젊은 주민들과 힘을 합하여 사업을 추진한 결과, 바둑판처럼 구획정리를 한 대지위에 양옥 40동을 신 축하였고 회관, 창고, 진입로 개설과 함께 골목에는 무궁화와 철따라 피 는 꽃을 심어 편리하고 아름다운 마을을 조성하였다.

후곡마을 주민들은 지금까지 추진해 오고있는 비닐하우스

재배, 과수, 축산, 미맥등에 투자를 계속하고 있다. 앞으로 풍부한 지하수를 개발하여 마을 앞에 1,500여평의 양어장을 설치하고 기존 과수원이 본격적으로 수 확되는 85년도에는 호당소득 800만원의 부촌이 될 것이다. 이를 위하여 마을 주민들은 근면·자조·협동의 새마을정신으로 오늘도 들에서, 축사에서 열심히 복지농촌의 꿈을 키워가고 있다.

16화 피땀으로 이룩한 축산마을

제주 남제주군 표선면 성읍리
지도자 양남일(38세)

마을현황

가구수 (호)	계	농가	비농가	인구 (명)	계	남	여
	66	66	-		304	153	151
경지면적 (ha)	계	논	밭	마을 공동기금	새마을 조직현황(명)		
					새마을 부녀회	새마을 청소년회	새마을 금고
	122	-	122	36,000천원	19	24	
마을호당평균소득(천원)	1973		1980	1982	1983추정	1985전망	
	1,009		3,129	3,609	3,900	5,000	

주요사업실적

사업별	세부사업명	사업량	사업비
생산기반	안길포장 농로포장 공동창고건립	1,500m 2,500m 1동 30평	8,575천원 12,505천원 5,000천원
소득증대	공동축사건립 초지조성	1동 20평 180ha	2,400천원 5,000천원
복지환경	마을회관건립 공동구판장건립	1동 20평 1동 10평	2,680천원 2,000천원

지도자의 결심은 더욱 굳어가고

성읍2리 마을은 남제주군 표선면 소재지인 표선리에서 동부 산업도로를 따라 북쪽으로 12km 지점의 남·북제주군 경계에 위치한 마을로서 70여 가구에 320여 명의 주민들이 축산을 주업으로 생활하고 있는 조그마한 산촌 마을이다.

마을이 중산간 지대에 위치하고 있어 척박한 토지에 조, 보리, 감자 등을 원시적 영농방법으로 재배하며 나태와 가난 속에 살아 온 마을이었다. 이러한 마을에서 빈농의 아들로 태어난 양 지도자는 국민학교를 졸업하고 어려서부터 부모님의 힘든 농사일을 거들어야만 했다. 이때부터 가난을 원망하게 되었고 도시로 나가 취직이라도 할까하는 생각도 수 없이 했었지만 성년이 되어 군복무를 마치고 귀향하게 되자 양 지도자는 자신과 마을의 장래를 생각해 보지 않을 수가 없었다.

왜 가난하게 살아야만 하는가? 하고 수 없이 되뇌어 보았으나, 지금까지 조상들이 살아 온 과거가 무기력하고 나태한 생활의 연속이었음을 이제 와서 탓하여 본들 소용이 없는 것이며 지금부터라도 나 자신은 물론 주민 모두가 협동 단결하여 나간다면 분명히 잘 살 수 있다는 것을 깨닫고 마을을 위해 헌신하겠다는 마음을 굳혀 농촌생활에 파묻혔다.

1976년 양 지도자는 리장직을 맡게 되자 자신의 결심을 실행하려 했지만 오랜 습성에 젖어버린 주민들의 나태와 비협조적인 타성을 일시에 깨우치기란 여간 힘든 것이 아니었다.

1977년 1월 새마을지도자까지 겸임하게 되자 이에 힘을 얻은 양 지도자는 마을을 위해서는 어떠한 난관도 불사하겠다는 굳은 각오하에 마음은 더욱 강렬히 불타고 있었다.

전 가구에 전기불이

양 지도자는 마을 주민에게 먼저 협동의 힘과 근면성의 보람을 일깨워주기 위해 손쉬운 일부터 추진키로 하고 마을 안길확장에 손을 댔다. 물론 주민총회에서 결의되었던 것이었으나 실제 사업추진에는 소요경비부담과 작업 참여 등 여러가지 어려움이 있었으나 주민들의 적극적인 참여를 수차례에 걸쳐 권유한 끝에 마을안길 600m를 확장하는 성과를 거두었다. 이 사업을 계기로 총연장 4km의 안길 및 진입로를 10여 개월의 공사 끝에 확장하는 한편 동 기간중 1.2km를 시멘트 포장까지 하였다.

1단계 사업의 성공적인 마무리로 자신을 얻은 양 지도자는 2단계 사업으로 마을에 전기를 끌어 들이기로 작정하고 주민의 의사를 모았다. 소요 자금 900만 원 중 절반인 450만 원은 이웃목장에서 주민공동작업으로 벌어들인 노임으로 충당하고 나머지는 농협에서 융자받아 3개월간의 추진 끝에 마을의 전 가구에 전기불이 켜지게 되었으며 이러한 문화혜택은 마을발전의 획기적인 계기가 되었다.

또한 양 지도자는 자신의 소유토지를 내놓아 20평의 마을회관을 건립하여 주민들에게 대화의 광장을 제공하였으며 1977년 말에는 환경정비 우수 마을로 선정되어 특별지원금 200만 원을 받게 되자 주민 부담 300만 원을 포함하며 30평 규모의 마을 공동창고를 만들었다. 그러나 어려운 여건 속에서 여러가지 사업을 추진하다 보니 기초 환경정비는 완료되었으나 마을 부채가 늘어나 주변 마을로부터 "빚쟁이 마을"이라는 별명까지 듣게 되었다.

야산을 이용한 축산사업에 착수

양지도자는 마을 빚을 갚고 주민들의 소득을 높일 수 있는 길은 마을 야산을 개발 축산사업에 있음을 착안하고 마을주변에 경사도가 15° 이상 되는 야산을 개발하여 공동목장을 조성하기로 하고 주민들에게 야산 개발의 필요성을 설명하였지만 주민들의 반응은 처음부터 반대였다. 그도 그럴것이 지금까지 각종 사업의 추진으로 마을공동 부채와 노력 부담으로 인한 고통만이 늘어나고 있었기 때문이었다.

그러나 양 지도자는 축산개발의 꿈을 실현시키기 위하여 마을에서 동조하는 20여 명의 주민들과 축산계를 조직, 군소유지인 야산을 임대받고 초지조성 사업에 착수하였다. 지대가 낮은 곳에는 트랙터와 경운기를 투입하고, 경사도가 심한 곳은 삽과 괭이 등을 이용하여 개간을 시작하였다. 처음에는 불가능한 일이라고 방관만 하던 일부 주민들도 그들의 노력과 열성에 감동하여 스스로 참여하게 되었고 넉달만에 30ha의 초지를 조성하는 데 성공하였다. 오직 잘 살아 보겠다는 발버둥이 이를 해낸 것이었다. 여기서 마을 주민들은 "하면 된다"는 새마을 철학을 터득하였고 우리도 잘 살 수 있다는 신념을 가지게 되었다.

고지대에 가축 급수장을 설치

그러나 예기치 못했던 난관이 가로놓여 있었다. 고지대로 가축에게 물을 공급할 수가 없었던 것이다. 양 지도자는 주민들과 협의 끝에 야산 중 허리에 가축급수장을 설치하기로 하였으며 관계기관을 통한 기술적인 문제를 검토한 결과 일반적인 시공방법으론 급수시설이 불가능하고 땅밑을 파서 찰흙으로 다지고 특수비닐을 깔아놓는 등 특수공법으로만 가능하다는 것이었다. 이러한 방법으로 급수장을 만드는 데 재료비만 500만 원 이상이 소요되었으나 행정기관으로부터 특수비닐 구입비를 지원받고 30평 넓이를 1.5m 깊이로 흙을 파서 성토에 필요한 찰흙 5톤과 깬돌 3천여 덩이를 산 중턱까지 운반하는 난 공사였지만 2개월만에 300여 두의 소에게 먹일 수 있는 급수장을 완료하였다.

전 농가에 송아지 분양

축산 기반시설이 완료되자 본격적인 가축사업을 시작하였다. 1980년 전국새마을지도자대회에서 특별지원금 200만 원을 지원받고 그간의 공동 목장 운영수익금 200만 원을 보태어 송아지를 구입하여 소가 없는 농가에 분양하였다.

이러한 증식사업의 결과 지금은 마을공동 육성우 28두를 비롯하여 가구 당 평균 1.7마리의 소를 사육하고 있는 자립마을로 성장하게 되었으며 1981년 100ha의 초지 조성사업을 성공리에 끝마쳐 130여ha의 마을 공동목장도 가지게 되었다. 또한 마을주민들은 종 모우 1두를 500만 원에 구입 사육하여 가축품종개량에도 앞장서고 있으며 그리고 20평 규모의 공동 축사를 건립하여 비육우 사업을 추진하는 등 소득증대에 전념하고 있다.

환경개선사업으로 마을 면모를 바꾸고

소득증대와 더불어 환경개선사업을 추진하여 27동의 노후불량 주택을 현대식으로 개량하고 마을진입로 1.8km와 농로 1.5km를 포장하였으며 마을주변 하천에 2개소의 세월교를 가설하는 등 마을면모를 깨끗하게 바꾸었다.

또한 척박한 토질을 개량하기 위하여 퇴비증산에도 주력하여 1981년 퇴비 증산 우수마을로 선정되어 한국비료주식회사에서 100만 원의 상금을 받기도 하였다.

양 지도자는 10평 규모의 마을 공동구판장을 건립하여 생활필수품을 판매함으로써 교통이 불편한 주민들에게 시간적, 경제적 편의를 도모함은 물론 올해부터는 이를 무인 구판장으로 운영케 함으로써 제주도 고유의 삼무 정신을 배양하는 실천도장으로서 활용하고 있다.

밝은 내일을 후세에게

양 지도자와 마을 주민들의 협동 단결의 노력의 결과는 1971년 38만 원이던 호당 평균 소득이 1982년 말에는 360만 원으로 거의 10배의 증가를 보였고, 1985년까지는 500만 원의 호당 소득을 내다보고 있다.

이제 주민들은 가난했던 과거를 돌이켜 보면서 대견함을 느꼈고 그동안 소홀히 했던 웃어른 모시기를 생활화하고자 연 1회 경노잔치를 베푸는 한편 노인정, 유아원 설립과 교량가설 등 향후 사업계획 수립에 여념이 없으며 이를 위해 더욱 축산개발에 박차를 가해 제3공동 목장을 조성하여 여기에서 나오는 수익금을 공동기금으로 활용할 계획이다. 그리고 부녀회에서도 가정의례 간소화, 가족계획 사업 등 선진 마을 육성에 적극 참여하고 있다.

특히 후진 양성을 위한 교육사업의 일환으로 마을 장학회를 설치할 계획에 주민들의 가슴은 부풀어 있으며 보다 밝은 내일을 후세에게 물려주기 위해 오늘도 끊임없이 노력해 나가고 있다.

17화 황무지에 싹튼 밀알

서울 도봉구 중계동
지도자 김동익(42세)

마을현황

특색	근교 농촌지역	가구수 (호)	계	농가	비농가
			60	40	20
인구수 (명)	계	남	여	새마을조직	
	1,087	508	579	부녀회(회원45명)	
경지면적 (ha)	계	논	밭	마을공동기금	공공기관
	25	15	10	200만원	국민학교1개교

주요사업실적

사업별	세부사업명	사업량	사업비
복지환경	연립주택	15동 120호 건립	1,260천원
	하수도설치	320m	350천원
	안길포장	300m	2,370천원
	진입로석축공사	150m	250천원
소득증대	공동작업장건립	800평	-
인보협동	효도관광	8회 1,000명	6,400천원
조림사업	무궁화 및 나무심기	1,100주	570천원

불암산 기슭의 납대울마을

서울 동북쪽 불암산 기슭의 주봉 문필봉 남쪽 양지바른 곳에 자리잡고 있는 중계동 마을은 옛날 우리 조상들이 서울의 길목을 지키기 위하여 작은 성을 쌓고 양주목에서 세금을 받아들인 곳이라하여 납대울이라고 불려 왔으며 당초 행정구역은 경기도 양주군 노해면이었으나 1963년 서울시로 편입되어 도봉구 중계동으로 개칭되었고 농사를 짓는 소수 주민과 철거민이 정착하여 주민의 90%가 노동과 행상으로 생활하는 등 병원도 하나 없고 시내에 나가려면 숲속의 외길을 30분씩 걸어서 차를 타야 하는 도시 변두리의 낙후마을이었다.

새마을지도자가 되어

김동익 지도자는 이곳에서 태어나 대학을 졸업하고 군복무를 마친 후 직장생활을 하던 중 부친의 별세로 직장을 그만 두고 가업을 계승, 집안 일과 마을 일을 하기 시작하였다. 김 지도자가 마을발전을 위해 뛰어다니게 되자 마을 어른들이 새마을지도자로 추천하였으며 1976년 8월에 서울특별시 공무원교육원 새마을지도자반과 10월에는 새마을지도자연수원 교육을 이수한 후 본격적으로 새마을운동에 투신하였다.

우수마을로 지정되는 기쁨을 안고

도시새마을운동에 대한 부녀회의 필요성을 절감한 김 지도자는 명목뿐인 부녀회를 활성화하기 위하여 29개통을 순회하며 교육을 실시하여 모두 새마을운동에 참여시켰다. 또한 납대울 부녀회를 영농부녀회로 조직하여 환경개선과 아울러 유휴지를 개발하고 공동작업을 실시하여 주민소득을 증대시켰으며 이 사실이 알려져 지원금 1백만 원을 받게 되었다.

김 지도자는 이에 용기를 얻어 조성된 2백만 원의 자체기금을 합하여 650m의 하수도 정비와 180m의 진흙길 마을진입로를 정비하였다. 이듬해에도 주민자력으로 마을회관을 건립하는 등 우수마을로 선정되어 2천9백만 원의 특별지원금을 받게 되자 자체기금 3백만 원을 더 조성하여 마을 안길포장 612m를 완료하였다. 또한 도시새마을운동 활성화를 위해 새마을 연수원 수료생 모임을 만들고 구청의 협조를 얻어 40여 일 동안 29개 통을 순회하면서 전달교육을 실시하였고 그 후 이 교육사업은 도봉구 새마을지도자협의회 중점사업으로 채택하여 계속 실시하고 있다.

내집갖기 저축운동 전개

마을 주민들의 대다수가 철거 이주민으로 무허가 판자촌 생활에 그날 그날 막노동과 행상을 하고 있어 내집을 마련한다는 것은 쉬운 일이 아니었으며, 더구나 철거공포증으로 불안한 나날을 보내고 있는 실정이었다. 다닥다닥 붙어 있는 난민촌은 재개발 사업으로도 곤란하고 양성화도 불가능했다. 오로지 건축허가를 받아 신축하는 것외에 딴 방안이 없었다. 고심 끝에 연립 주택을 건립하기로 하고 수차에 걸쳐 주민회의를 열고 내집을 마련하자고 설득했다. 처음에는 당장 먹고 살기도 어렵다는 등 반대도 있었으나 끝내 마을사업으로 추진할 것을 결정했다.

그리하여 내집갖기저축을 하도록 권장하고 용기를 주기 위하여 지역개 발사업에 영세민 부녀자가 취업하도록 주선하는 등 모든 수단을 동원하여 저축증대를 꾀했다.

역경을 순교자정신으로 승화시키며

주민들의 마음이 하나가 되어갈 때 유류가격 파동으로 경기침체의 여파가 닥쳐왔다. 노동으로 생계를 이어 온 주민들에게 일자리가 없어졌으며 한 사람, 두 사람 내집 갖기 운동에서 탈락하기 시작하였고, 심지어 이탈한 주민은 훼방을 놓기까지 하였다.

그러나 김 지도자는 기필코 해내겠다는 굳은 신념 속에 각 통을 순회하며 설득과 이해를 시킨 결과, 주민들은 부정적 생각에서 긍정적 사고방식으로 변하게 되었으나 반대하고 방해하던 일부 주민들은 더욱 난폭해졌다. 그러나 김 지도자는 이에 굴하지 않고 내집갖기사업을 계속하여 1년 3개월 만에 가입자 수는 120세대로 불어나, 내집갖기통장을 손에 쥐고 그들과 함께 기쁨의 눈물을 흘리는 감격을 맛보게 되었다.

주택건립위원회 조직과 터전 마련

노동과 행상으로 저축하기를 2년 6개월, 이제는 땅을 구입해야 되겠다는 생각에 가입자 회의를 열고 건립추진위원회를 조직하여 김 지도자가 회장으로 추대되었다. 그때까지 저축한 돈은 7,580만 원이었다. 김 지도자는 주거지역으로 적합한 불모지땅인 중계동 산 118번지를 선정하고 땅 주인을 찾아가 취지를 설명, 평당 53,000원씩의 파격적으로 싼 값에 3,660평을 1억 9,239만 원에 계약했다. 그러나 중도금 지불이 또 문제였다. 회원들은 중도금을 지불하기 위해 허리띠를 졸라매고 더욱 열심히 저축을 하였으나 아직도 5,300만 원이 부족했다. 김 지도자는 고심하던 중 덕수개발에 근무하는 선배에게 찾아가 고충을 털어놓자 선배 회사의 회장님의 배려로 5,300만 원을 차용증서 없이 빌려주어 중도금을 지불하였다. 주민들은 더욱더 피나는 노력으로 저축을 하여 드디어 1980년 1월에 주민들의 숙원인 내집마련 토지를 구입하였다.

집념으로 시련을 극복하고

김 지도자는 설계사무소를 찾아가 건축에 관하여 상의를 하는 등 사업 추진을 위해 뛰어다니기 시작하였다. 두 차례나 건축심의를 신청했으나 미개발지역이라는 이유로 반려되고 말았다. 진정과 탄원도 하였으나 아무 소용이 없었다. 무주택 장병 사택건축을 함께 추진하면 가능하다는 말을 듣고 김 지도자는 땅을 많이 가지고 있는 주민들과 협의하여 장병용 주택부지를 평당 3만 원씩에 제공받기로 협력받았다.

그후 3차에 걸쳐 건축심의를 신청하여 1981년 3월 12일 그렇게도 어려운 건축허가를 얻게 되었다. 그러나 어려움은 여기서 끝나지 않았다. 신축 자금융자가 이 시기에 중단되었고 총 공사비 13억 원의 시공업자 선정 문제의 어려움도 뒤따랐다.

우여곡절 끝에 업자가 선정되고 그해 4월 7일 학수고대하던 기공식을 구청 새마을관계관과 주민 그리고 각 구청 새마을지도자들이 모인 가운데 성대히 개최하여 공사를 추진하기 시작하였다. 그러나 말썽은 끊이지 않았다. 몇몇 추진위원들이 도급업자로부터 사례비를 요구하는 등 금전관계로 물의를 빚게되어 추진위원 몇명을 고심끝에 위원직에서 해임시키자 이들로부터 도리어 경찰과 검찰에 사업수행에 부정이 있다고 4차례에 걸쳐 고소를 당하기도 하였다.

김 지도자는 가난한 이웃을 위해 봉사해 온 정신과 한 푼이라도 경비를 아끼려고 노력해 온 진실은 시간이 해결해 줄 것이라 믿으며, 조사받으랴 공사추진하랴 지칠대로 지친 몸에 가사는 물론 농사일도 돌보지 못하는 실정이었으나 혼신의 노력을 다 하였다.

고난과 역경을 헤치며

이 소란 중에 설상가상으로 도급회사에서 노임을 주지 못하여 사장이 행방을 감추는 사태가 일어났으며 인부 100명이 몰려와 노임을 해결해 줄 것을 요구했다. 도급회사가 부도까지 내고 말자 하청업자 40여 명이 또 김 지도자의 집으로 몰려와 회장이 책임을 지라고 아우성이었다. 은행융자로 공사대금을 지불하겠다는 각서를 써 주어 남은 공사를 무사히 마무리 시키고 준공검사를 받게 되었다.

남은 일은 전기 인입선공사와 상수도공사였다. 공사비는 바닥이 났으며 더구나 오랜 기간동안 공사비에 시달린 주민들은 셋방마저 쫓겨나 노숙하는 형편이었다. 무조건 짐부터 옮기겠다는 떼거지에 어쩔 수 없이 사전 입주가 강행되었다. 주민들은 처음에는 고마운 표정이었으나 시간이 흐르자 물, 불이 없이 어떻게 생활할 수 있느냐, 당초계획대로 은행융자를 얻어 공사를 빨리 끝내 달라고 아우성치기 시작하였다. 김 지도자의 어머니와 아내는 노이로제 상태가 되었고 김 지도자도 지쳐서 자리에 눕게 되었다. 며칠을 앓고 난 김 지도자는 한국전력출장소장을 찾아가 눈물로 호소하여 전기문제는 해결을 보았다.

이제 남은 문제는 식수해결이었다. 입주금을 안 낸 가입자를 설득해서 입주금을 낸다는 약속을 받고 지하수개발을 1천여만 원에 외상으로 하였다. 역경의 7년세월, 이제 120세대의 내집 갖기운동이 가구당 융자포함 1,050 만 원에 20평의 연립주택 보금자리로 결실을 보았으며, 600여 세대의 대동맥인 진입로가 개통되어 쾌적한 환경의 전원주택단지로 탈바꿈하였다. 고유의 전통을 지닌 자연부락과 현대식 단독주택마을이 형성된 것이다. 그토록 미워하고 시기하며 중상모략을 일삼던 주민들도 영원한 보금자리를 갖게 되어 황무지 땅에 새마을운동의 밀알이 영글게 된 것이다.

향토복지관 건립의 꿈을 키우며

불가능하고 어려웠던 사업이었지만 새마을정신으로 기어코 해내고야만 김 지도자의 앞으로의 포부도 많다. 향토복지관을 건립하여 고유의 민속 유물을 보존함과 아울러 애향심을 고취시키고 학생을 위한 독서실을 건립하고 또 새마을정신의 계승과 한국 고유의 예절을 익히는 교육기관을 설치할 계획이다. 그리하여 새마을의 씨를 심고 계속 가꾸어 조국과 민족의 번영이 이루어지는 그날까지 힘찬 새마을역군으로서 줄기차게 매진하는 참된 지도자가 되겠다고 거듭 다짐하고 있다.

18화 반상회가 점화시킨 새마을의 불길

부산 동구 수정 1동
지도자 류지형(52세)

마을현황

지역특색	주거지역		면적	0.23km²	세대수(호)		2,147
인구 (명)	계	남	여	새마을 조직	지도자회	부녀회	명예 지도자회
	9,916	4,923	4,993		61	126	97
마을금고	회원수		자산액	기관단체 (개)	공공기관	학교	기타
	5,809명		650백만원		2	3	1

주요사업실적

사업별	세부사업명	사업량	사업비
환경정비	하수구개설	200m	2,500천원
	노후상수도관교체	500m	4,300천원
	계단보수	315m	6,289천원
	하수구개수	255m	3,519천원
	새마을양보장	100평	670천원
인보협동	자매결연마을지원	12회	4,500천원
	지도자체육대회	2회	1,300천원
	경로잔치	4회	4,000천원
	장학금지급	82명	3,700천원
정신계발	새마을교육	113,830명	
	후계지도자양성	1,260명	
	국기및문패보급	1,980가구	

토착민이 많은 마을

부산직할시 동구 수정 1동은 부산역에서 북쪽으로 약 1km의 위치에 2,147세대 9,900여 명의 주민이 살고 있다.

　이 마을은 과거 일제시대 일본군 고관들이 밀집하여 살았다 하여 "고관 마을"이라고도 불리워지고 있으며 옛부터 내려오던 가옥형태로 높은 담과 두터운 대문으로 인해 이웃과의 대화가 원만하지 못하여 서로를 모르고 지내고 있는 실정이었다.

실패를 경험한 지도자
류지형 지도자가 일명 "고관마을"에 정착하게 된 것은 고향인 충청북도 중원에서 대학을 나와 12년간의 교편생활을 청산하고 낙농의 꿈을 실현해 보려다 퇴직금과 유산까지 투자하였으나 실패하고 1974년도에 이곳으로 이주하였다.

류 지도자는 지난날 자신의 실패 원인이 나태에 있다는 것을 절실히 깨닫고 이 마을에 정착하여 3년의 각고 끝에 조그만 식당을 개업하게 되었으며, 그 동안 식당영업을 하면서도 골목청소 등 솔선수범하고 이웃에게 친절히 하여 성실성을 인정받게 되어 1977년 8월 주민들은 류지형씨를 새마을 지도자로 선출해 주었다.

반상회를 통한 새마을운동의 태동
새마을지도자가 된 류지형씨는 "도시새마을운동의 열기를 우리 마을부터 심기 위해서는 먼저 인사라도 나누며 생활하는 화기애애한 마을로 만드는 것이 시급한 일"이라고 생각하여 때마침 개최할 반상회를 자신이 경영하는 식당에서 갖기로 했다. 그러나 평소에는 그렇게도 한가하던 주민들이 반상회 날이 가까워지자 "바쁘다" "중요한 일이 있다"는 등 여러가지 핑게를 내세워 그렇게 벼르던 반상회는 성원이 되지 않아 유산되고 말았다.

이렇게 반상회가 유산되자 류 지도자는 한 가지 묘안을 내었다. 노인 반상회였다. 젊은이들이 바쁘면 노인들이라도 전원 참여하여 마을일을 의논하고 그 결과를 가정에 돌아가 자식들에게 전달해 줄 수는 있을 것이라고 판단하고 다음 반상회 날을 이용하여 반상회와 아울러 경로잔치를 개최한다는 내용의 유인물을 만들어 집집마다 돌리고 자신이 경영하는 식당에서 조촐한 음식상을 마련하고 조그만 선물도 준비하여 노인들을 맞이하였다. 그런데 놀랍게도 노인들의 참석은 물론이고 경로잔치겸 반상회가 어떤것 인가 하는 호기심 때문인지 많은 젊은이들이 구경삼아 모여 식당과 방은 대만원을 이루었다.

이렇게 모이게된 주민들은 자연스럽게 서로 통성명을 하고 술이 들어가자 형과 아우로 호칭이 바뀌고 뿐만아니라 동창이 옆집에 살고 있다는 것을 알게 되고 서로 잊고 있었던 친지를 만나는 장소로 발전되었으며 한번 어울리기 시작한 주민들은 반상회 날만 되면 전 주민이 참석하는 반상회 모범마을로 탈바꿈되었다.

숙원사업을 마무리 짓고

주민 모두가 화기애애한 분위기로 이루어지자 류 지도자는 본격적인 새마을사업을 추진하기로 하고 3통 지역내에 장마철이면 항상 범람하는 하수구개설공사와 노후된 상수도관의 교체 등 우선 시급한 문제를 제기했다. 그러나 사업추진에 소요되는 1천만원의 공사비에는 누구 한 사람 선뜻 부담금을 자원해 오는 사람이 없었다.

류 지도자는 주민들을 몇 차례에 걸쳐 설득하자 이해해 주기 시작했고 때마침 동 개발위원회에서도 사업비 일부의 부담을 약속해 주었다.

그러나 공사를 착공한지 한 달이 지나도 진척이 되지 않았다. 류 지도자가 사업을 통해 이득을 보고 있다는 중상모략 때문에 약속했던 부담금이 제대로 들어와 주지 않았던 것이다. 그러나 류 지도자는 몇몇 동지들과 관내 개발위원 등 유지들을 찾아 다니며 계속 설득하는 보람이 있었던지 그토록 힘들었던 부담금이 한 푼 두 푼 통장에 모이기 시작했으며 삽과 괭이를 팽개치고 떠났던 주민들도 밤에는 횃불까지 들고 작업을 하는 등 이렇게 밤낮 없이 흘린 땀의 댓가는 사업을 시작한 지 5개월만에 뜻깊은 완공을 보게 되었으며 주민들도 류 지도자의 끈질긴 의지와 인내에 다 함께 탄성을 올렸다.

자주 범람만 하던 200m의 하수구와 500m의 노후관을 교체, 정비하였으며, 70m의 무너진 계단이 견고하게 단장되자 "오로지 지도자의 덕이다" 하며 그간의 노고를 치하해주는 주민들의 말에 그 사이의 고생이 모두 자랑스럽기만 하였다.

새마을교육을 통한 의식개혁

이렇게 한 사업의 성공적인 결실로 주민들과 깊은 유대가 이룩된 류 지도자에게는 새마을운동 제2의 좌표가 결정되는 계기가 마련되었다. 때마침 새마을 순회교육 강사요원반 연수교육과정 이수로 새마을운동의 깊은 이념을 배워 자신이 걸어야 할 길을 찾아내게 되었던 것이다. 류 지도자는 먼저 지난 12년간의 교단생활의 경험을 바탕으로 지역·직장 등 자율 새마을교육장을 하루에도 수 차례씩 찾아다녔고 일시적인 과오로 영어(囹圄)의 몸이 된 재소자까지도 찾아가 교육을 하였다.

 이렇게 시작한 류 지도자의 새마을운동 전도사의 길은 발길 닿는 곳이면 어디든지 찾아나서 11만여 명이나 교육을 실시하여 그들에게 새마을운동을 일깨워 주었다.

새마을금고의 육성

1980년 2월 수정 1동 새마을금고 총회에서 이사장직에 선출된 류 지도자는 금전을 만지는 일을 해 본적이 없던지라 극구 사양하였지만 간곡히 맡아 달라는 회원들의 부탁에는 도저히 뿌리칠 수가 없었다.

 이렇게 이사장직을 맡은 류 지도자는 먼저 지금까지 운영되어 온 금고의 현황을 파악하다 아연실색하지 않을 수 없었다. 총자산 1억5천여만 원 중 대출의 약 60% 이상인 6,750만 원이 최소 1년 이상 장기 연체된 고질 체납액이었다. 긴급 여신위원회를 소집하여 대책을 세워보았지만 신통한 해결방안이 서지 않았다.

 류 지도자는 새로운 각오를 하고 연체된 회원들의 집을 방문했지만 새마을금고 주인은 바로 우리 회원인데 좀 늦으면 어떠냐? 하는 말로서 문전박대가 일쑤였다. 류 지도자는 이사장 직권으로 긴급 이사회를 소집하여 혼자보다는 여러 사람이 함께 힘을 모으기로 하고 방문 설득하였다.

 이렇게 노력한 결과, 3개월만에 고질 체납액은 700만 원으로 줄어들었고 마지막으로 남은 700만 원도 체납회원 22명을 방문, 연체가 되면 연 10% 정도의 손해가 더 미친다고 설명하여 류 지도자가 대납하여 주고 한달 후에 재차 대부하여 갚도록 하여 싼 대부이자로 분할상환하는 방법으로 연체없는 새마을금고로 육성하여 류 지도자가 이사장직을 맡기 전보다 자산액이 5억여 원이 늘어나 새마을금고는 점차 안정 되어가고 있다.

후계 새마을지도자의 양성

한편 류 지도자는 새마을운동의 역사는 영원히 지속되어야하므로 후계 지도자 양성에 뜻을 가지고 새마을지도자 자녀 또는 관심이 있는 100여 명의 학생들로 새마을청소년봉사대를 결성하고 이들에게 모자와 새마을뺏지, 학용품 등 선물을 지급하고 새마을운동과 새마을지도자가 무엇을 하는 사람인지를 알기 쉽게 교육을 실시하였다.

　　이렇게 조직한 청소년봉사대는 학생들의 호응이 좋아 지금은 각 동별로 1개 대씩 조직되어 1,200여 명의 대원을 갖게 되었으며 골목길 청소, 거리질서 계몽, 자연보호활동 등을 활발히 추진하고 있으며 우수봉사대원 82명을 선발하여 370만 원의 장학금을 지급하여 사기를 진작시켜 오늘도 후계 지도자 양성에 힘쓰고 있다.

새마을종합대학 운영계획

류 지도자는 앞으로 자기가 경험했던 모든 일들을 거울삼아 상설 새마을 종합대학을 개설하여 운영함으로써 새마을지도자와 가족, 학생, 시민은 물론 각 직종별 직능 새마을교육까지 실시할 계획이며, 단합된 주민의식을 바탕으로 계속하여 서로 돕고 생활하는 화기애애한 마을로 만들고 깨끗하고 청결한 거리 잘 정돈된 환경을 조성하여 질서가 있고 친절하며 부지런하고 검소한 주민들이 사는 마을로 계속 발전시키기 위해 영원한 새마을의 기수가 될 것을 다짐하고 있다.

19화 고물 아줌마

부산 남구 남천동
부녀지도자 지영자(39세)

마을현황

지역특색	고급주택가		면적	1.47km²	세대수(호)		7,312
인구 (명)	계	남	여	새마을 조직	부녀회	지도자 협의회	노인회
	30,640	16,100	14,540		61	61	70
마을금고	회원수	자산액		기관단체 (개)	공공기관		유아원
	6,515명	37,000천원			3		1

주요사업실적

사업별	세부사업명	사업량	사업비
환경정비	안길포장 하수구정비 가로변공지화단 마을꽃길정비	4건, 409m 5건, 619m 2.5km 8km	9,852천원 29,099천원 2,500천원
인보협동	폐품수집 불우시설방문 자가용갈아타기 새마을공부방운영 새마을유아원	33,028kg 9개소, 23회 1,500대 5,600명 35평, 60석 108평, 135명	1,082천원 3,310천원

옛 인심을 잃어버린 마을

부산직할시 남구 남천동은 고층 아파트와 단독주택이 함께 섞여 있는 주택가로서 3만명이 넘는 많은 주민이 새마을정신을 실천하며 열심히 살아 가고 있는 바닷가 동네이다.

그러나 불과 10년 전인 1973년만 해도 남천동은 낭만과 인정이 가득한 조그마한 어촌마을 이었지만 얼마 안가 대단위 아파트가 들어서면서 부터 훈훈한 옛 인심은 어느덧 사라지고 이웃간에 얼굴도 모르고 지내는 삭막한 곳으로 변해갔다.

이러한 마을에 1975년 지영자 부녀지도자는 남편의 직장을 따라오게 되었으며 변해가는 마을인심을 자신의 느낌으로 체험하게 되었다.

반상회를 통해 대화를 열고

이렇게 이곳에 살게 된지 지 부녀지도자는 어떻게 하면 이 마을이 옛날 처럼 이웃과 서로 훈훈한 정을 나누고 사는 마을이 될 수 있을까 하고 궁리하던 끝에 도시에서는 한 달에 한 번씩이라도 얼굴을 마주보고 서로 대화 를 나눌 수 있는 길은 반상회 밖에 없다는 결론을 얻고 자신이 스스로 반상회에 열심히 참여하면서 모든 가구가 빠짐없이 참여하도록 몇달 동안 끈질기게 설득해 나가자 많은 사람들이 적극적으로 호응하여 모범 반상회라는 말을 듣게 되었다.

이와같이 반상회가 제자리를 잡아가는 데 용기를 얻은 지 부녀지도자는 좀 더 많은 이웃들과 대화를 할 수 있을까 생각하고 시장을 보러 갈때나 부녀회모임에서 이웃 주부들과 대화의 기회를 자주 가졌으며 마을 일이라면 좋은 일이건 궂은 일이건 가리지 않고 앞장서자 많은 주부들이 지 부녀지도자를 믿고 따라 주었다.

양로원 방문에서 얻은 교훈

이러한 과정에서 지 부녀지도자가 얻은 소중한 교훈은 도시에서는 누가 적극적으로 나서지 않으면 서로 만나서 대화를 나눌 수 있는 기회를 가지기도 어렵다는 것을 체험하고 지 부녀지도자는 1977년 12월 반상회 때에 주민들이 하나로 단합 되기 위해서는 공동기금을 조성하여 무엇이든 보람된 일을 하는것이 필요하므로 한집에서 1,000원씩이라도 월 회비를 내자고 제의하였더니 좋은 의견이라며 모두가 찬성하여 주었다.

그후 기금이 어느 정도 모아 졌을때 이 돈을 어떻게 쓸것인가에 대하여 의논하게 되자 "온천을 가자" "가로등을 달자"는 등 의견이 분분하였지만 지 부녀지도자는 이북에 계시는 시어머님 생각이 나서 의지할 데 없는 노인들에게 희망과 용기를 드리기 위해 양로원을 방문하자고 의견을 제시하자 모두 찬성하였다.

1979년 10월 떡과 과일 등을 마련하여 양로원을 방문하였을 때 노인들이 기뻐하는 모습을 보자 갈때는 불평하던 일부 주민들도 올 때는 기쁨으로 가득 차 좋은 일을 했다며 앞으로 1년에 한 번이라도 꼭 이런 일을 하자고 서로 다짐하기도 하였다.

부녀회장이 되어

이 일을 계기로하여 1979년 연말 부녀회 정기총회에서 새마을 부녀회장으로 선출되었다. 지 부녀지도자는 부녀회를 열어 모든 회원들이 합심하여 이웃에 봉사하는 부녀회를 만들자고 호소하면서, 폐품수집을 해보자고 제의 하였지만 대부분의 회원들은 바자회나 일일다방을 하면 쉽게 기금을 모을 수 있는데 하필이면 폐품수집이냐며 호응하는 사람은 별로 없었다.

그러나 지 부녀지도자는 혼자서라도 기어이 이 일을 해내고 말겠다는 굳은 결심으로 고물상에서 리어카를 빌러 골목 골목 쓰레기통을 뒤지면서 소주병, 야쿠르트병, 휴지 등을 모아다가 자기 집 마당에 차곡 차곡 쌓아 갔다.

하지만 어려움은 한 두가지가 아니었다. 쓰레기통에서 풍기는 악취는 말할 것도 없고 난생 처음 끌어 보는 리어카에 손바닥은 물집이 생기고 피멍울이 맺혔으며 깨진 유리병에 지 부녀지도자의 손은 성할 날이 없었다. 뿐만아니라 지 부녀지도자의 참뜻을 이해하지 못한 대부분의 주민들은 "정신나간 여자, 언제까지 가나 두고 보자"며 비웃기 일쑤였고 심지어는 얼마나 생활이 어렵길래 여자가 쓰레기통을 뒤지고 있을까 하는 오해도 받았으며 남편마저 체면에 먹칠한다고 꾸중이 대단하였다.

더우기 국민학교에 다니던 큰 딸도 엄마가 공부는 가르쳐 주지 않고 날마다 밖에 나간다며 울먹일 때가 한 두번이 아니었으며, 더욱 괴로운 것은 양로원을 방문했을 때 떡함지를 들다가 다친 허리가 날씨가 차가워지면 악화되어 고통을 받았으나 뜻을 굽히지 않했다.

주민들의 호응을 얻고

어느 추운 겨울날, 뜻 밖의 일이 일어났다. 그날따라 폐품이 많아 욕심을 부려서 잔뜩 실은 폐품이 어찌나 무거운지 온힘을 다하여 30도 경사길의 고개 마루에 올랐을때 갑자기 리어카바퀴가 빠지면서 실었던 폐품들이 와르르 쏟아져 길바닥에 마구 나뒹굴고 말았다.

요란한 소리를 내며 굴러내리는 병과 깡통, 바람에 날려가는 종이와 비닐 조각들, 이것을 본 지 부녀지도자는 당황하여 홍당무가 된 얼굴로 정신없이 흩어진 폐품을 모으고 있을때 마침 학교에서 돌아오던 국민학교 꼬마들이 날아다니는 종이를 줍기위해 이리뛰고 저리뛰기 시작하자 옆에서 구경만하고 서 있던 사람들도 병을 줍고 깡통을 주어 모아 주게 되니 언덕길은 때아닌 주민들의 폐품수집장이 되어버렸다. 이렇게 온 동네가 시끄럽게 되었을때 마침 퇴근하던 남편이 땀과 먼지로 뒤범벅이된 부인의 모습을 보고 측은했던지 집으로 오자마자 막내를 키우던 유모차를 크게 개조하여 손수레를 만들어 주게 되었다. 더욱 용기를 내어 남편이 만들어 준 손수레를 끌고 남들이 가족들과 오손도손 얘기꽃을 피우는 저녁시간에 남천동 골목을 헤집고 다녔으며 남들이 단잠을 자는 저녁시간에 수집 된 고물을 분류해 갔다.

소주병 1개 3원, 깡통1Kg 20원, 야쿠르트병 400개 1Kg에 150원..

이렇게 푼푼이 모은 기금이 100여만 원이 되었을 때 지 부녀지도자는 회원들을 한 자리에 모아놓고 그 동안의 폐품수집 결과를 보고하면서 이 돈을 부녀회에 내놓을테니 회원들도 얼마씩 보태서 다시 양로원을 방문 하자고 제의하자 회원들은 정말 부끄럽다면서 모두 찬성하여 주었다.

그래서 먼저 필요한 것이 무엇인가를 알아보니 300여 명 노인들이 계시기 때문에 세탁물이 많아 고생을 하고 있다는 이야기를 해주어 세탁기를 사다 드릴것을 마음 먹고 세탁기와 연탄,

그리고 떡을 정성껏 준비하여 양로원을 찾으니 노인들이 부녀회원들의 손을잡고 "살아 있는 부모도 싫다고 버리는 세상인데 남부러울 것 없는 배운 부인네들이 우리같은 늙은이들을 위해 밤마다 쓰레기를 뒤져 이렇게 정성스러운 선물을 마련하였느냐며 눈물을 흘렸을 때 지 부녀지도자와 부녀회원들도 참지 못하고 울어버려 양로원은 온통 눈물 바다로 변해 버렸다.

그날 돌아오는 길에 어느 회원은 그간 시부모님을 모시기 싫어 떨어져 살아왔는 데 마음이 아프다며 돌아오는 도중에 차에서 내려 시부모님댁으로 가는것을 보고 같이 간 회원들 모두가 가슴 뿌듯한 감정을 느끼게 되자 비협조적이던 부녀회원들도 모두 폐품을 모아서 건네주는 한편, 매일 두사람씩 돌아가면서 지 부녀지도자와 함께 직접 리어카를 끌고 있다.

어떤 때는 동네 국민학교 학생들까지도 폐품을 한아름씩 안고 찾아 오기도 하고 언제 누가 갖다 놓았는지도 모르는 빈병들이 집 대문밖에 즐비하게 놓여져 있곤 하였다. 이렇게 주민의 협조가 시작된 일을 계기로 지 부녀지도자는 부녀회원들을 만날때마다 회원들에게 국산품애용을 강조하거나 가족계획사업에 적극 참여할 것을 강조하여 많은 성과를 거두었으며 특히 여름철이면 남녀 새마을지도자협의회원과 전 주민들이 참여하여 피서객들이 마구 버린 쓰레기와 휴지를 줍고 청소 캠페인을 전개하여 보다 깨끗한 주위 환경을 조성해 나가고 있다.

인정이 넘치는 마을로

지 부녀지도자는 회원들과 함께 아름다운 꽃길을 만들기로 결의하고 모두 8Km에 달하는 안길과 빈터에 코스모스와 금잔화를 심어 가꾸고 있으며, 그동안의 경험과 고난을 거울삼아 폐품수집 운동을 계속하여 불우한 이웃을 돕는 데 일생을 바칠 각오를 다지고 있다. 또한 회원들끼리 조를 짜서 구역별로 책임을 지고 폐품을 수집토록 하여 꾸준히 기금을 늘림으로써 50평 규모의 창고도 만들고 동네의 불우학생들에게 장학금을 지급하여 앞으로 세대가 달라지더라도 훈훈한 인정이 넘치는 살기좋은 남천동을 만들 각오를 새롭게 하고 있으며 자신의 일이 모두 건전한 선진시민으로서의 정신과 생활 속에 뿌리 내릴 수 있도록 온갖 정열을 쏟을 계획이다.

20화 주민화합으로 이룩한 선진마을

대구 남구 봉덕 1동
지도자 김삼태(45세)

마을현황

지역특색	주거및상가지역		면적	0.448km²	세대수(호)		4,629
인구 (명)	계	남	여	새마을 조직	지도자 협의회	새마을 부녀회	새마을 청소년회
	20,111	9,802	10,300		26	26	43
마을금고	회원수	자산액		기관단체 (개소)	공공기관		기업체
	1,324명	600백만원			3		1

주요사업실적

사업별	세부사업명	사업량	사업비
복지환경	뒷골목포장 하수도설치 새마을복지회관신축	19개소 13,419m² 16개소 2,522m 1동 61평	87,344천원 68,482천원 27,000천원
정신계발	도농자매결연 꽃길화단조성 조기청소 자연보호	12개소 450m 120회 240회	800천원

농촌 들판이 도심지로 변하고

동쪽은 신천을 경계로 수성구와 인접하고 마을 중앙에는 남구청과 봉덕 시장이 위치하고 있으며 미 8군 부대와 외국인 아파트도 자리잡고 있는 상가 및 주거지역으로서 대부분의 주민이 영세 상인과 중산층이 거주하는 마을이다.

20년 전만 하여도 신천 용두골에 봇물을 막아 벼농사와 소채 재배를 해오던 들판이었으며 지금의 마을복지회관 자리에 매화정을 중심으로 들 가운데 약 100여 호가 살아 왔었다.

그후 구획정리 사업과 더불어 본격적인 주택지가 형성되기 시작 하였으며 당시 들판의 소나무밭 공동묘지에는 지금의 봉덕 시장이 들어서게 되어 명실공히 이 지역 상거래 및 경제발전에 큰 몫을 담당하고 있다.

그러나 도시화 과정에서 파생되는 갖가지 문제점이 노출되었을 뿐만아니라 시장주변 영세 상인들의 각박한 이해타산과 이웃을 모르고 살아 가는 전형적인 도시 중산층 주민들은 협동심이나 공동의식이란 전혀 찾아 볼 수 없는 아주 배타적인 성격의 마을이었다.

당시 시장 주변의 환경은 말할 수 없이 불결하였고 질서는 극히 문란하였으며 골목길은 하수가 흘러 넘쳐 논바닥처럼 변하곤 하였다.

그러나 이 마을에서도 오랫동안 통장직을 맡아 일해 온 김삼태씨가 새마을지도자 직을 자원하면서부터 도시새마을운동은 불붙기 시작하였다. 김 지도자는 자신이 자라왔고 제 2세대가 살아 갈 고향마을을 앞서가는 살기좋은 도시 마을로 탈바꿈시켜 놓고야 말겠다는 굳은 의지로 8명의 시장 동료들을 주축으로 하여 먼저 시장새마을운동을 추진하기로 하였다. 사실 그때만 해도 남들이 인정해 주지도, 거들떠 보지도 않는 새마을지도자가 된 그는 주민들의 손가락질, 가족들의 비협조 등 우선 자신과의 싸움이 더 무서운 적으로 등장하게 되었다.

시장 새마을운동에 성공

그러는 동안 그의 노력이 결실을 거두어 마침내 시장 새마을협의회를 구성하고 1978년 12월 28일 시장 새마을전진대회를 갖게 되었다. 몹시도 추웠던 어느 날 혼자 야경을 돌던 김 지도자는 신발 가게에서 연기가 치솟는 것을 발견하고는 잠든 시장 상인들이 다 들으라는 악 받치는 심정으로 "불이야!"하며 소리치고는 불난 가게의 문을 부수고 몸을 덮쳐 간신히 불을 끄고는 놀라서 뛰어 나온 상인들에게 의기도 양양하게 "여러분 우리도 시장 새마을운동을 시작합시다. 시장 새마을사업을 추진하자"고

소리 치자 모였던 사람들 모두가 박수를 치며 김 지도자의 뜻에 흔쾌히 찬동하였다.

　김 지도자의 끈질긴 노력과 집념이 이기적이고도 딱딱한 시장 사람들의 마음을 움직이게 한 것이다. 김 지도자는 우선 시장 내의 화재 예방과 도난 방지를 위해 방송 시설이 필요함을 느끼고 사비 30만 원을 들여 그의 점포 내에다 방송시설을 갖추어 수시로 화재 예방과 도난방지, 상거래질서에 대한 방송을 실시하여 상인들의 경각심을 일깨워 주곤 하였다. 여기서 감동한 시장 상인들이 자율적으로 모은 성금 25만 원과 김 지도자의 사비 35만 원으로 시장 안에 3평짜리 점포 1칸을 전세 사무실을 마련하여 책상과 의자를 들여 놓고 방송시설도 옮겨 놓아 자체 방범위원회를 구성하였다. 이제 시장 사람들도 스스로 자체 당번을 정해 야간 방범 방화 순찰에 앞장을 서게 되니 크게 작게 자주 일어나던 도난사고는 물론 화재도 미연에 방지할 수 있게 되었다.

　그리고 시장 새마을협의회를 위해 자진해서 기부금을 기탁해 오는 등 새마을운동은 활기를 띠기 시작하였다.

새마을지도자의 의지로 주민화합

시장새마을운동에 성공한 김 지도자는 도시인들이 서로 이웃을 모르고 서로 이해를 못하니 이웃간에 협동이 안된다는 사실을 깨닫고 높아만 가는 담벽을 무너뜨려 주민들의 마음의 문을 열어야겠다는 생각으로 자신의 픽업차에 앰프시설을 설치하여 매일 아침 관내를 순회하면서 조기 청소를 독려했고 주택가 담장 위의 철조망을 제거하고 장미 넝쿨 등 꽃나무를 심으며 방범등 설치, 담장 도색, 문패 달기, 변소 수거구 개조, 가로변 화분 내놓기 등을 추진하였다. 이러한 주민들의 호응과 김 지도자의 끈질긴 노력은 급기야 이 지역에 주둔하고 있는 미군 부대에까지 파급되어 한국특수관광협회 대구지부와 이 지역 주둔 미 8군과의 한미 합동 새마을운동을 추진하기에 이르렀다. 월 2회 미 8군 영내에 새마을기를 게양하고 있으며 무궁화동산 조성, 새마을조기청소 및 자연보호, 시장주변 하계 합동방역 등을 실시함으로써 한미 유대 강화는 물론 새마을운동추진에 외국인의 참여를 유도하였으며 또한 주민들의 체력증진과 협동심을 기르기 위하여 새마을 조기축구회를 결성하여 지금은 하나의 자원봉사단체로 마을의 발전에 기여하고 있다.

마을금고 육성

한편 김 지도자는 우리 마을 사람들이 스스로 자금을 조성하여 활용할 수 있는 새마을금고를 조직 운영하기로 하고 마을 유지들과 상의하여 출자금 230만 원으로 발족시켰다. 또 각 통반장의 도움을 받아 한 세대 1통장 갖기 운동을 추진하여 그해 말 1,522명의 회원을 확보, 2,700여만 원이란 눈부신 실적을 올리게 되었다.

그리고 1년 후에는 시장옆에 금고 분점까지 설치하여 시장 주민들의 이용 불편을 해소하는 등 현재 자산액이 6억 원을 넘고 있다.

그 동안 주민들이 마을 금고를 유용하게 이용함으로써 높은 이자와 사채의 굴레에서 벗어났으며 명실공히 주민의 인보협동의 구심체로서의 기능을 활발히 수행하고 있다.

새마을복지회관 건립

지난 1982년 6월 새마을우수부락으로 선정되어 대통령각하로부터 5백만 원의 특별지원을 받게 되어 주민들의 사기는 더욱 충천하게 되었다. 이 지원금으로 평소 주민들의 숙원이던 새마을복지회관 건립기금으로 사용할 것을 주민총의에 의해 결정하고 추진위원회를 구성하기에 이르렀다. 관내 유지나 독지가를 찾아가 취지 설명과 이해로 설득시켜 9명으로부터 600만 원의 기금을 마련하였지만 1,400만 원으로는 30평짜리 단층밖에 지을 수 없게되어 고심하던 중 관내 남구청장을 찾아가 상의한 끝에 시비 1,300만 원의 지원을 약속받아 1982년 12월 10일 61평 규모의 철근 콘크리트 2층 건물을 착공하여 전 주민이 협동단결로 1983년 4월 11일에 마침내 완공하였다. 2층에는 새마을문고를 겸한 독서실을 설치하여 영세 상인 자녀들의 학습장소로 제공하고 1층에는 도시 생활에서 소외감을 면치 못해 오던 노인들을 위해 경로당을 운영하게 되자 노인들은 새마을지도자와 추진위원들의 노고에 감사함은 물론, 우리들이 이 마을에 남겨준 것은 가난밖에 없는데도 자식들의 피나는 고생 덕분으로 이런 혜택을 받고 있다고 하면서 자식들의 효심에 조금이라도 보답을 하자며 스스로 노인회를 구성하여 매일 아침 골목 청소와 거리질서 캠페인, 청소년 선도 및 자연보호운동에 적극 참여하고 있다.

전 주민이 참여하는 새마을운동

이렇게 새마을공동사업을 추진하는 과정에서 김 지도자를 중심으로 주민 모두가 적극 참여 협조하는 새로운 풍토가 조성되었으며 새마을운동은 어떤 한 사람의 지도자나 몇몇의 특정인으로 추진될 수 없고 지역주민 전체가 합심하여 대화를 통하여 참여할 때 비로소 성공할 수 있다는 확신을 얻게 되었다.

김 지도자는 더 나아가 통단위 새마을지도자와 부녀회를 중심으로 시민들의 질서의식 정착을 위해 매일 2차례에 걸쳐 거리질서계도에 임하고 있으며 오토바이를 소지한 새마을지도자 20명을 규합하여 질서 기동대를 조직 운영함과 아울러 매주 금요일을 폐품수집의 날로 설정, 직접 리어카로 폐품을 수집하고 그 수익금으로 마을 공동기금을 조성, 관내 영세민들에게 생계를 지원해주며 새마을식수 및 나라꽃 무궁화심기운동을 적극 전개하여 쾌적하고 푸른 마을 조성은 물론 무궁화를 손수 심고 정성을 들여 가꾸는 실천적 애국운동을 적극 전개하고 있다. 그리고 마을 환경개선사업으로 주요 가로변에 휴지통을 28개 설치하였고 돌출 및 무허가간판 광고물정비, 불량건물정비를 비롯하여 하수구설치 11개소에 1,090m, 뒷골 목포장 16개소에 4,840m 등, 이 모든 사업이 주민자력으로 이룩한 땀의 댓가이었다.

1982년 10월 6일에는 경북 경산군 용성면 대종2동과 자매결연을 맺고 벽시계 등 400점의 기념품을 전달하고, 그 후 흑염소 2마리를 지원하였으며 자녀 23명을 초청, 시내견학을 시키는 등 도시 농촌간의 거리감을 해소하여 국민화합분위기를 조성하는 데 크게 이바지하고 있다.

밝은 내일을 꿈꾸며

김 지도자는 주민들의 협동심을 바탕으로 오래전부터 꿈꾸어온 봉덕시장 현대화사업을 위하여 시 재개발사업으로 추진해 줄 것을 건의하여 3층 현대식 상가아파트로 탈바꿈시킬 계획이며 또한 기지촌 주변의 정비 사업과 한미친선 체육대회를 개최하여 한미간의 더 깊은 우의증진은 물론 외국인에게도 새마을정신을 파급시켜 나가는 등 새마을운동과 함께 보다 맑고 깨끗한 선진 마을을 이룩할 것을 다짐하고 있다.

21화 주민 단결로 이룩한 복지마을

대구 동구 신천3동
지도자 권기범(44세)

마을현황

지역특색	주거및상가지역		면적	1.02km²	세대수(호)		4,310
인구 (명)	계	남	여	새마을 조직	지도자 협의회	새마을 부녀회	노인회
	19,358	9,518	9,80		20	184	43
마을금고	회원수	자산액		기관단체 (개)	공공기관	단체	기업체
	685명	166백만원			14	5	9

주요사업실적

사업별	세부사업명	사업량	사업비
환경정비	골목포장 하수도설치 꽃길조성	1,526m² 13,650m 700m	14,210천원 495,400천원 10천원
소득증대	구판장운영 협동농장경영 폐품수집	1개소 120평 연중수집	3,200천원 1,830천원 1,263천원
정신계발	문패달기 상가가격표시제이행 거리질서계도 행락질서및자연보호	2,300개 전 상가 지정 2개소 매주 토요일	1,150천원
기타	지하수개발 조기체육 학교운영	13개소 1개소	3,500천원

농촌지도자가 도시지도자로

신천3동마을은 대구의 관문인 동대구역과 고속터미널의 서남쪽에 위치해 있고, 북단에는 경부선 철로가 가로 놓여 있으며 20개 통에 4,389세대 2만여 주민이 비교적 중류 이상의 생활을 하고 있는 마을이다.

이 마을의 새마을지도자가 된 권기범씨는 경북 봉화군 봉성면 외삼 1 리에서 가난한 농가의 장남으로 태어나 19세 어린나이에 부친을 여의고 홀어머니와 7남매의 장남으로 열심히 살아 보겠다고 농사일에 전념할 때 마을 주민들의 권유로 리장직을 거쳐 새마을지도자의 중책을 맡아 새마을 가꾸기사업 등에 앞장서 열심히 일해 오다가 1974년 4월 가사사정으로 조상 대대로 물려받은 농토와 유산을 고향에 남겨둔 채 이사를 온 곳이 바로 이곳 신천3동의 마을이었다. 막상 도시로 나와 정착은 하였으나 이웃과의 대화가 없고 여기저기 큰집들은 높은 담장에 그것도 석연치 않아 철조망을 둘렀고, 큰대문들은 항상 굳게 닫혀 있는가 하면 공지와 도로변에는 쓰레기가 썩어 악취가 나며 파리 모기의 서식처가 되고 있었다. 농촌에서 살아온 권 지도자는 도시로 나온 것을 후회하면서 주위 사람들에게 너무나도 한심스럽다고 이야기한 적이 한 두번이 아니었다.

그무렵 마을 주민들은 권 지도자가 전에 고향 농촌에서 리장과 새마을지도자를 역임한 사실을 알고 이 마을 새마을지도자로 선출하였다. 권 지도자는 대구에 온지 4개월 만에 또다시 도시 새마을지도자로 마을 일을 맡아 보게 된 것이다.

주민화합에 앞장

농촌보다 경제 문화 등 모든 면에서 수준이 높은 사람이 모여사는 도시 마을의 새마을운동이 안 될 까닭이 없음을 확신하고 주민들을 설득시켜 나가기 시작하였다. 주위환경과 여건을 분석한 결과, 생활여건이 전혀 다를 뿐만 아니라 이웃간에 대화가 없고 이기주의로 살아가고 있음을 깨달은 그는 그때 마침 활성화되어 가는 반상회를 이용하여 집집마다 대문을 활짝 열어 마음의 벽을 헐었고, 20명의 통단위 지도자를 매일밤 한자리에 모아 주민화합과 대화의 광장을 펼쳐 나갈 것을 제의하며 담당구역을 지정하여 반상회도 주재하고 때로는 합동반상회도 진행하면서 새마을운동 활성화에 열과 성을 다했다.

꾸준히 노력한 결과 점차 주민간의 대화가 이루어져 마을일을 추진하는 데 전 주민이 참여하고 뜻을 같이 하기에 이르렀다.

협동으로 이룩한 새마을의 결실

이렇게 주민화합을 이룩한 권 지도자는 새마을지도자를 주축으로 주민의 숙원사업에 먼저 손을 대어, 지금까지 마을 안길 11km, 하수도 12km를 새마을사업으로 추진하였고 나무 한 그루 볼 수 없었던 삭막한 마을 안길에 1,300본의 나무를 식재하여 푸른마을 조성에 1차적으로 성공하게 되었다. 이로 인하여 신천 3동의 통새마을지도자 20명은 노력하면 된다는 자신감을 얻었고 뜻밖에도 주민들의 협조도 좋아 더욱 용기를 내어 우리마을 일은 우리가 해결해 나가자고 결의하였다.

권 지도자는 매년 연례 행사처럼 찾아오는 고지대의 식수난 해결을 위하여 주민총회를 열고 권 지도자가 앞장서서 13개소의 지하수를 개발하여 식수를 제공케 함으로써 이제 물걱정을 잊게 하였다. 또한 20명의 지도자가 중심이 되어 야간 순찰대를 조직, 매일밤 윤번제로 청소년 선도와 야간순찰을 해오면서 청소년 비행과 범죄예방에 최선을 다하여 범죄없는 마을로 바꾸어 놓았다.

환경미화 사업으로는 동대구역에서 대구문화방송국앞까지 700m되는 도로변에 매년 코스모스와 해바라기를 심어 아름다운 꽃길을 조성, 시민정서 순화에도 크게 기여하였다.

권 지도자를 중심으로 통지도자들은 새마을의 열기를 더욱 확산시켜 나가기 위하여 새마을기 250개를 제작, 가로변에 게양하고 매월 1일과 15일 마다 조기청소를 대대적으로 전개하는 한편, 문패 230개를 만들어 집집마다 손수 달아주니 문패없는 집이 한 집도 없게 되었다. 하절기에는 새마을방역대를 조직하여 동대구 역전시장에 주 3회 집중 방역소독을 실시하고 동 새마을지도자 협의회에서는 가격표시판 400개를 제작하여 무료로 배부 하는 등 소비자 보호 및 명랑한 상거래 질서확립에도 앞장서 나갔으며 도로를 무단 점용한 노점상을 시장에 유치하기도 하여 대구에서도 유일한 근대화 시장이라 불리워지고 있다.

새마을협동사업 전개

이제 신천3동 주민 모두는 새마을운동의 중요성을 깊이 인식하게 되었고 새마을지도자협의회에서는 앞으로 봉사활동에 필요한 기금을 조성하기 위하여 새마을지도자의 집에 구판장을 설치하여 식료류, 합성세제 등 생활필수품을 팔아 연간 약 130만 원의 소득과 유휴지를 이용한 약초, 고등채소 재배로 연간 80만 원의 소득을 올리게 되어 여기에서 얻은 수익금으로 노인회 동부지부 창립시 10만 원을 지원하는 등 불우이웃돕기에 20여만 원을 전달 위로하였으며, 매년 경로당, 고아원 등에는 빠짐없이 위문하고, 신천 유아원 영세민자녀 60여 명에게는 가방과 교재를 지급하기도 하였다. 그리고 새마을장학회를 설립하여 영세민 자녀 중 우수한 모범학생 4명을 선정하여 연간 5만 원의 장학금을 전달하고 있으며, 생활이 어려운 새마을지도자 및 가족이 입원시에는 치료비도 지원해주고 있어 새마을지도자의 사기앙양과 더불어 주민의 협동심을 불러 일으키고 있다.

또한 노인회를 통하여 유아원 어린이들에게는 예절교육도 실시하면서 유아원 자모회를 활용하여 알맞는 가족계획으로 행복한 가정을 만들자는 가족계획 홍보활동도 대대적으로 전개한 결과 가족계획시범마을로 지정 되기도 했다.

해외근로자 가족에 대한 여가선용과 소득증대에도 한몫을 하기 위하여 홀치기 등 부업을 알선하였으며, 집집마다 나라꽃 무궁화 한그루 심기운동을 적극 전개하고 태극기를 보급함으로써 한층 애국심을 심어 주었다. 1983년 6월부터는 대구 KBS 방송국 등 이산가족찾기 현장을 찾아 빵과 우유를 전달하면서 위로하고 아픔을 달래주기도 했다.

새마을이웃회를 조직하고

새마을운동을 보다 활성화하고 기반을 다지기 위하여 반별로 새마을이웃회를 조직하여 (132개반) 매일 아침 조기청소를 실시하는 한편, 1일과 15일의 새마을의 날에는 전 주민이 참여하는 폐품수집의 날로 함께 정하여 남녀노소 할 것 없이 빈병이며 헌 옷

한 점도 헛되이 버리지 않고 정성껏 수집한 결과, 매월 마을 공동자산은 10여만 원씩 늘어가고 있으며 이웃회는 한자리에 모여 반일과 마을일 등 공동 관심사를 토론하는 화합의 광장이 되고 있다. 이제 주민간의 대화로 두터웠던 장벽은 깨어지고 서로가 믿고 새마을운동에 솔선참여하는 풍토가 정착하게 되었으며 폐품수집운동을 통하여 절약과 저축하는 정신이 높아져가고, 수년간 제자리 걸음을 이어오던 마을금고가 짧은 기간내 1억 원을 돌파하는 일거양득의 성과를 거양키도 하였다.

또한 주민화합의 광장이요 주민체력 증진을 위한 새마을 조기 체조학교를 1983년 2월부터 신천국민학교에 개설하여 권 지도자는 녹음기와 마이크를 마련하고 새마을이웃회, 반상회를 통한 홍보로 지금은 아침 6시만 되면 주민 5~6백여 명이 한자리에 모여 즐거운 노래에 발맞추어 조기체조를 생활화하여 주민들을 화합하고 단결된 협동정신으로 이끌어 가는데 큰 성과를 거두고 있다.

권 지도자는 신천3동의 새마을운동을 더욱 활력화시켜 나가기 위해 매년 1월 주민총회를 열고 성과를 분석하며 앞으로의 계획을 상의하고 있다.

보다 나은 내일을 꿈꾸며

앞으로 권 지도자는 협동과 화합으로 뭉쳐진 주민의 뜻을 한데 모아 신천3동 마을을 가족계획의 실천과 저축운동을 생활화하고 폐품수집운동을 적극 추진하여 마을공동기금을 늘리는 한편 마을회관을 건립하여 영세민 없는 복지마을을 건설하는데 열과 성을 다할 것을 다짐한다.

권 지도자는 작은 힘이나마 새시대 복지국가 건설에 보탬이 되리라 생각하고 주민 모두가 협동 단결한다면 어떠한 어려움도 극복해 나갈 수 있다는 굳은 신념으로 오늘도 새마을사업추진에 여념이 없다.

22화 협동으로 이룩한 도시새마을운동

인천 동구 송림 5동
부녀지도자 김옥희(47세)

마을현황

지역특색	주거지역		면적	0.33km²	세대수(호)		2,487
인구 (명)	계	남	여	새마을 조직	동부녀 지도자	새마을 회원	자율 방범대
	11,363	6,235	5,128		18	160	30
마을금고	회원수	자산액		기관단체 (개)	공공기관		금융기관
	3,746명	140백만원			3		1

주요사업실적

사업별	세부사업명	사업량
환경정비	자연보호운동전개 새마을청소 거리질서계도 1인 1통장 갖기	52회 매일 매일 전 세대
인보협동	양로원 및 고아원 방문 교도소원생지원 자활근로대지원 자율방범대운영	6회 연간 30만원 연 2회 48만원 연간 30만원 192명

부처산 마을의 전래

송림 5동은 인천시청으로부터 동북쪽 3km 떨어진 곳에 자리잡고 있으며 8개의 초·중·고등학교와 3개 대학교가 소재하고 있는 학원지역으로서 16개 통에 2,500가구 1만2천여 명의 주민들이 살고 있다. 이 마을은 옛부터 마을 산에 부처님을 모신 곳이라하여 부처산으로 불리어지기도 하며 마을 모양이 부채 모양을 닮았다고 부채산으로 불리어지던 옛 이름이 지금도 전해져 내려오고있다. 그리고 6·25의 혼란 중에는 피난민들이 모여 살게되자 전통을 중시하던 마을주민들의 의식구조는 서로를 불신하는 등 큰 변화를 가져왔다.

훈장과 바꾼 남편의 뜻을 받들고
오늘날 깨끗하고 질서있는 송림 5동을 가꾸어오는 데 밑거름 역할을 해온 김 부녀지도자는 이 마을에서 태어나 자라왔기에 마을의 변화에 대하여는 누구보다도 더 잘알고 있었다. 그리고 새마을운동 추진 대열의 선도자로서의 운명도 이미 오래전에 시작되었던 것이다.

1953년 1월 김 부녀지도자가 여고 3학년때 군인인 오빠와 같이 집을 찾아온 국군 아저씨께서는 압록강까지 북진하다 북괴군에 포위되어 포로생활 8개월 만에 탈출하여 다시 군복무를 한다하며, 탈출할 때 걸린 동상으로 열 발가락이 전부 까맣게 썩어 있는 것을 보여주셨다. 그날의 인연으로 김 부녀지도자는 국군 아저씨와 결혼을 하게 되었으며, 남편은 결혼식을 올린지 5개월 만에 휴전을 앞두고 치열하였던 수도고지 전투에서 부상을 입고 온양 109 육군병원으로 후송되는 비운을 맞이하였다. 병원을 찾아간 김 부녀지도자는 남편의 얼굴을 분간도 할 수 없었다. 구사일생으로 생명은 건졌지만 7년간을 병고에 시달리게 되었다. 그 때 김 부녀지도자는 남편의 병간호를 위하여 재직하던 국민학교 교사직도 그만 두게 되었다. 남편은 퇴원과 동시 제대를 하여 집에 돌아오게 되었지만 얼마 지나지 않아 후유증으로 다시 병석에 눕게 되었다. 남편의 병이 점점 악화되어 회복이 어려워지자, 어느날 김 부녀지도자의 손을 꼭 잡고 이것이 내 생명과 바꾼 충무무공훈장인데 내가 당신에게 남길 것이라고는 이 훈장 하나뿐이니 내가 죽은 후 보고 싶으면 이 훈장을 바라보고 굳세게 살아가고 당신도 내 뒤를 따라 국가를 위해 몸 바칠 수 있는 여성이 되어 달라고 일러주시고 얼마 지나지 않아 세상을 떠나고 말았다. 이러한 남편의 유지를 마음 속에 간직한 김 부녀지도자는 남편의 뜻이 헛되지 않게 하기 위하여 국가에 조그만 미력이라도 바치기로하고 열심히 일하였다.

새마을운동을 행동철학으로

새마을운동이 한창이던 1972년 김 부녀지도에게도 새마을교육을 받을수 있는 기회가 왔다. 그때 새마을운동의 3대 정신인 "근면·자조·협동"을 감명깊게 배워 생활지표로 삼고 새마을운동 일선에 나선 김 부녀지도자는 우선 등불도 없이 어둡기만 했던 마을상가에 등달기운동을 추진하기로 하고 상점마다 방문하여 등달기를 적극 권장하였다.

처음에는 주민들이 "남편도 없는 여자가 집에서 아이들이나 잘 키울 것이지 무슨 새마을운동이냐"하며 질시하더니 김 부녀지도자의 끊임없는 설득에 한집 두집 등불을 달아 어둠을 밝히게 되었다.

새마을운동을 시작한지 몇 해가 지나 마을주민들은 김 부녀지도자의 그동안의 열성과 지도력을 높게 평가하여 1977년에 동 개발위원 마을금고이사와 부녀회 이사로 선출하였다. 김 부녀지도자는 1979년 5월 도시새마을교육과 1981년 10월 새마을지도자연수원교육까지 이수하여 지도자로서의 자질과 능력을 배양하였다.

1981년 송림 5동 부녀회장이 된 김 부녀지도자는 부녀회원들과 제1차 사업으로 부녀회기금조성을 위하여 가정필수품장사를 하기로 하고 부녀회원 전체가 혼연일체가 되어 열심히 리어카를 끌었다. 때로는 부녀회원들이 장사를 하다 말고 땅바닥에 털썩 주저앉아 너무 피곤함을 못이겨 한탄을 할 때도 있었고, 아이들의 시험성적이 떨어진 부녀회원들은 남편들에게 꾸지람을 듣기도 하는 등, 어려운 고생 끝에 59만 원의 부녀회기금을 조성할 수 있었다. 김 부녀지도자는 이에 만족하지 않고 관내 기업인들에게도 새마을운동에 적극 참여하여 줄 것을 호소하여 한국단자회사와 송림5동 부녀회와 자매결연을 맺고 부녀회원들에게 간단한 가내수공업 일거리를 알선 받아 월 12만 원정도의 부수입을 얻게 하여 주민소득증대에도 큰 성과를 가져왔다.

1가정 1통장 갖기

김 부녀지도자는 근검절약운동으로 부녀사들이 손쉽게 할수있는 1가정 1통장 갖기와 페품수집운동을 위하여 회원 전원이 반상회에 참석하여 적극적인 홍보를 실시하고 월 1회씩 통단위로 폐품수집사업을 시작하여 1981년까지 4천여만 원에 불과하던 새마을금고 자산을 1억4천만 원으로 늘려 마을금고운영기반을 착실히 다져 명실상부한 새마을조직체로서의 기능과 역할을 수행하게 하고 주민들의 절약 저축정신을 고취시키는 성과를 가져왔다.

어머니 자율방범대를 조직하고

1982년부터 실시된 통금해제에 따른 방범활동강화를 위하여 김 부녀지도자는 통단위 부녀지도자들의 적극적인 호응을 바탕으로 1981년 11월 23일 지역단체장을 모시고 새마을어머니 자율방범대 발대식을 갖게 되었다. 30명의 어머니대원으로 조직된 어머니 자율방범대는 1조 4인으로 구성하여 학생들의 복장자율화 이후 야간 학생지도와 불량청소년선도, 윤락여성의 풍기문란 단속, 수상한 사람신고, 교통질서 계도운동 등을 펴 나갔다.

김 부녀지도자와 부녀회원들은 특히 불량청소년 선도활동으로서 관내에 있는 자활근무대 중 넝마주이 청소년 3명에게는 관내 다방업주들의 협조를 얻어 폐품 모아주기운동을 전개하여 월 30만 원의 수입을 올리게 만들어 줌으로써 자활근무대원들에게도 애향심과 지역에 봉사할 수있는 일꾼들로 만들어 놓았다.

또한 떡과 과일을 준비하여 인천교도소를 방문하여 수용된 원생들에 대한 새 삶의 용기를 북돋아주어 장래에 밝은 사람이 되도록 선도하기도 하고 원생들에게 필요한 통신교재비 연간 50만 원을 부녀회기금에서 계속 지원하여 주어 1982년도 검정고시 재소자 응시자 중 83%의 합격률을 보여 기쁨을 함께 하기도 하였다.

옛 부처산의 정기를 찾아

김 부녀지도자는 옛부터 전해 내려오던 부처 산마을의 웃어른 공경하던 마을 풍토를 다시 찾기 위하여 1981년부터 노인학교를 관내 서림국민학교에 설치운영키로 하고 매년 지역 유지분들로부터 노인학교운영에 필요한 100만 원의 운영비 지원을 받아 4월부터 12월까지 문을 열고 있으며 70명의 마을노인들이 재학 중에 있다. 노인학교학생들에게는 효도관광, 산업시찰, 노인잔치, 거리질서, 청소년 선도활동 등을 학과로 하여 운영되며 할아버지, 할머니께서도 거리질서계도에 앞장서 도시새마을운동에 큰 몫을 하고 있다. 그 결과 1982년에는 대한노인회 중앙회에서 최우수상을 받는 영광도 갖게 되었다. 김 부녀지도자와 부녀회원들은 이에 만족하지 않고 지역봉사의 일환으로 1980년부터 관내 5개소의 고아원, 양로원을 정기적으로 방문하여 위로하였으며, 불우이웃돕기사업에 1981년부터 매년 50만 원의 부녀회기금을 지원하고 있다.

다방조합 새마을협의회결성

인천 송도에 건립 추진하고 있는 인천상륙작전 기념탑건립 기금조성을 위하여 관내 70개 다방업소를 방문, 자율적인 참여를 유도하여 80만 원을 모금, 구청에 전달하기도 하였으며, 1983년 7월 4일에는 시 관내 700개 다방 업소을 새마을운동에 적극 참여케 하기 위하여 다방조합 새마을운동협의회를 결성하여 김 부녀지도자가 초대 회장으로 선출되었다. 그리고 김 부녀지도자는 취임사에서 "어느 단체보다도 지역에 헌신봉사할 수 있는 직장새마을운동을 추진해 나가자"고 강조하였다.

앞으로 김 부녀지도자는 관내 노인들과 마을 주민들이 언제나 함께 할 수 있는 노인회관을 건립할 계획이며 700개 다방업소의 전 업주들에게 새마을교육을 수료케 하여 진실된 새마을일꾼으로 탈바꿈시켜 1986아시안게임, 1988서울올림픽에는 선진인천, 선진조국창조에 일익을 담당할 것을 다짐하고 있다.

23화 오늘의 송탄시 부녀회가 있기까지

경기 송탄시 신장 1동 12통
부녀지도자 최정애(41세)

마을현황

가구수 (호)	계	상업	기타	인구수 (명)	계	남	여
	256	204	52		1,140	546	594
마을특색		공동기금		부녀회원수	노인회원수	부녀대학생수	
기지촌(상가지역)		2,530천원		214명	46명	70명	

주요사업실적

사업별	세부사업명	사업량	비고
소득증대	절미저축 폐품수집	16가마 4,050kg	
복지환경	진입로화장포장 마을안길포장 마을회관건립	200m 1,300m 38평	
정신계발	가족계획사업 무궁화묘포장설치 나라꽃심기사업 기지촌직업여성선도	49명 50,000본 13,000본 70명	100% 부녀대학생

무절제와 낭비의 기지촌마을

신장 1동 12통 마을은 송탄시청으로부터 북쪽으로 4Km 떨어진 주한 미군부대 주변 마을로서 256가구에 1,140명의 주민이 살고 있는 도시형 상가 지역이며 송탄읍이 시로 승격되던 1981년 7월 1일 이전까지는 평택군 송탄읍 신장 7리 남산터라고 불리었다.

주민들은 1960년대 말까지만해도 전국 각처에서 모여들어 미군을 상대로 생활하는 영세상인, 미군부대 고용원 등으로서 무절제하고 낭비가 심하였으며, 특히 외국인들의 흉내나 내며 살아가는 기지촌 직업 여성들의 생활 양상은 무질서하기가 말할 수 없었다.

주택의 대부분은 판자집이었고 빈곤한 생활을 영위하는 주민들은 한 푼 벌면 한 푼 쓰는 허세의 생활 속에서 저축이나 절약, 그리고 근면성이란 찾아 보기 힘들었다. 미군들을 상대로 직업 여성들이 모여들어 당시 "쑥고개" 란 마을 별칭은 전국 어디에도 알려져 있었다.

새마을운동에 뜻을 품고

이러한 마을에 최정애 부녀지도자가 정착하여 살게된 것은 1970년 부터였으며 서울에서 태어나 자라온 최 부녀지도자가 남편의 직장을 따라 처음 이 마을에 들어섰을 때 골목이라고는 리어카도 다니지 못하여 마을 입구에 짐을 내려놓고 손으로 들어 날라야 했으며, 판자집 속의 생활환경은 불결하기 비길 데 없는 빈촌이었다.

뿐만 아니라 동네 주민들은 음주와 도박, 심지어는 사소한 일로 이웃간에 다툼까지 벌이는 것을 보고 이런 곳에서 어떻게 살아 갈까 하는 걱정은 끊일 날이 없었다.

최 부녀지도자는 평범한 아내요 어머니로서 가사에만 열중하고 있었으나 한두해 살아가면서 전국적으로 불붙기 시작한 새마을운동으로 이웃 농촌 마을들이 활기차게 발전하는 것을 보게 되었다.

1973년 6월 최 부녀지도자는 "나도 어쩔 수 없이 이곳에 몸 담고 살아야 할 처지라면 우리 마을도 새마을운동을 불붙여 보리라" 굳게 마음 먹고 주민들을 만날 때 마다 "우리 마을도 새마을을 시작하여 깨끗한 마을, 잘사는 마을로 만들어 보자"고 설득하였으나 누구 하나 동조하는 사람은 없고 주민들의 머리 속에는 오직 돈벌이라면 무슨 일이라도 할 수 있다는 기지촌 특유의 고질적인 악습이 쉽게 고쳐지지 않았다.

작은 마을의 초대 부녀회장이 되어

그때까지 새마을사업이라고는 아무것도 한 것이 없었지만 최 부녀지도자의 끈질긴 집념과 열성에 몇몇 부녀사들이 동조하여 골목청소를 시작하였고 송탄읍에서는 1974년 1월 1일 최부녀지도자를 신장7리의 초대 부녀회장으로 선출하게 되었다.

막상 마을의 부녀회장이 된 최 부녀지도자는 무엇을 어떻게 시작해야 하는가 하고 며칠을 궁리한 끝에 동조하고 나선 부녀자들을 주축으로 절미 단지를 구입하여 나누어 주고 절미저축사업을 추진해 나갔으나 나태하고 술과 도박으로 흥청거리기만 하던 남편들은 "여자들이 밖으로 나돌아 집안이 엉망이다"는 등 최 부녀지도자에게 욕설을 퍼붓고 심지어는 면전에서 절미 단지를 깨어버리는 사람들도 있었다.

역경과 고난 끝에는 영광이

그러나 최 부녀지도자는 억척스럽게 부녀회원들을 설득시켰고 때마침 절미저축사업은 경기도 특색사업으로 선정되어 강력히 추진되고 있었으므로 이에 힘입어 신장 7리 부녀회원들은 한마음으로 단합되었으며 절미 저축 365일 작전이 끝나는 1974년 12월 말에는 16가마의 절미가 모아졌다. 당초 목표량 12가마의 133%를 달성하여 1975년 3월 21일 도내 실적평가 결과 최우수 마을로 선정되었으며 도지사 표창과 상금을 받아 부녀회원들은 물론 계속 비협조적이던 남자들까지 이에 감격하여 새마을운동에 적극 참여하게 되었다.

전 주민이 새마을의 일꾼이 되어

절미저축사업이 성공을 거두자 마을주민들은 남녀노소 구별 없이 새마을사업에 참여하게 되어 무허가 판자집과 불결한 부속사 개량 등 주거환경을 하나하나 정비해 나가기 시작했다.

또한 리어카도 다니지 못할 정도로 좁았던 마을 진입로를 폭 4m로 확장하고 절미저축으로 모은 부녀회기금과 상금으로 비만 오면 시궁창 같던 도로를 새마을가꾸기 사업용 양회 250포를 지원받아 포장하였으며 지금은 1천3백m의 안길도 깨끗하게 포장하였다.

드디어 신장 7리는 1976년 2월 27일에는 도내 우수마을로 선정되어 또 도지사 표창을 받게 되었으며 주민들은 긍지를 지닌 새마을의 일꾼이 되어 가고 지난날의 술과 도박 등 낭비풍조는 조금도 찾아볼 수 없이 사라졌다.

새마을교육 이수후 가족계획사업 추진

1975년 2월에는 최 부녀지도자는 새마을교육에 자진 입교하여 교육을 이수하고 돌아와 새마을운동에 가일층 분발할 것을 다짐하고 가족계획사업을 추진해 나갔다. 그러나 새마을운동에는 적극 참여하게 된 주민들이었지만 "꼭 아들이 있어야 대를 잇는다"는 사상이 뿌리 박혀 있고 시술을 받으면 부작용이 따른다는 공포감 때문에 부녀회원들 마저 외면하였다.

아들이 하나 뿐인 최 부녀지도자는 자신이 먼저 시술을 받고, 부녀회원들을 설득하자 당시 72가구에서 난관 23명, 루우프 피임 13명 등 가임여성 49명 전원이 가족계획에 참여함으로써 1976년 11월 25일에는 대한가족계획협의회장으로부터 가족계획 전국 1등이라는 영광이 마을에 수여되었다.

새마을의 열기는 꾸준히 지속되고

신장 7리의 새마을열풍은 꾸준히 지속되어 1978년도에는 정부로부터 특별지원금 1백만 원과 양회 5백포를 지원받아 부녀회기금 2백50만 원을 보태서 숙원사업이었던 마을회관 20평을 짓고 그후 2층에 18평을 증축하여 회의실, 통사무소, 지도자사무실, 경로당, 공동창고 등 다목적으로 사용하고 있다.

한편, 부녀회는 집집마다 한 통장 갖기 저축운동으로 1978년말 부녀회 공동기금은 4백42만 원이나 되었으며 가장 저축 실적이 우수한 마을로 인정받아 1978년 4월 14일에는 재무부장관 표창을 받았다.

시 승격과 더불어 동 부녀회장이 되고

1981년 7월 1일 송탄읍이 시로 승격되면서 신장 7리는 신장 1동 12통이 되고 최 부녀지도자는 신장 1동 초대 부녀회장까지도 겸직하게 되었고, 1982년에는 송탄시 초대 부녀회장직에 선임되는 영광을 안게 되었다.

최 부녀지도자는 시부녀회 중점사업으로 5만 본의 무궁화 묘포장을 설치하고 가로변 등 중요지역에 무궁화 1만3천 본을 식재하고 알뜰시장 개설을 통한 이익금으로 나환자촌 위문, 팀스피리트작전 참가 미군장병 초청만찬, 부녀회 자연정화활동 등 많은 사업 성과를 거두었으나 무엇보다도 자랑스러운 일은 기지촌 직업여성들을 위한 송탄부녀대학의 교장이 되어 이들을 선도하고 어머니 같은 사랑의 손길을 펼 수 있었던 것이다.

부녀대학을 통해 의식개혁 선도

대부분의 미군 기지촌이 그렇듯이 송탄시의 문제 역시 미군을 상대로 살아가는 직업여성들의 선도사업이었다.

무질서하고 의식수준이 낮은 여성들에게 새마을정신을 심어준다는 것은 너무나 어려운 것이었으며 매일 3시간씩 강사를 초빙하여 일반상식, 한국사, 새마을운동, 필수기초영어 등을 가르치므로 그들에게 많은 도움을 줄 수 있는 데도 배우려는 학생들은 별로 반응이 없었다. 그러나 부녀 회원들과 강사진의 열성에 그들은 동화되고 안정된 분위기 속에서 공부를 계속한 결과 목로주점 출입을 금하고 옷맵시도 단정해져 업주는 물론 주민들로부터도 칭송을 받기 시작했다.

지도자의 의지는 지역사회의 꽃

시 부녀회원들은 기지촌 직업 여성들이 국제 결혼하여 외국으로 떠날 때 공항까지 배웅하며 인정 어린 마음으로 작별을 아쉬워하였다.

한편 시부녀회에서는 불우한 직업여성들에게 따뜻한 보금자리를 마련해 주기 위하여 전용아파트 건립을 각계각층에 건의하여 건립 추진 중이며 이제까지 미약하게 추진되던 새마을금고사업을 활발히 전개하여 전 시민의 저축생활화를 유도하고, "88서울올림픽"을 맞이하여 이 지역을 찾아올 더 많은 외국인에게 한국여성의 친절과 아름다움을 보여줄 수 있도록 부녀대학의 기초영어교육을 직업여성들 뿐만 아니라 모든 부녀회원에게 파급시켜 나갈 것을 계획하고 있다.

남산터라는 작은 마을에서 시작된 새마을운동은 이제 송탄시 전역으로 확산되었고 한 작은 여성의 의지는 새마을운동이란 파도를 타고 먼 이국 땅 미국에도 한국의 얼을 심게 되었으며 신장 1동 12통 남산터마을 주민들은 억척스런 최 부녀지도자가 그들과 함께 사는 한 송탄시 새마을운동의 불꽃은 꺼지지 않으리라고 확신하고 있다.

24화 빈민촌에서 12억 자산을 조성

강원 원주시 개운동
새마을금고 이사장 이강부(50세)

마을현황

지역특색	도시외곽마을		면적	0.96km²	세대수(호)		2,156
인구 (명)	계	남	여	새마을 조직	지도자 협의회	부녀회	노인회
	12,834	6,474	6,360		51	48	60
마을금고	회원수		자산액	기관단체 (개)	공공기관	단체	기업체
	2,856명		1,200백만원		1	4	4

주요사업실적

사업별	세부사업명	사업량	사업비
환경정비	뒷골목포장	175m	4,000천원
	상수도사업	1,800m	1,200천원
	주택개량	20동	6,000천원
복지환경	유아원신축	1동 110평	71,370천원
	소하천 하수구 정비	3,000m	150천원
	청소대행사업	2종	2,300천원
인보협동	장학금지급	171명	3,600천원
	불우이웃돕기	10회	440천원
	경로잔치	11회	600천원
	마을문고설치	1,500권	750천원

영세민으로 구성된 난민촌

개운동은 강원도 남단에 위치한 교통중심지 원주시의 남부에서 충북 제천에 이르는 국도변을 끼고 형성된 마을로 1만3천여 주민에 16개통 86개반으로 행정구역을 이루고 있다. 이곳은 원주시의 변두리로서 도시개발계획에 의하여 신흥 주택가가 형성되었고 일부는 수복 직후 피난민 수용소가 위치하였던 곳으로 난민이 그대로 정착하여 영세민촌을 이루고 있어 어느 마을보다도 나태하고 이기적일 뿐 아니라 애향심이 부족하여 새마을운동의 이해와 협조는 커녕 불평과 불만이 많고, 하루벌이로 그날 그날 살아 가는 주민이 태반을 이루고 있는 마을이었다. 특히, 난민촌에 정착한 영세민과 도시개발로 유입된 철거민, 실향민이 주민의 반 이상이나 차지하여 원주시의 생활보호대상자가 전 인구의 11.7%인데 비해 개운동이 21%를 차지하고있는 것만 보아도 이 마을의 실태를 충분히 이해할 수 있다.

마을금고를 새마을운동 실천기반으로

이러한 주민들을 어떻게 하면 나태와 자포자기에서 벗어나게 하여 생기있는 마을풍토를 조성할 수 있을까하고 이 지도자는 여러가지 계획을 세웠다. 새마을지도자연수원에서 받은 새마을교육을 상기하면서 이 지도자는 자신의 한 몸에 닥치는 고난을 감내하고 최선을 다한다면 안될 것이 없을 것이라는 마음가짐으로 고장발전을 위해 그 밑거름이 될 것을 다짐하면서 공동 유대권 안에 사는 이웃사람끼리 협동 화합하여 마을금고를 새마을운동 실천기반으로 키워보기로 결심하였다.

끝없는 집념을 가지고

우선 개운동 주민의 신망을 받고 있는 유지와 개발위원을 설득하여 15명의 지도자와 손을 잡고 서울 오류동 시범금고를 견학한 후, 드디어 1977년 5월 18일 초대 이사장에 이 지도자가 선출되고 임원 11명이 선임됨으로써 창립총회를 갖게 되었다. 임원들은 솔선하여 출자 최고 한도액인 200만 원씩을 출자하고 이 지도자가 사비로 창립총회 발기인과 통반장 등 111명에게 각각 3천 원씩을 출자하여 통장을 만들어 줌으로써 비록 월세로 얻은 사무실이지만 금고업무를 시작하였다.

그러나 주민들의 반응은 너무나도 냉담하였다. 하루벌이로 생활하는 서민에게 저축은 힘겨운 부담이 되었으며, 돈 있는 사람들은 무엇을 믿고 마을금고에 돈을 맡기냐는 것이었다. 더욱이 가끔 매스컴을 통하여 마을 금고 사고 소식이 알려지자 마을금고에 대한 불신풍조는 더욱 높아갔으나 이에 좌절하지 않고 계속 주민계몽과 설득에 박차를 가하였다. 2년동안을 계속 반상회는 물론 마을에 조그만 모임만 있으면 찾아 다니고 주민 경조사에는 빠짐없이 참여하여 마을주민과 고락을 같이함으로써 이제는 임직원 모두가 주민과 한가족처럼 친숙하여지고 그야말로 상호신뢰하는 풍조가 싹트기 시작하였으며 회원은 나날이 늘기 시작하였다.

부녀회를 중심으로

사업에서 가정 사정까지 애로사항을 의논하러 오는 주민이 모이기 시작하였고, 반상회에 가면 주민의 경제적 애로사항에 시간을 보내게 됨으로써 이제 마을주민들은 한마음 한뜻으로 뭉쳐 새마을금고라는 경제권 중심으로 잘살기 운동에 나섰다. 부녀회에서는 회장을 중심으로 절미저축, 폐품 수집 등 아끼기운동으로 예금통장이 없는 이가 없을 만큼 저축에 앞장섰다. 새마을금고는 가정주부의 이용없이 성공할 수 없다는 것을 착안하여 주부들로 하여금 알뜰살림을 꾸려나가도록 계도하면서 금액의 다소를 불문하고 새마을금고를 이용하도록 대대적인 회원 확보에 전력을 기울였다. 그 결과 마을의 가정주부 100%가 새마을금고의 회원이 되었고 반상회 때마다 꼭 출자금을 가지고 오도록 제도화하였으며 통별로 폐품수집소를 만들어 수익금을 회원의 출자에 보태주자 개운동 금고는 하루가 다르게 발전을 거듭하게 되었다.

금고발전의 원동력으로 지역개발

1978년부터 급격히 회원수가 늘기 시작하고 예탁금이 1억 원을 육박하게 됨으로써 새마을금고가 기반이 잡히게 되었으며 1978년도 결산결과 24%의 출자배당을 하기에 이르렀다. 1980년도에는 회원 1,176명에 출자금 9천9백2십5만9천 원, 총자산 9억1천만 원으로 자산은 눈덩이처럼 커가기 시작하였다. 이렇게 자산의 규모가 급속히 증식됨에 따라 나날이 성장하는 금고의 모습을 수시로 상세히 공개하여 회원으로 하여금 신뢰감을 갖게 하고 자진 참여하는 성과를 거두게 되었다.

7199년 3월 30일 정식 법인금고로 인가를 받아 회원의 법적인 보호와 공신력을 제고시켜 조직의 활성화가 이루어지자 금고자산이 3억 원에 이르게 되어 2층 54평 규모의 자체회관을 건립하게 되었다. 이와같이 마을금고의 기반이 잡히자 제일 먼저 착수한 사업이 지역개발 사업이었다. 회원으로하여금 새마을금고의 인식을 좀더 새롭게하고 이익금은 곧 회원에게 환원된다는 사실을 확인하여 주기 위한 것이다. 시에서 재정상 설치해 주지 못한 고지대 영세민촌에 상수도관 매설공사 2개소 1,800m를 착수하여 1개월만에 이를 준공, 100여 세대 주민의 식수난을 해결해 주었으며 비만 오면 진흙탕이 되어 보행에 지장이 많던 뒷골목 175m를 자재를 지원받아 금고에서 400만 원을 투자하여 연 2,400명이 참여한 가운데 1개 월만에 깨끗히 포장, 쾌적한 마을로 변모시켰고 앞으로 남은 2km의 골목길도 보도브럭, 하수도 사업과 병행하여 1986년까지 5개년계획으로 완전히 포장할 계획이다. 불우이웃돕기에도 앞장서 명절때와 연말연시에는 쌀, 밀가루 등을 지원하여 외로움을 달래주고 상부상조하는 미풍을 실천하였으며, 현재까지 밀가루 900포, 연탄 1,500장, 라면 400상자, 현금 60만 원을 지원하였고, 노인들에게 경노잔치를 베풀어 외로운 생활을 위로하고 양로원과 경로당에 연탄 1,500장, 현금 60만 원을 지원하였다. 금고 회관 2층 27평에는 공부방을 겸한 어려운 학생들에게는 도서실로 제공하고, 교양도서 1,500권을 비치하여 마을주민들의 정서 함양에 힘쓰고 있다.

활발한 복지사업 전개

마을금고 자산이 10억 원을 돌파하면서 회원복지 사업에 주력하였다. 처음 착수한 사업이 청소사업으로서 청소차 1대, 리어카 2대를 구입, 청소부 7명의 인원을 고용하여 1980년 12월 19일부터 지역내 오물수거사업을 착수하여 연중무휴로 쓰레기를 수거하고 있으며, 연간 1,000만 원의 수거료 부담을 덜어주는 성과를 가져와 이를 마을금고에 출자하는 기대이상의 효과를 거두고 있다. 여러가지 공과금을 납부하기 위하여 회원들이 시간을 허 비하고 교통비를 부담하며 시중은행까지 가서 공과금을 납부하는데 많은 불편이 있으므로 이 지도자는 강원도와 원주시에 청원하여 1980년 9월 18일 부터 금고에서 공과금 수납업무를 대행할 수 있도록 주선함으로써 연간 1만4천 건에 수납액이 1억5천여 원에 이르렀다. 또한 장학사업에 주력하여 현재까지 171명에게 360만 원의 장학금을 지급, 학업에 정진하도록 하였고 지역내 명륜 국민학교를 수시로 방문하여 모범학생을 표창하고 학용품을 전달하여 어린 학생의 선행과 면학의욕을 심어주었다. 이 지도자와 회원들은 복지회관을 3층 300평 건물로 건립하기로 결의했다. 1층은 유아원, 2층은 경로당과 독서실, 3층은 예식장과 독서실, 회의실로 연차적으로 완공할 계획이며 1차 연도 사업으로 대지 252평 건평 110평에 7,137만 원의 자금으로 유아원을 1982년 8월 15일 착공하여 1983년 3월 9일 준공식겸 개원식을 하고 현재 11명의 어린이가 교육을 받고있다.

경영의 합리화로 주민에게 신뢰감을 조성
새마을금고는 공신력이 가장 중요한 문제가 되고 있으므로 운영에 대한 전반에 걸쳐 면밀한 자체 감사를 실시하고 모든 업무처리를 규정에 따라 착오없이 추진해 나가도록 노력하고 있다. 그리고 적절한 인사관리와 불필요한 경비지출을 억제하여 합리적인 경영으로 수익증대에 노력한 바, 1979년도에 24%, 1980년도 25.2%, 1981년도 25.2%, 1982년 13.2%의 출자배당을 하였으며 1983년도에는 13% 이상의 출자배당을 실현하고자 사업신장에 주력하고 있다. 대출금은 현재 10억 원에 이르고 있으며 그동안 마을금고를 통하여 사업자금, 주택자금 등을 융자받아 수많은 회원이 고리채에서 벗어 나게 되었으며, 사업에 성공한 회원이 날로 늘어가고 있다.

주민화합으로 끝없는 창조를
마을금고 육성을 위하여 5개년 장기발전 계획을 수립 착실히 추진해 나가고 있어 금년도 말까지 회원을 100% 가입시키고 1987

년까지 출자금 3억 원 예탁금 21억 원을 조성하고, 현재의 복지회관을 빠른 기간 내에 3층으로 증축하여 독서실, 예식장, 회의실로 활용하여 명실상부한 복지회관으로 발전시킬 계획이다. 또한 회원과 지방유지의 협조를 얻어 장학기금 1천만 원을 연차적으로 조성하여 여기에서 나오는 이익금으로 마을의 장래를 짊어지고 나갈 학생에게 장학금을 주어 인재양성에 도움을 줄 계획이다. 그리고 불신 풍조를 없애고 인보상조하는 고유의 미풍양속을 되살리고 활기 있고 명랑한 사회풍토를 정착시켜 나가고 있다. 앞으로도 이 마을은 새마을 금고를 중심으로 더욱 굳게 단결하고 근검절약으로 저축을 생활화하여 새마을금고를 더욱 발전시킴과 동시 새마을의 주체로서 지역개발과 주민복지사업을 계속 확대 추진할 계획으로 각고의 노력을 경주하고 있다.

25화 도시 새마을운동은 부녀회에서

충북 청주시 탑대성동 8통
부녀지도자 최영자(36세)

마을현황

지역특색	주거전용지역		면적	0.8km²	세대수(호)		221
인구(명)	계	남	여	새마을 조직(명)	노인회	부녀회	골목체조반
	858	437	421		-	30	60
마을금고	회원수	자산액		기관단체 (개)	공공기관		기업체
	1,569명	148백만원			-		-

주요사업실적

사업별	세부사업명	사업량	사업비
환경정비	자연보호운동전개 새마을청소 꽃길조성	매일실시 매일실시 2개소	- - -
복지환경	골목체조반조직육성	전국파급	-
인보협동	버공동재배기금조성 알뜰시장운영 양로원및고아원방문	백미 15가마 15회 112회	- - -

도시 변두리 번뜸마을

탑동마을은 청주시 중심부에서 동남쪽으로 넓게 자리하고 있는 변두리 주거지역으로 옛날에는 이 동네가 "번뜸마을"로 불리웠으며 이곳은 날품팔이하는 뜨내기 이주민이 제각기 터를 잡고 살았으나 도시발전과 더불어 많은 주민이 유입되어 지금은 170가구 858명의 주민들의 대부분이 직장생활을 하여 비교적 안정된 생활을 하고 있는 마을로 최 부녀지도자를 중심으로 굳게 뭉쳐 깨끗하고 질서있는 환경을 가꾸며 도시새마을운동을 알차게 추진해가고 있는 마을이다.

인심좋고 살기좋은 동네를

최 부녀지도자가 도시새마을운동에 참여하게 된 동기는 시골에서 1970년도 이곳으로 이사 오면서부터이다. 인정은 찾아볼 수 없고 의심도 많아 친해 보려고 해도 대화하기를 꺼려하는 각박한 도시생활에 실망한 최 부녀지도자는 자신이 자란 고향처럼 서로 알고 믿고 돕는 살기 좋은 동네를 만들어야겠다고 결심하고는 자청하여 8통 2반 일을 맡아보게 되었다.

최 부녀지도자는 부녀자들을 하나하나 찾아다니며 마을일에 참여할 것을 이해시켜 나가자 나중에야 진심을 안 부녀자들은 최 부녀지도자를 따르게되었고 대화의 문도 열리게 되었으며 1974년 주민총회에서는 8통 새마을 부녀회장으로 추대하기에 이르렀고 번뜸마을에도 도시새마을운동의 바람이 일기 시작했다.

부녀회의 적극적인 활동을 위해서는 공동기금조성이 무엇보다 필요하여 부녀회에서는 경로당 소유토지 1천7백 평을 삯도지(賭地)로 얻어 내어 벼농사를 경작하여 그해 가을 수확한 결과 삯도지와 영농비를 제외하고 백미 15가마를 거두어 부녀회의 첫 기금을 조성하게 되었다. 그리고 각 가정에서 버리는 폐품을 수집하기 위하여 최 부녀지도자는 부녀회원들과 손수레를 끌고 각 가정을 방문하여 폐품과 폐휴지를 수집하여 많은 성과를 거두었다. 또 알뜰시장도 매년 운영하여 공동기금은 250만 원이 되었다.

비록 작은 규모이긴 하지만 조성된 공동 기금으로 불우이웃돕기 사업을 시작하여 매년 두 번씩 양로원을 방문, 노인들에게 음식대접도 해드리고 춤과 노래로 하루를 즐겁게 위로했으며 "혜능보육원"과 회원들은 양부모 결연을 맺어 아이들의 빨래도 해주고 목욕도 시켜주는가 하면 회원들의 집으로 데려와 자신의 아이들과 함께 재우며 용기와 희망을 심어주었다.

새마을금고 1억 돌파

부녀회원들은 그간 겨우 명맥만 유지해오고 있던 새마을금고를 육성발전시켜 나가기로하고 각 가정을 방문하면서 이해와 협조를 당부했다. 그러나 다른 마을금고의 잦은 사고와 대부분 주민들의 마을금고에 대한 인식 부족으로 선뜻 출자를 하려들지 않았지만 최 지도자와 부녀회원들은 구역을 정하고 용기와 인내로서 주민들을 설득해 나갔으며 마을금고의 운영상태를 매월 반상회를 통하여 주민들에게 알렸으며 항시 볼 수 있도록 마을게시판에 공개하자 의외로 많은 홍보성과를 얻어 주민들이 마을금고를 이용하는 횟수도 늘게 되었다. 이에 따라 최 부녀지도자는 마을금고 운영 조직도 재편성하여 새마을지도자, 통장, 부녀회장을 구심체로 하는 지도 위원회를 구성하고 전 가구가 마을금고 통장을 갖도록 하는 운동에 성공하여 지금은 회원 1,560명에 1억5천만 원의 대형금고로 성장하였다.

골목체조반 운영

최 부녀지도자와 부녀회원들은 어린 새싹들에게 근면·자조·협동의 새마을정신을 길러주고 보다 건전하고 튼튼하게 자라도록 하기 위해 아침 6시만 되면 아이들을 모아 골목체조를 시작했으나 아침식사준비와 아침일찍부터 이집저집 대문을 두둘겨야 하는 고통은 이루 말할 수 없었다.

또 시작 당시에는 대부분의 부모들은 아이들을 내보내지 않아 실망하기도 했지만 여기에서 주저앉을 수 없었던 최 부녀지도자는 각 가정을 방문하여 아이들의 건강문제 등을 상의해 가며 골목체조에 보내줄 것을 부탁했다. 많은 아이들은 골목체조에 점차 재미를 느끼게 되었으며 부녀회원들은 부녀기금으로 운동기구도 마련하고 빵과 우유도 급식하였다. 이렇게 골목체조운동이 자리를 잡아가자 노인들은 물론 가족이 함께하는 가정도 늘게 되었다.

그러던 1981년 6월 15일 KBS, MBC에서 전국에 방영하여 주었으며 시에서도 이를 계기로 골목체조반이라고 명칭을 붙이고 특수시책사업으로 전역에 확산 실시하고 있다.

도시새마을운동에 앞장서서

최 부녀지도자는 골목마다 상급생으로 조장을 뽑아 순번제로 녹음기를 들고 골목을 돌게 하여 음악을 신호로 체조를 시작하고 체조가 끝나면 마을골목 등 주변청소에 들어갔다. 이렇게 하루도 빠지지 않고 청소를 하여 마을환경은 놀라웁게 깨끗이 되어갔다.

이렇게 청소하기 전만 해도 이곳은 휴지와 오물로 옆을 지나치기도 싫었던 곳이나 아이들이 먼저 솔선하여 청소를 시작하면서부터 주민들도 스스로 새마을청소 운동에 참여하는 성과를 가져왔다.

어느덧 추진해 온 도시새마을운동이 뿌리를 내려 그렇게도 인심 고약하고 인정도 없었던 번뜸마을이 따스한 인정이 넘치고 어려울 때 서로 도와 주는 살기 좋은 동네로 탈바꿈되어 마을환경도 놀라웁게 달라졌으며 시골뜨기라고 냉대받던 최 부녀지도자는 이제는 동네어머니로 주민들의 존경을 받고있다.

그러나 최 부녀지도자는 이 모든것이 마을주민들이 협동단결하여 도시 새마을운동을 잘 실천한 결과라고 겸손해 하고 있다.

운동장 조성의 꿈을 키우며

부녀회원들은 어린 새싹들에게 꿈을 키워 주고 마음껏 뛰어놀 수 있는 운동장과 회관을 건립하기 위하여 먼저 부지대 5백만원을 조성할 목표로 절미저축 폐품수집도 더욱 확대 실시할 계획이며 도시라는 특수한 여건으로 그 추진이 어렵고 사업성과가 눈에 띄지 않는 정신분야라는 점을 생각하여 전 주민을 상호 유기적인 협조체제로 단결시켜 우선 아파트지역 화분내 놓기, 1가정 1나무심기, 옥상을 정리하여 푸른지붕만들기 등 부녀자들이 할 수 있는 일들을 찾아 큰 성과를 거둘 수 있을 때까지 어떠한 난관이 닥치더라도 인내를 가지고 추진할 것을 굳게 다짐하고 있다.

26화 시장새마을운동의 결실

전북 정주시 연지동 미창마을
지도자 박원규(53세)

마을현황

특색	상가지역			면적	0.15km²
세대수(호)	268	인구(명)	계 2,012	남 945	여 1,067
새마을조직(명)			새마을금고		
지도사협의회	부녀회	노인회	회원수	자산액	
41	126	58	1,061명	200백만원	

주요사업실적

사업별	세부사업명	사업량	사업비
환경정비	도로포장	1,480m	59,200천원
	안길확장	338m	4,600천원
	하수구설치	977m	14,655천원
	마을회관	1동	4,800천원
	보도블록	410m	3,700천원
	통학교가설	8m	4,500천원
	소하천석축	200m	3,700천원
인보협동	불우이웃돕기	271명	1,740천원
	경로행사	연 1회	470천원
정신계발	주민순회교육	6회	
	거리질서계도	매주 수요일	

정주시 제2시장마을

연지동 미창마을은 정주시의 관문인 터미날과 시장이 형성되어 있어 주민 대다수가 상인들이다.

 이곳은 본래 시외곽 지역으로 6·25동란시 피난민이 정착하여 무질서하게 취락을 이루었고 당시만해도 2km나 떨어진 공용시장의 사용이 불편하여 빈터의 아무 곳에나 노점을 이루어 오다가 1957년에는 상설시장으로 인가를 받아 건물을 신축하였으나 영세상인들이라 판자로 지은 장옥(場屋)이 전부였다.

1963년에는 공용터미날이 이전해 옴으로써 시장은 활기를 찾는 듯 했으나 기대한만큼 발전을 가져오지는 못하였다.

주민과 상인간 유대감 형성

새마을운동이 시작된지 2년째인 1972년 박원규씨는 새마을지도자로 선출 되었다.

도시발전의 제일여건이라는 공용터미날이 마을에 유치됨에 따라 다투어 이곳에 거주하는 주민이 늘고 하루가 달라지게 큰 건물이 들어섰으나 주민의 편익시설은 충족되지 못했으며 먼저 터를 잡은 주민과 신흥세력간의 갈등이 심화되어 걸핏하면 언성을 높이는 일이 늘어만 갔다.

이에 박 지도자는 마을과 시장의 발전계획을 세우고 일차적으로 주민과 상인의 모임을 갖고 친목을 도모하여 한마을 주민이라는 일체감을 갖도록 노력하였으나 지도자의 뜻대로 이루어지지는 않았다.

새마을사업도 주택가 지역의 주민들은 자기들의 이익대로, 상인은 상인의 이익대로 추진하려는 등의 주장이 엇갈려 결론을 보지 못하고 말았다. 박 지도자는 하루는 주민을 설득하고, 하루는 상인을 설득하여 1973년 새마을사업에 착수하여 주택가 지역의 사업장에는 상인들이 지원하고, 상가 사업장에는 주택가 주민이 힘을 합쳐 360m의 안길이 포장되었다.

활기 잃은 시장

이를 계기로하여 하수도사업, 소하천석축, 마을회관을 신축하는 등의 새마을사업을 추진하여 1975년에는 우수마을로 선정되는 영광을 차지하였다. 박 지도자는 그동안 형식적으로 운영해 왔던 시장번영회를 해체하고 주민의 신망이 높은 11명으로 구성하였다.

터미날이 시장근처로 이전되어 주변은 활기차게 변모하였으나 시장은 오히려 문을 닫는 사람이 많았고 소비자도 줄어 쇠퇴하고 있었다.

시장의 환경이 개선되어야 만이 시장의 발전을 가져오는 것이며, 이 사업은 남에게 의지하지 말고 우리 스스로 해결해 나감으로써 처음 시장을 개설할 때의 그 어려웠던 고생을 헛되이 하지 말자고 꾸준히 설득한 박 지도자의 열성에 상인들이 뜻을 모으기로 하여 시장새마을운동을 착수하게 되었다.

사랑받는 시장으로

박 지도자와 시장번영회 임원들은 상가정비, 상거래질서 등 시장 새마을운동의 활성화를 추진해 나가기로 하고 자체 자금을 확보 하기로 하였으나 시장 정비사업은 찬성하면서도 부담금은 내지 않았다. 처음부터 쉽게 이루어지지 않을 것이라고 예상은 하였으나 너무나 사업이 부진하였다.

박 지도자와 임원들은 자기 상가부터 정비하였더니 손님이 그전보다 훨 씬 늘어, 매상고가 올라가자 상인들은 부담금을 내기 시작하였다.

정비된 상가와 안된 상가의 차이가 뚜렷하자 이제는 서로 자기 상가 앞부터 정비하여 달라고 성화가 대단하였다. 장옥 60동의 460개소 점포를 말끔히 정비하였으며 하수구시설은 물론 5,400평의 전 면적의 시장바닥이 포장되었다.

이처럼 상인들이 열심히 일을 하자 시에서도 많은 지원을 하여주었다. 이에 용기를 얻은 상인들은 아침 저녁으로 쓸고 닦아 깨끗하게 유지하는 습관이 생활화되는가 하면, 친절 운동이 전개되어 언제부터인지 모르게 이 시장에는 바가지 요금의 시비가 사라져 상거래질서가 정착되었다.

2억 원의 마을금고가 되기까지

박 지도자는 그동안 새마을운동을 통하여 주민과 상인간에 형성된 일체감을 계속 유지할 수 있는 사업인 마을금고를 육성하기로 하였다.

시장번영회를 중심으로 마을총회를 개최하였으나 돈을 모은

다는 것에 모두 불안해 하면서 회의는 금고 무용론의 토론장이 되어버리고 말았다. 박 지도자는 전체 주민이 한꺼번에 참여하는 것은 어렵다고 판단하고 뜻이 있는 회원 37명, 자본금 200만 원으로 1976년 6월 현판식을 갖고 업무를 시작하였다.

금고 임직원은 충분한 회원수는 아니었지만 집념을 갖고 주택가와 시장을 순회하면서 출자를 늘려나갔다.

정기적으로 한 달만에 결산보고를 하고 이익금을 꼬박꼬박 통장에 기입하여 본인에게 알려주는 등 성실한 회계관리로 주민들로부터 신뢰를 받으면서 1978년에는 130명의 회원에 자산액도 1,500만 원으로 늘어났으며, 금고에 가입한 회원에게 사업자금을 지원해주고 임원이 매일 방문하니 마을금고가 제일 편리한 은행이라는 것을 인식하게되어, 1982년에는 2억 원으로 증자되었으며, 회원도 1,500명으로 늘어나는 알찬 금고로 육성하였다.

박 지도자를 비롯하여 뜻이 있는 주민 30명이 "정심회"라는 봉사대를 조직하여 매월 2천 원씩의 회비를 모아 1981년 3월부터 11세대의 불우한 이웃에 쌀 한 가마씩을 지원하여 생활에 보탬이 되게 하고 있으며 이들 자녀에게도 174만 원의 장학금을 지원하고, 15평의 경로당을 건축하여 매년 경로잔치를 베풀어 노인들을 흐뭇하게 위로하여 주고 있으며, 마을주민이 어려운 일을 당하면 내 일같이 보살펴 줌으로써 메마른 시장마을에 훈훈한 인간애를 심어주고 있다.

박 지도자의 새마을운동의 실천은 지칠줄 모르고 계속되고 있다. 시장의 공동변소관리에서부터 불량간판정비에 이르기까지 세심한 지도로 항상 명랑한 시장이 되도록 순회하는 것이 일과처럼 되어버렸으며, 또한 방학때면 학생들을 모아 마을학교를 개설하여 지도하는 등 마을의 발전을 가져 오는 일이라면 쉬지 않고 노력하고 있다.

27화 꽃과 노래와 웃음으로 가득찬 즐거운 학교

충남 대전시 충남여자중학교
교사 윤성웅(42세)

학교현황

시설현황	설립년월일	총면적	교지	실습지
	1969. 10. 14	10,450평	8,700평	1,750평
일반현황	교직원수		학급수	학생수
	67명		42반	2,690명

주요사업실적

사업별	세부사업명	사업량
환경정비	독서공원 잔디밭조성 화단조성 무궁화동산	2,400㎡ 3,000㎡ 900㎡ 225㎡
정신계발	학교,가정,나라 자랑대회 헌옷바꾸어입기 장학적금	46회 3회 2,218명 122,810천원

새마을운동의 실천 교사

충남여자중학교는 대전 시내 중심지의 낮으막한 언덕 위에 자리잡고 있는 학교로서 42학급에 학생수는 2,690여 명으로 도내 중학교 중 가장 규모가 큰 학교이다.

윤 교사가 새마을운동과 인연을 맺게 된 것은 1972년도 부여여자중학교에서 새마을교육을 담당하면서 부터였다.

그간의 교육성과를 높이 평가받아 도교육위원회와 문교부 지정 새마을 연구학교 담당자로 한밭여중, 충남여중 등에서 11년간의 새마을교육을 위해 몸바쳐 온 모범 교사이다.

윤 교사는 1979년 이 학교에 부임하여 먼저 학교 현황을 파악하다 보니 너무나 문제점이 많은 데 놀라지 않을 수 없었다.

교사만 우뚝 솟아 있을뿐 주위 정리가 안된 채 뒷 동산의 숲 속은 해만 지면 불량배들의 집합장소가 되어 여학생들의 신변보호에 온 신경을 써야만 하고 학교 진입로는 비만 오면 진수렁이 되어 말이 아니었다. 또한 학구 일부가 6·25당시 피난민들의 주거지로 생활보호대상자가 전교생의 14%나 되었다.

윤 교사는 학생들에게 무엇이던 하면 된다는 신념을 심어주고 조그마한 힘이 한데 모이면 기적을 만들 수 있다는 체험을 손수 보여주어야겠다고 마음에 다짐을 하게 되었다.

길고 긴 땀의 행진

제일 먼저 시작한 사업은 학교 뒷동산의 숲을 정리해서 학생들이 이용할 수 있는 야외 교실로 바꾸어 정서적인 교육장으로 만들기로 하고 1979년 3월 25일부터 수업이 끝난 후에 매일 한 학급씩 남아 작업에 들어갔다. 작업을 시작하고 보니 말이 작업이지 작은 벌레 한 마리만 보아도 비명을 지르고 개미 한 마리만 기어 올라도 펄펄 뛰는 어린 여학생들을 보고, 주위에서는 900여 명이나 되는 아카시아의 가시덤불을 정리한다는 것은 무리한 계획이라고들 비웃기가 일쑤였다. 그러나 주위의 비웃음도 아랑곳하지 않고 밀고 나갔다. 일요일에도 윤 교사는 혼자 작업을 하기도 하였다. 이러한 작업 광경을 교장 선생님이 보시고 직원회의때 격려말씀과 더불어 교직원에게 적극 협조해 줄 것을 당부하였으며, 진실을 알게 된 교직원들은 수업이 끝나기가 무섭게 삽과 괭이를 들고 나와 학생들과 같이 작업에 임하게 되니 힘이 솟았고 작업 속도도 빨라졌다. 가시덤불도 잘라내고 엄청나게 큰 나무뿌리도 캐내어 오솔길을 만들며 잔디를 입혀 나갔다. 작업이 끝날 무렵에는 이야기를 전해 들은 학부모들이 긴 의자 30여 개를 기증하여 가시덤불로 덮였던 동산은 70여 종류의 꽃나무들로 가득 메워져 평소 학생들이 이론적으로만 배우던 것을 현장에서 학습할 수 있도록 바꾸어 놓았다

1979년 9월 14일 교직원과 2,600여 학생이 모인 자리에서

책읽는 동산 명명식을 갖게 되던 날 우리는 마음만 한데 모으고 노력한다면 무엇이든 이룩할 수 있다는 교장 선생님의 말씀에 전 학생의 눈동자가 윤 교사에게 쏠리고 격려의 박수 소리가 학교가 떠나갈 듯 터져 나왔다.

푸른 잔디밭으로 변한 운동장

첫번째 사업에 용기를 얻은 윤 교사는 비만 오면 진수렁으로 변하여 학생들의 통행 불편은 물론 학교 환경을 크게 해치고 있는 교문 안쪽 진입로를 포장하기로 결심하고 교장 선생님과 상의한 결과, 학교 육성회의 협조를 얻어 15일간 사업장의 인부들과 동고동락하면서 50m를 말끔히 포장했다.

그리고 그 옆면 공간에는 무궁화 동산을 만들기로 하고 1982년 학교 공지에 묘포장을 설치, 여기에서 자란 무궁화로 78평의 무궁화 동산을 만들기도 하였다.

또한 1982년도에는 전국 소년체전을 대전에서 개최하게 되어 충남여중 운동장이 보조 경기장이 되면서 운동장 언덕에 스탠드를 만들게 되었다. 윤 교사는 좋은 기회라 생각하여 스탠드 설치 지역의 잔디를 이용하여 학교 안의 910여 평의 소 운동장을 녹지대로 조성하기로 계획을 세우고 일을 시작하자 처음 뒷동산 정리 때의 땀흘린 기쁨을 맛본 교직원과 학생들의 협조는 아주 높아졌다. 교직원들이 잔디를 떼어내면 학생들은 고사리같은 손으로 나르고 한편으로는 단단한 땅을 파헤쳐 잔디를 심는데 모두가 한 마음이 되어 열심히 일들을 했다.

가뭄에는 잔디가 마를 세라 물을 주며 방학 동안에도 조를 편성하여 열심히 가꾼 결과 운동장은 완전히 빈틈없는 녹색의 비단으로 변하게 되었다. 오후가 되어 넓은 잔디밭에 나무 그늘이 드리우면 수업이 끝난 학생들은 집에 갈 생각도 잊고 잔디밭에 앉아 책을 읽고 대화를 나누는 모습은 정녕 한 폭의 그림과 같았다.

정신개혁으로 주인의식 함양

윤 교사는 또한 환경정비사업과 아울러 학생들의 올바른 의식을 심어 주고자 몇가지 사업을 동시에 전개하기도 했다. 먼저 이기주의를 버리고 "우리"라는 공동체 의식을 불어 넣기 위해 나라 사랑 카드 활용을 1979년 4월 부터 실시하고 개인생활, 가정생활, 학교생활에서 실천할 20여 개 항목을 선정하여 매월 1회씩 스스로 자기 평가를 통해 반성하고 건전한 생활태도를 갖는 정신운동을 추진 하였다.

이 제도는 1981년도 새마을시범학교 심사에서 우수한 시책으로 인정되어 지금은 전국 각 학교에 파급 활용되고 있다. 또한 내 집, 내 학교, 내 고장, 내 나라 사랑 발표대회를 매년 개최하여 좋은 점을 발굴해 표창을 하고 있다. 1982년도부터 실시한 두발과 교복의 자율화로 교육에 일대 변혁을 가져오게 되었다. 윤 교사는 이 기회를 알뜰하고 근검하는 생활 태도를 기르는 교육의 기회로 삼고 두발은 사전 교육을 통해 머리형에 알맞는 16가지의 머리 모양을 소개하여 개성있고 품위있도록 정성껏 지도한 결과, 지도내용이 각 신문에 보도되고 1982년 2월에는 KBS-TV를 통해 전국에 소개되기도 했다.

교복 자율화 역시 학생답고 깨끗한 복장이 되도록 사전지도를 철저히 하는 한편, 헌 옷 바꾸어 입기운동을 전개 하였다. 집에 보관되어 있는 크거나 작은 것, 색상이 맞지 아니한 것들을 가지고 와서 교환토록 유도한 결과 처음에는 헌 옷이라는 선입감과 서먹서먹한 분위기로 362명만이 교환에 참여 했으나 2차시에는 학생회 자치 활동을 통해 적극적인 참여를 유도하여 1,856명의 학생들이 서로 옷을 바꾸어 입는 실적을 거두어 검소하고 절약하는 정신을 몸소 실천에 옮기도록 하였다.

매주 금요일을 저축의 날로

윤교사는 여학생들의 군것질하는 생활습성을 바로 잡아주고 알뜰살림의 생활화를 길러 복지국가 건설에 참여토록 하기 위해 저축운동을 전개하기로 하고 우선 2학년의 한 학급 65명을 선정하여 군것질 상태를 조사해 본 결과 8명의 학생은 군것질을 전혀 안했지만 나머지 학생들은 하루 최하 20원부터 많은 학생은

1천 원이 넘는 돈으로 빵, 음료수, 껌을 사먹어 군것질의 평균 금액이 1인당 180원으로 학급 전체의 학생이 1일 총액이 42만 원이 넘는 막대한 금액을 군것질로 낭비되고 있었다. 윤 교사는 낭비하는 생활태도를 바로잡아 저축 정신을 기르기 위해 먼저 정신 교육부터 시작했다. 또한 4km 이내 걷기, 학용품 아껴쓰기, 폐품수집, 용돈 절약 등 여기에 모아진 돈을 저축으로 유도하고 학교 은행을 설치, 매주 금요일을 저축의 날로 정해 학생 저축계원 3명과 쉬는 시간을 이용, 직접 취급케 하였다. 처음에는 저축계원의 사무 미숙으로 금액의 착오가 생겨 어려움도 있었고 학생과 윤 교사가 여기에 빼앗기는 시간의 애로점 때문에 월 1회씩 실시하는 장학 적금으로 저축 방법을 개선하여 24개월 만기 1구좌 5만 원의 정기 장학적금을 10구좌 이내로 가입시켜 실시한 결과, 1979년도에 저축액이 1천4십2만 원이던 것이 1983년 8월에는 3억1천6백만 원의 장학적금 계약고에 무려 1억2천3백만 원을 저축하여 1979년도에 비해 10배가 증가한 예금을 실시 대성공을 거두게 되었다. 그 결과 1981년 82학년도 졸업생들 중 대부분이 적금 인출금으로 상급학교에 진학을 하게 되었고 그 공로를 인정받아 한국은행 총재의 저축지도 유공상을 받았다.

새마을정신을 학교 교육에 승화

윤 교사의 끈질긴 노력과 불굴의 정신은 학교의 환경을 개선하고 학생들의 면학풍토를 조성하여 전국에서 가장 우수 학교로 선정되어 많은 시찰단이 견학을 오고 있다 그동안 학생들의 정신개혁과 학교 환경개선을 위해 15년간 몸담아온 윤 교사는 내년 3월이면 근무 연한으로 정든 학교를 떠나야만 하게 되어 있으나 오늘도 마지막 떠날 날까지 나라 사랑하고 충성하는 정신개혁을 심화시키고 학교 주위에는 우리나라 고유의 정서가 깃든 꽃종류로 꽃동산을 확장, 사철 꽃이 피고 새가 우는 숲으로 뒤덮인 아름다운 학교로 만들기 위하여 잠시도 쉬지 않고 있다. 그리고 윤 교사는 지금까지 실천하여온 산 지식을 토대로 다른 학교에 부임하드라도 제2, 제3 의 충남여중과 같은 훌륭한 학교를 건설해나가겠다는 굳은 각오를 더욱 다지고 있다.

28화 일심운동으로 주인의식을 정착

전남 목포시 남양어망공업주식회사
대표이사 홍순기(55세)

회사현황

일반현황	규모			종업원(명)		
	시설동수	대지	건평	계	남	여
	11	12,000평	7,000평	1,298	455	843
생산현황	생산품			생산능력		
	어망			2,700톤		
	어망사, 로프			4,800톤		
수출실적 (만$)	1980		1981	1982	1983	
	3,356		3,522	3,217	2,032(9월말)	

주요사업실적

사업별	세부사업	사업량	투자액
정신계발	새마을교육 기능교육 건전가요오락회 고정처리	51명 연 4회 2,400명 연 40회 전 사원 72건 103명	
복지후생	장학금지급 복리기금운영 특별학금운영	81명(1982년) 73명 대부 52명	2,800만원 3,070만원
생산성향상	제안제도 분임조활동	제안건수 94건(59명) 62개 분임조(923명)	포상액 57만원
새마을저축	새마을금고 재형저축·정기적금 성금·성품 전달	가입자 1,298명 7억5천만원 48회 9,680만원	(저축액 4,200만원)
이웃돕기 및 지역협력	일손돕기 자매결연 자연보호운동	14회 975명 9개 부락 51회 3,984명	

고향땅에 공장을 건립

전남 목포시 석현동 공업단지에 위치한 남양어망공업주식회사

목포공장은 홍순기 사장의 높은 지도력과 헌신적인 노력으로 계속적인 불황의 악조건 속에서도 한 건의 노사분규나 조업단축도 없이 공장새마을운동을 알차게 추진해 나가고 있는 우수 모범기업체이다.

이 회사는 1960년 부산에서 창립한 후 1975년에 목포공업단지에 대지 12,000평 위에 건물 7,000평의 대규모 공장을 건립하여, 지난 해에는 1,200여 명의 전 종업원이 합심 노력하여 3,200만 불의 수출을 하였다.

주 생산품은 어망, 어망사, 로프 등 약 30여의 종류에 달하는 각종 수산 자재를 연간 7,500톤을 생산하고 있는데, 이 제품들은 세계 유수의 수산국인 미국, 노르웨이, 캐나다를 비롯하여 세계 107개 국에 수출함으로써 단일 회사로서는 생산량은 물론 수출의 물량과 상품의 등에 있어서 선진국에 비해 하나도 손색이 없는 세계 굴지의 회사이다.

이 회사 홍순기 사장은 남달리 애향심이 강하여 여러가지 어려운 여건을 무릅쓰고 지역사회 발전을 위한 일념에서 1975년에 목포공장을 건립하였으나, 목포항을 통한 수출은 선적조건이 좋지 않아 부산까지 운송하여 수출해야 되기 때문에 일년에 1억 5천만 원의 추가 운송비를 부담해야 했다. 더우기 초창기에는 숙련이 안된 신입사원이 대부분이어서 부산공장에 비해 3배나 많은 불량제품이 발생하였고, 생산능률도 반 정도밖에 오르지 않았다.

이러한 어려움을 극복하기 위하여 공장새마을운동을 도입하여 실천하는 것이 급선무라고 판단하고, 1974년 새마을교육을 이수한 홍순기 사장은 간부 사원들과 근로자 대표들이 모인 가운데 공장새마을운동을 추진키로 결의하였다.

공장 새마을운동을 시작

먼저 전 사원들이 주인의식을 갖고 공장의 제2 가정화를 이룩하자는 취지아래 "공장을 가정처럼, 사원들을 가족처럼"이라는 구호를 내걸고 이 운동의 효율적인 추진을 위해 사장을 위원장으로 하는 공장새마을운동 추진위원회를 구성하고, 정신계발, 복지후생, 품질관리, 물자절약, 사회봉사, 능률향상의 6개 분과위원회를 두어 해당 실천 사항을 조직적으로 추진해 나갔다.

이 운동의 추진에는 종업원들의 정신계발이 무엇보다도 중요하다고 판단하여, 매월 둘째 화요일에 사장이하 전 사원이 참여하는 경건회를 갖고, 이 경건회를 통해 월간 실천목표를 제시하고 그 달의 목표를 각 사무실과 회사 정문에 게시하여 근로자들이 항상 목표의식 속에서 생활하도록 하고 있으며, 전 사원이 매일 교대로 1일 새마을지도자가 되어 하루를 근무함으로써 자신도 공장새마을운동의 주체임을 인식시키고 있다.

한편, 종업원들의 신상에 관한 고충과 애로사항을 해결하기 위한 고충 상담실을 운영하고 홍사장이 때와 장소를 가리지 않고 격의없는 대화를 통해, 사원들의 건의를 듣고 해결해 주고 있다.

3대 구두쇠 작전으로 원가절감

1979년 제2차 유류파동 때는 전 사원이 일치단결하여 원자재, 에너지, 경비절약 등 3대 구두쇠 작전을 전개하여 경제불황을 슬기롭게 극복하기도 하였다.

3대 구두쇠 작전으로 원가를 절감했던 성공사례 몇가지를 소개하면, 연사부 은방울분임조에서는 연사기에 직접 실을 감는 장치를 부착함으로써 1개 공정을 단축시켜 연간 1천7백만 원의 원가를 절감하였고, 또 코드부 나비 분임조에서는 어망사를 감을 때, 실 안내판의 마찰을 줄이기 위해 파이프형의 고리를 끼워 사용함으로써 실 안내판의 수명을 종전의 1개월에서 6개월로 연장시켰고, 가동율도 3% 향상되어 연간 1,500만 원의 원가를 절감할 수 있었다.

이와같이 원가를 절감할 수 있었던 것은 62개 조로 편성된 공장새마을 분임조의 역할이 큰 것이다.

일심운동을 전개하여

한편, 이러한 공장새마을 분임조활동에 열성적이고 공장일을 내

일처럼 솔선수범한 사원들을 격려하기 위해 1976년부터 "새마을 상록수상"을 제정하여 현재까지 49명의 새마을상록수들을 배출하였다.

이와같이 공장 새마을운동을 꾸준히 추진하던 중 1979년 제2차 유류파동으로 작년초부터 수출이 부진, 회사가 어려운 처지에 놓이게 되자 근로자들이 중심이 되어 전 사원이 한 마음 한 뜻으로 굳게 뭉쳐 어려움을 극복하자는 "일심운동"을 1982년 4월부터 전개하였다. 일심운동은 첫째는 사랑과 신뢰로 일체감을 확립하고 둘째는 활력있고 명랑한 직장을 만들며 세째는 자신과 회사의 공동발전을 이룩하자는 3대 기본목표를 설정하고 인간의 본성과 심리적인 에너지를 일으키는 동기관리에 중점을 두어 전파기, 확산기, 정착기로 나누어 추진키로 하였다.

이에 따라 1단계인 전파기에서는 분위기조성을 위해 일심운동의 노래를 사원의 취미써클인 합창반에서 자체 제작 보급하는 한편, 회사에서는 외국기업의 성공사례 책자 100여 권을 간부사원에게 나누어 주고, 읽도록 하여 강한 정신력을 길러 주었다.

2단계인 확산기에는 종업원들이 자율적으로 자신들이 생산한 제품의 불량율과 원가절감 실적을 집계해 나갔고, 매월 10일에는 분임조장 이상으로 구성된 품질개선간담회를 열어 불량품 발생 원인분석과 품질향상을 위한 대책을 강구함으로써 일등 제품을 만드는 데 더욱 정성을 다하도록 하였다. 이와같이 일심 운동을 전개한 1여 년만에 불량 건수가 월 평균 165건에서 110건으로, 결근자는 일 평균 14명에서 8명으로 감소되었다.

사원의 사기가 회사발전에 직결

한편, 사원들이 공장생활에서 보람을 갖도록 새마을금고를 운영한 결과, 현재까지 계약고 8억5천3백만 원에 총 저축액이 3억6천4백만 원으로 1인당 평균 28만 원에 이르고 있다. 또한 사원의 사기가 회사발전에 직결 된다는 생각아래 새마을금고와는 별도로 홍순기 사장의 개인 기탁금 1억 원으로 복리기금을 운영하여 결혼, 출산, 질병, 사망 등 어려운 일을 당 한 사원들에게 20개월

분할상환제로 대여해 주고, 1976년부터 장학회를 운영하여 전 사원의 자녀 가운데 중·고등학교 취학생들에게 입학금과 수업료 전액을 지급하여 주고 있다.

또 식당을 운영, 전 종업원들에게 중식을 무료로 제공하고 있고, 가정 형편이 어려워 배움의 기회를 잃었던 종업원들을 인근 목포여자상업 고등학교 야간특별학급에 취학시켜 등·하교시 버스를 지원하여 줌은 물론, 저녁식사와 학용품 일체를 제공하고 있으며, 또 지정병원과 의무실을 두고 연 2회 건강진단과 사원들의 질병예방 치료에도 힘쓰고 있다.

이와같은 복지향상을 위한 투자에 못지 않게 신제품 개발과 품질향상을 위해 기술개발실을 설치, 끊임없이 연구개발하고 사원들의 해외연수를 시키는 등 1975년부터 현재까지 기술개발비로 약 6억5천어만 원을 투자한 결과, 10년 전만 해도 우리나라 원양어선에서 사용하는 어망 중 대부분을 일본에서 수입하던 트롤망을 완전 국산화시키는 데 성공함으로써, 원양어업 발전은 물론 세계어망시장의 최상위국으로 뛰어 오를 수 있는 획기적인 계기를 마련하기도 하였다.

지역사회 발전에도 기여

한편, 지역사회 발전을 위해 인근 주민들에게 어망조립 등 손쉬운 일감을 주어 그들의 소득증대에 커다란 보탬을 주고 있으며, 오랜 연구끝에 개발한 해태망을 김양식을 주업으로 하는 연근해 어민들에게 대량 염가로 공급하여 획기적인 해태증산을 이룩케 함으로써 소득증대는 물론, 우리 나라 양식어업 발전에 크게 이바지 하였고, 농번기에는 농촌일손돕기운 동을 전개, 농민들의 일손을 덜어주기도 하였다.

세계 제1의 어망회사로 발돋움

지금까지의 공장새마을운동과 일심운동 추진성과를 종합해 보면, 먼저 분임 활동을 가장 활발히 전개했던 지난 3년동안에는 불량율이 1.0%에서 0.5%로 현저히 낮아졌고, 공정개선으로 6천6백만 원, 품질개선으로 5천1백만 원, 그리고 물자절약으로 6

천3백만 원 합계 1억8천만 원의 원가절감 실적을 올렸다.

기업경영상의 성과에 있어서는 생산성이 향상되어 1976년보다 1인당 평균 생산액은 5배, 수출은 2.4배의 신장율을 보여 주었으며, 이러한 성과는 곧바로 근로자에게 환원되어 지난해 1인당 평균 임금이 15만 원으로 동종 업계 최고수준이며 복지후생비에 있어서도 1인당 연간 21만5천 원으로 크게 늘어나고 있다.

남양어망이 앞으로 추진하고자 하는 계획은 세계 제1의 제품을 만들기 위해 그동안 다져진 노사협조의 바탕을 토대로 일심운동을 지속적으로 추진하고, 기술개발로 품질 및 생산성 향상에 전력을 기울일 각오이다.

그리고, 사원들의 사기진작을 위해 회사 이익금을 지속적으로 환원시킨다는 정신 아래 금년내에 1억3천만 원을 투입, 기존 복지후생시설 이외에 종합복지회관을 건립할 계획을 세우고 현재 착공을 준비 중에 있다.

29화 주인의식으로 뭉친 내 직장

경기 성남시 경기교통(주)
대표이사 김충호(53세)

회사현황

일반현황	건물(평)	계	사무실	회의실	기숙사	정비창고
		423	73	50	250	50
	종업원(명)	계	사무원	운전기사	안내양	정비사
		404	50	177	139	38
운영현황	주차장	차량	운행노선		새마을금고	분임조편성
	1,920평	98대	19노선(231km)		404명	5개부

주요사업실적

사업별	세부사업	사업량
환경정비	주차장주변하수구설치	40m
	점개지옹벽공사	120m
복지환경	기숙사신축	250평(2동)
	새마을금고운영	기금 64,000천원
	사원가족장학금지급	136명 7,500천원
정신계발	폐품수집(폐유,공병,고철)	연간 6,190천원
	모범사원표창실시	분기 25명
	운전기사부인간담회개최	월 1회
	합동생일파티개최	월 1회
	노사간담회의날운영	월 10회

영세한 운수회사의 사장이 되어

경기교통주식회사는 1974년 6월 15일에 설립된 성남시내의 유일한 시내버스 운수업체로서 시 승격 전부터 서울시내버스가 성남시내 중심가를 운행 하고 있었기 때문에 창립초기부터 서울시내버스에 밀려 시내 변두리의 비포장 노선만을 담당했으므로 적자를 면치 못하고 설립된 지 2년도 못되어 도산 위기를 맞는 영세업체로 전락해 버리고 말았다.

당시 이 회사의 운영실태는 시유지에 50여 평의 사무실 1동과 버스 25대를 소유 운영하고 있었으나 회사의 부채는 무려 8천만 원이나 되고 근로자들의 노임은 수개월이나 밀려 회사 사장직을 준다해도 누구 하나 맡아보겠다고 나서는 주주는 없었다.

경기교통의 주식 상당수를 소유한 김충호씨에게 주주들이 대표이사직을 맡아 달라고 간곡히 권유한 것은 김사장이 과거 교직에 종사했던 경력과 차분하고 온화한 성격, 그리고 그의 내면적 성실성을 굳게 믿고 있었기 때문이었다.

무엇이 회사를 도산하게 했는가

"도산해 버리는 회사를 방관만 하느니 쓰러질 때 쓰러지더라도 회사를 한번 맡아 살려 보겠다"는 각오하에 1976년 2월 17일 김 사장은 대표이사직을 수락하고 취임 첫날 부터 운행노선현황, 거래상황, 종업원 실태 등 운영 전반에 걸쳐 점검을 시작하였으며 운전기사와 안내양 등 종업원의 노임이 3개월이나 체불된 사실에는 놀라지 않을 수 없었다.

회사 간부들은 매일 수표 결제에만 급급하고 오랫동안 임금을 못받은 운전기사와 안내양들의 잦은 원성과 횡포는 회사 실정을 다 파악하지도 못한 김 사장에게는 또 하나의 어려운 난관이었다.

회사운영실태 점검을 마친 김 사장은 즉각 임시 주주총회를 소집하여 "근로자의 급료를 3개월이나 체불시켰으니 생계유지가 곤란한 그들이 어찌 부정을 안할 수 있겠는가?" 하고 주주들에게 호소하여 주식비율에 의해 2천5백만 원의 주식증자를 허락 받고 체불된 노임을 완전히 지불했다. 오랫만에 보수를 받은 운전기사와 안내양들은 "사장이 바뀌더니 무엇인가 달라졌다"고 회사에 대한 기대감을 갖는 것이었다.

도산의 위기에서 벗어나고

체불된 임금이 모두 지급되어 근로자들의 불평은 없어졌다. 그러나 그들에게서 애사심이란 전혀 찾아 볼 수 없고 소위 "삥땅"

이라는 부정행위는 줄어들지 않았다. 회사의 간부들은 되돌아오는 수표 막기에 여념이 없었으므로 급한 불이라도 끄기 위해서 납품업자들을 찾아 다니며 수표지급 기일을 3개월간 연기해 줄 것을 간청하여 승낙받는 한편, 성남시내의 일반주유소에서 급유하고 있는 보유차량 25대의 연료가 가격도 비쌌지만 넣어야 할 정량이 주입되지 않고 있다는 사실을 알아냈다.

김 사장은 서울시내에 있는 대성석유주식회사에 찾아가 실정을 설명하고 연료가격을 대리점 가격으로 공급해 줄 것과 회사내에 자가주유소를 설치할 수 있도록 융자금 지원을 약속받았다.

회사내에 자가주유소의 설치로 인하여 월 평균 2백만 원 이상의 연료비를 절감하게 되었으나 그동안 차량주유과정에서 부당이득을 취해오던 일부 운전기사들은 뒷전에서 김 사장과 간부들을 헐뜯기도 하였으므로 회사측은 어려운 역경 속에서도 근로자들의 임금을 약간씩 인상시켜 주었다.

근로자의 애로사항 해결이 발전의 지름길

김 사장은 회사 간부들과 여러 차례의 협의 끝에 근로자의 애로사항 타개가 회사 발전의 지름길이라고 판단하고 매월 10일을 노사간담회의 날로 정하여 간담회시에는 사장과 전무 등 간부가 직접 참석하고 근로자측에 서는 노동조합장을 비롯하여 근로자 20명씩을 매월 교대로 참석시켜 그들의 애로사항을 소상히 파악하였다. 처음 몇 개월 동안 근로자들은 근로자측의 대표에 불과한 조합장의 건의였으나 그 건의사항이 하나 하나 해결되어 나감에 따라 격의없는 대화와 불평 불만까지도 스스럼없이 털어놓게 되었다.

한편 회사내에 고충처리위원회를 구성하고 운전기사와 안내양의 쉬는 날을 택해서 김 사장과 간부들이 면담하여 가정환경, 애로사항, 개인성격 등을 파악하고 그들의 고충을 쉬운 것부터 차례로 해결하여 나가니 근로자들은 친형제나 자상한 아버지 처럼 따르게 되었다.

회사내의 근무환경을 혁신하고

김 사장은 주주총회를 소집하고 간부사원을 참석시켜 회사내의 후생복지 시설과 근로자 처우개선에 대하여 다음과 같이 협의 결정하였다.

운전기사, 안내양, 정비사들이 편안하게 숙면할 수 있는 기숙사 건립과 주차장 시설을 확장하고 교통사고로 수감된 운전기사 가족의 생계를 유지시켜 주기 위해서 매월 쌀 8말씩을 무상으로 지급하며, 운전기사와 안내양의 일당제 보수제도를 호봉제로 변경하여 월 급여액에 차등을 두기로 하고, 회사 내에 복지금고와 장학회를 설치하여 근로자들이 스스로 운영토록 지원하는 한편, 폐유·공병·고철 등 폐품 판매 이익금이 회사에 귀속되던 것을 근로자들이 스스로 수집케 하여 판매대금 전액을 복지금고에 충당할 것 등 헌신적인 개선책을 마련하자 근로자들로부터 대단한 열망과 환영을 받게 되었으며 사원들은 폐품수집에 대한 열광적인 붐을 조성하였다.

직장은 근로자를 위한 보금자리

이렇게 헌신적인 사내 분위기 조성과 근로자 후생복지사업을 꾸준히 실천하여 지금은 회사소유 주차장부지 1,920평에 스라브 2층으로 사무실 120평, 안내양 기숙사 120평과 130여 평의 남자 기숙사가 신축되었고 차량은 98대로 늘어나 종사원도 4백여 명에 달하는 대가족이 되었다.

회사내의 자생조직인 복지금고는 폐품을 수집하여 매각한 이익금, 그리고 종사원들의 지출경비를 절감시키기 위하여 설치된 자율목욕탕과 세탁소 운영에서 절약된 기금등으로 자산이 불어 6천만 원을 넘었으며 그중에서 5천6백여만 원이 대출되어 근로자들의 가계를 돕고 있다.

복지금고내에서 별도 운영하는 꿀벌장학회는 회사의 일부 보조를 받아서 중·고등학생을 대상으로 학교성적 73점 이상이면 본인은 물론 자녀, 형제, 자매 등 누구나 등록금 전액을 지급 받게 되어 현재까지 136명에게 7백여만 원이 보조되었고 종사원 사기앙양책으로 모범사원 표창제를 실시 하여 매분기마다 25명에게 상장과 기념반지 등 부상을 수여하고 있다. 또한 1982년 3월부터는 매월 8일을 운전기사 부인 간담회의 날로 정하여 남편의 봉급을 부인이 직접 수령케 하고 간담회 석상에서 생활필수품 1점 씩을 선물함으로써 남편은 물론 가족들도 회사에 대한 이해와 애착심을 갖도록 하고 있다. 그리고 매월 15일에는 부모슬하에서 응석이나 부릴 어린 나이의 안내양과 미혼 정비사들의 합동 생일파티를 열어 노고를 위로하고 생일선물을 전달함으로써 화기애애한 직장분위기를 조성시켰고 사내 노래자랑 및 야유회, 체육대회 개최, 쾌적한 기숙사 생활, 안내양의 장래를 위한 1인 1기교육 등 근로자들의 건의에 의해서 개선된 후생복지 시책은 전 사원의 사기를 충만시켰고, 애사심 고취의 성공적 요인이 되었다.

지역사회 발전에도 앞장 서고

모든 사원이 일치 단결하여 이룩한 직장새마을운동은 이제 인접 지역사회의 발전에도 기여하고 있다.

경기교통주식회사가 지원육성한 사격선수 7명이 전국대회에 출전하여 준우승을 거두었고 경기사격연맹에 130만 원의 체육진흥기금을 지원하였으며 성남시 새마을지도자협의회에 낫 4백 자루도 기증하였다. 이밖에도 새마을기동순찰대에 군화 25켤레 기증, 시내 풍생고교 및 창곡중학교의 불우한 학생 학비지원, 불우이웃돕기 등 금년 들어 8백여 만원 상당의 인보 복지협동사업을 추진하였으며 꾸준히 실천해 온 거리질서 캠페인 참가, 성남로의 가로화단조성, 남한산성 계곡에서의 자연보호활동, 회사 소속 수로원 고용으로 노선도로의 정비 등 지역사회개발에 많은 실적을 인정받아 금년 7월 15일에는 교통부장관 표창과 전국 우수업체로 지정받는 등 직장 새마을운동에 솔선수범을 보이고 있다.

이러한 성과는 김사장의 새마을운동에 대한 꾸준한 실천력과 일치단결 된 전 사원들의 애사심의 발로였다고 평가 할 수 있다.

전 사원이 주인의식으로 똘똘 뭉쳐

이제 모든 사원이 주인의식으로 똘똘 뭉쳐진 경기교통주식회사는 알찬 직장이 되었으며 1984년부터는 동해안과 설악산에 회사 휴양소를 마련하여 종사원과 가족들이 안락한 휴양을 할 수 있도록 하고 종업원 가족에 대한 장학금 지급기준을 학교성적 73점에서 70점으로 내려 지급대상자를 확대하여 나가는 한편, 국제행사 참석자와 한국을 찾는 외국 관광객의 급증에 대비하여 전 사원을 대상으로 기초 영어교육과 선진국민으로서 갖추어야 할 교양교육을 폭 넓게 실시할 것을 계획하면서 이제까지 꾸준하게 실천해 온 각종 교육, 근로자 후생복지시설의 개선, 지역사회에 대한 봉사활동 등 새마을운동을 더욱 착실하게 추진하여 성남시민은 물론 국민 전체에 대한 봉사자로서 최선의 친절봉사를 베풀겠다고 똘똘 뭉친 사원들은 굳게 다짐하고 있다.

30화 클로바의 힘으로 복지마을 건설

충남 당진군 석문면 통상리
덕송새마을청소년회 회장 임임규(22세)

마을현황

가구수 (호)	계	농가	비농가	인구 (명)	계	남	여
	214	137	77		994	485	509
경지면적 (ha)	계	논	밭	마을 공동기금	새마을 조직현황(명)		
					새마을 부녀회	새마을 청소년회	새마을 금고
	131.5	78	53.5	7,308천원	25	24	100
마을호당평균소득(천원)	1973	1980		1982	1983추정	1985전망	
	780	3,160		3,743	4,200	5,500	

주요사업실적

사업별	세부사업명	사업량	사업비
생산과재활동	공동학습포 운영 기계화 협동사업 농산물 공동출하 병충해 공동방제	5종 4,200명 10ha 20회 40회	1,023천원 3,380천원 3,342천원
조직운영	기금조성 1회원 1통장갖기 반상회 건전오락 보급 교육행사	7,300천원 24명 533천원 10회 3회	
새마을봉사	조기청소 모내기, 보리베기 소하천 정비 객토 및 생고 시용	10회 4,500평 300m 2,100평	

전국 1위의 모범 새마을청소년회

덕송 새마을청소년회는 제27회 새마을청소년 중앙경진대회시 전국 최고의 모범청소년회로 선정된 우수새마을청소년회로서 당진읍에서 서북 방면으로 20km쯤 떨어진 해변가에 위치한 농촌마을이다. 과거에는 미맥위주의 주곡생산이외는 별다른 소득원이 없는 마을이었지만 지금은 농촌을 지키고 가꾸는 젊은 청소년들이 앞장서 원예작물재배와 기계화영농작업으로 호당 농가소득이 420만 원을 넘는 모범 마을로 변모하고 있다. 덕송부락 새마을청소년회원들은 지·덕·노·체 이념을 생활화하면서 협동영농과 과제활동을 통하여 근면·자조·협동이 무엇인가를 실천으로 입증하게 되었다.

그러나 때로는 청소년회 활동에 대한 무관심한 주민들이 많았고 그중에서는 멸시와 조소까지하는 주민이 있었다. 임임규 회장을 비롯한 임원들과 지도자는 합심하여 부락 젊은이와 주민들에게 설득과 이해를 구했고 지금은 비록 배우지 못하고 가난하지만 우리도 노력하면 잘 살 수 있다는 것을 꼭 실천해 보이겠다고 다짐하였다. 우선 공동 학습포 운영으로 원예작물의 보급과 기계화시범 영농으로 영농의 기계화를 선도하여 농가소득을 올리기 위하여 농촌지도소의 전문지도사로부터 새 기술과 과학영농방법을 배우는 데 게을리 하지 않았으며 온상 설치, 묘판파종 등 주요기술 실천과정에서도 농촌지도소의 현지 연시 지도를 받으며 증산과 농가소득증대를 위해 청소년회 활동을 집중시켰다.

공동학습포 운영으로 기금조성

회원들은 마을이 해변과 인접한 데다 시설원에 재배기술이 낙후되어 매년 외지로부터 고추묘를 사다 심고, 더구나 사다 심은 묘가 튼튼하지 못해 병이 발생, 제대로 수확되지 못하는 것을 보고 튼튼한 고추묘를 육묘해야겠다고 생각했다. 생산된 묘는 회원 가정에 나누어 심고 남는 것은 인근 농가에 판매하여 기금을 조성하기로 결의한 후 1979년 12월 텃밭을 임차, 고추묘와 수박묘를 생산할 육묘장을 설치하였다. 전체 회원이 주야로 포장 관찰을 하며 육묘관리에 온 정성을 다 기울였고, 그 결과 양질의 수박과 고추묘를 생산하여 주민들의 절대적인 인기 속에 판매되는 것을 본 당진군 농촌지도소 담당지도사는 이들의 능력을 인정, 공동학습포를 마련할수 있도록 황무지를 주선하여 주었다. 야산 황무지는 전 회원이 나흘간에 걸쳐 완전히 개간을 마쳐 포장으로 이용할수 있게 되었다. 그들은 임차한 밭 800평과 개간지 500평에 비닐멀칭을 하여 고추묘를 심었으며, 400평을 더 임차하여 수박묘를 정식하고 본격적인 포장관리에 들어갔었다. 다행히 수박 재배는 우량품종 선택과 철저한 비배관리로 4.5톤을 생산하여 23만 원의 기금을 조성할수 있었다. 그후 고추도 작황은 좋았으나 과잉생산으로 가격하락이 예상되고 건조가 문제되었으나 7월 하순부터 8월 하순까지 총 4.2톤을 풋고추로 서울 용산 시장에 직접 출하하여 126만4천 원의 기금을 조성할 수 있었던 것이다. 다시 고추 후작으로 8월 초에 배추를 심었으며 개간지 500평에는 알타리 무우를 재배하였고 수박을 심었던 400평에도 배추를 재배하였다. 회원들은 공동학습포를 설치 운영하면서 직배하지 않으면 그들의 생산물이 제값을 받기가 어렵다는 것을 경험하고 2.5톤 트럭 중고차 1대를 조성된 기금 200만 원으로 구입하여 생산된 채소는 용산 시장에 직접 출하함으로써 중간상인의 이윤을 배제하여 그 해에 214만7천 원의 기금을 조성할수 있었으며 회원들은 이를 통해 하면 된다는 새로운 자신감을 얻게 되었다.

기계화영농은 청소년회원으로부터

회원들은 1981년 당진군 농촌지도소로 부터 보조 40%, 융자 60%로 추진하는 새마을청소년회 기계화 협동시범 사업장으로 선정받은 것을 계기로 공동사업으로 기계화 협동영농사업을 실천하기로 하였다. 회원들은 우선 농촌지도소에서 실시하는 이앙기교육 등 농기계 훈련을 마친 후 위탁농가의 부담을 덜기 위해 위탁금은 하곡 수매시 60%, 추곡 수매시 40%로 2회 분할 납부토록 하였다. 그러나 처음 시도되는 사업인 관계로 많은 문제점과 거부 반응이 일어났다. 육묘준비를 해야할 시기에 5ha 밖에 확보되지 못하자 보지도 듣지도 못한 기계영농을 어린 청소년회원들에게 맡길 수 없다고 하며 주민들이 들고 일어선 것이다. 끝내는 농촌지도소 담당지도사가 대상 농가를 방문, 기계이앙의 잇점을 설명하면서 기술지도는 농촌지도소에서 책임지도하겠다고 설득하여 가까스로 10ha의 계획 면적을 확보할 수 있었 다. 10a당 경운 작업은 6,000원, 육묘이앙은 12,000원, 병충해방제는 4회에 4,100원, 수확은 10,000원으로 결정하여 농가와 계약을 체결하였으며, 상토준비에서 최아, 출아, 치상에 이르는 모든 작업 과정은 회원들의 합심 노력으로 성공적이었다. 그동안 정성을 다하여 육묘한 모를 처음 이앙하는 과정에서는 일부 위탁농가들이 저렇게 어린 모를 심어도 벼이삭이 나오느냐는 거센 반발에 이앙작업이 일단 중단되는 촌극이 벌어지기도 했었다. 이앙작업이 끝난 얼마후에는 이상하게도 모가 시들어가고 있었다. 기계이앙에 별 경험이 없는 회원들은 10ha의 벼농사를 다 망친 것으로 생각되어 농촌지도소에 찾아갔다. 문의한 결과 벼잎 굴파리라는 것이었다. 이때 부터 회원들은 병충해방제를 실시하여 한여름 숨막히는 더위 속에서도 한 치의 물러섬도 없이 연 40ha의 논에 병충해 사전방제를 철저히 했고 수확기에는 농협소유 바인더 1대를 임차하여 작업하는 등 사업을 성공적으로 끝내자 주민들의 반응이 좋아 이듬해인 1982년도에는 15ha 규모로 확대하였으며 농업기계화로 얻어지는 잉여노동력을 활용하여 농외소득을 증대함으로써 복지농촌건설의 주역으로서 자부심과 긍지를 갖게 되었다.

전국 1위의 모범 새마을청소년회로 성장

그동안 전 회원들이 한마음으로 일치단결하여 부락발전을 위해 활동한 주요실적으로는 매주 1회 조기청소, 객토 600평, 쥐불놓기 2km, 소하천 정비사업 300m, 볍씨 종자공동소독 4000, 보리베기 및 모내기봉사활동 4,500평, 병충해 공동방제 40ha 등 식량증산과 새마을사업에 기여한 바 컸다. 또한 경로잔치를 개최하여 윗어른 공경하는 시범을 보이고, 시조자랑 대회도 개최했다. 그리고 어린이날 행사로 그림그리기 및 노래자랑대회를 개최하였고, 회원들은 반상회 때마다 조를 편성, 건전노래를 보급함으로써 명랑하고 건전한 농촌사회 분위기 조성에 힘쓰는 한편, 전 회원 통장 갖기 운동을 전개하여 낭비생활을 없애고 근검절약의 생활을 선도 실천했다. 그동안 공동학습포운영과 봉사활동으로 조성된 기금은 총 730만8천 원이나 되었고 각종 자재구입에 활용된 금액 530만2천 원을 제외하고도 220만6천 원의 기금이 저축된 셈이었다. 그리고 이앙기, 동력방제기, 각 1대와 동력경운기 3대, 트럭 1대 등 730만 원 상당의 재산을 보유하게 되었다. 억척같이 활동한 업적이 널리 인정되어 1981년 당진군 새마을청소년경진대회에서 군 1위의 모범 새마을청소년회로 입상하였으며 또한 그해 가을 충청남도 새마을청소년 경진대회에서도 1위에 입상하여 도지사로부터 경운기 1대를 부상으로 받기도 하였다. 회원들이 그렇게 고대하고 갈망하던 영광은 제27회 새마을청소년중앙경진대회에서 전국 1위의 모범 새마을청 소년회라는 자랑스러운 영광을 안게 되었다.

살기좋은 복지농촌 우리힘으로

오늘의 이 영광이 있기까지에는 전 회원들이 한마음 한뜻으로 일치단결하여 살기좋은 복지농촌을 우리 힘으로 건설하며 농촌을 지키고 가꾸겠다는 결심은 물론 마을 어른들의 진정한 정성과 농촌지도소 지도자들의 헌신적인 노력도 컸던 것이다. 지금까지의 결실을 바탕삼아 회원들은 앞으로 이앙기 1대를 더 구입하여 농업기계화 촉진에 선도적 역할을 담당하고, 트럭을 계속 운영하여 농산물유통개선과 생산물 제값 받기에 기여하며, 또한 기금에서 자재를 구입하고 회원들의 노력봉사로 새마을청소년회 전용 회관을 신축하여 연중 활용할 계획이다. 또한 20평 규모의 목욕탕을 마을과 공동으로 건립하여 부락민 보건위생에 보탬이 되도록 하고, 공동창고도 건립하여 농산물저장 및 출하조절로 농가소득증대에 기여할 계획도 세우고 있다. 이렇게 회원들의 피눈물나는 노력의 댓가는 전국 1위의 모범 새마을청소년회로 부각 되었지만 지금도 덕송 새마을청소년회원들은 이에 만족치 않고 굳센 의지와 단결로서 모든 정열을 바치겠다고 굳게 다짐하고 있다.

31화 농산물 유통개선으로 자립 농촌건설

경남 밀양군 삼랑진
단위농협 조합장 정대근(40세)

마을현황

조합원	가구수(호)			경지면적(ha)		
	계	농가	비농가	계	논	밭
1,710명	3,506	1,966	1,540	1,918	801	1,117
새마을협동조직(명)						
새마을영농회	작목반	농기계이용반	새마을부녀회	새마을청소년회		
31	12	3	31	31		
호당 평균 소득(천원)						
1973	1980	1982	1983추정	1985전망		
1,796	3,616	5,329	6,050	7,000		

주요사업실적

사업별	세부사업명	사업량	사업비
생산기반	원예용 PE 필림 및 철재 공급	236M/T	242,500천원
소득증대	대리경작(벼)	82ha	12,070천원
복지환경	농협유아원 농협노인대학	40명 100명	3,000천원 5,000천원

빈농 마을에 태어나

삼랑진 단위농협은 부산에서 낙동강을 끼고 북쪽으로 34km 지점에 위치한 경전선의 시발점인 밀양군 삼랑진읍을 관할하며 3,506호의 가구 중 1,966호가 농업에 종사하고 이중 1,710호의 농가가 조합원으로 구성된 단위농협이다. 관내 경지면적 1,918ha 중 논이 801ha, 밭은 1,117ha로 호당 경지면적은 전국평균에 약간 못미치나, 봄철 답리작으로 시설원예가 성한 곳이며, 밭은 대부분이 산비탈에 조성된 개간지로 복숭아 과수원이 조성되어 있다. 해마다 되풀이 되는 낙동강의 범람으로 벼농사는 실농하기가 예사이고 여러가지 품목을 소량재배하기 때문에 유통체계가 확립되지 않아 수집상인에게 미리 밭떼기로 넘기거나, 헐값에 팔게 되어 별로 생활의 보탬이 되지 않았으며, 주민들은 부산·마산·밀양 등지를 왕래하면서 과일행상과 품팔이로 생계를 이어가는 영세민이 대부분이었다.

새마을원예회를 조직하고

정대근 지도자는 부산 공고를 졸업하고 경남대학 재학중인 1962년 갑자기 부친이 세상을 떠나자 가업인 농업을 이어 나가기 위해 고향에 돌아와 농업에 종사하면서 김해, 진주 등 선진시설원예농가를 찾아다니며 영농지식을 익히고 배워, 이 지역에서는 처음으로 시설원예 농업을 착수하는 한편, 새마을운동의 열풍이 불기 시작한 1973년 정대근 지도자는 뜻을 함께 하는 마을사람 30여 명을 규합해 새마을원예회를 조직하고, 이들을 중심으로 소득증대활동을 전개하기 시작했다.

정 지도자는 우선 주위의 야산을 개간, 농토를 확장하기 위해 마을 사람들을 설득시켜 3년 동안 25ha를 개간하여 복숭아 묘목을 심었으며, 이러한 검세마을의 성과는 삼랑진 전체로 파급되었다. 또한 하천부지와 침수지역에 도마도, 오이 등을 촉성재배하여 소득을 올리고자 마을사람들을 권유하여 시설원예를 하는 농가가 급격히 늘어나게 되었다. 이에 따라 평균에도 못미치는 형편이어서 정 조합장은 우선 조직개편을 단행, 젊고 능력 있는 마을지도자 75명을 조합총대로 선발하여 사업추진의 핵심요원으로 활용하였으며, 수탁영농단지를 조성하고 딸기작목반 6개, 복숭아 작목반 5개, 포도작목반 1개를 조직, 증산과 소득증대를 위한 실천기반과 직원 자질향상에도 힘을 기울여 마련했다. 농협의 조직 개편이 끝나자 매일 아침 새마을정신교육을 실시, 농민의 봉사자로서의 사명감을 고취하고 지역경제발전의 기수로서의 긍지를 심어주는 한편, 장날이면 장터를 순회하며 조합원을 만나 출자와 저축을 권유하고, 연쇄점 이용과 농산물공동출하의 이점을 홍보하며, 각 사업장에서도 농협을 찾는 농민에게 최대한의 친절봉사가 실천되도록 지도해 나갔다.

조합장 1년만에 자립조합으로 육성

정 조합장의 의욕적인 업무추진활동은 그해부터 큰 성과를 보여 1978년 말 삼랑진 단위농협은 창립 이래 최초로 흑자결산을 하게되어 자립조합을 이루었으며, 출자금은 1977년도의 36백만 원에서 1982년까지 163백만 원으로 늘어났으며 상호금융 예수금도 2억2천7백만 원에서 그 여덟배인 12억4천백만 원으로 크게 확대되어 조합원의 영농을 뒷받침 할 수 있게 되었다. 이와같이 상호금융을 비롯한 각종 사업지원능력이 갖추어짐에 따라 삼랑진 단위농협은 지역인의 획기적인 소득증대를 기하기 위한 지역농업개발사업을 추진, 벼농사이외에 딸기, 복숭아를 집중 육성하는 전문적 복합영농을 실시해 나갔다.

관내 54개 자연부락 중 검세리 등 농경지가 적은 산간지역 27개 마을은 1970년대초부터 대규모 산지를 개간하여 복숭아를 심게 한 결과, 그동안 이 지역에 조성된 복숭아밭 605ha, 포도밭 58ha 나 되어서 1965년에는 0.5ha에 불과하던 호당 경지면적이 배로 늘어나 지금은 1ha로 크게 확장되었다.

유통구조를 개선하여 농가소득증대

복숭아 수확기가 되면 새마을영농회장을 마을단위 출하요원으로 활용해서 농협을 통한 계통출하를 권유하고, 최성 출하기에는 전 직원이 철야근무를 하면서 조합트럭으로 지정된 마을에 나가 복숭아를 수집해서 화차에 옮겨싣는 등 생산 농민들을 위해서는 어떠한 힘든 일도 도맡아 하고 있다. 특히 생산된 복숭아를 등급별로 포장하여 상품성을 높이고, 철도청과 농산물운송계약을 체결하여 출하농가의 운송경비를 절약케 하는 등 1982년에는 복숭아 재배농가 1,182호에서 27억 원의 소득을 올렸다. 또한 낙동강변에 위치한 내송동, 대신동 등 17개 마을에는 답리작으로 딸기 등을 재배해서 이 지역 전략소득작목으로 개발하였다. 특히 딸기의 촉성재배를 도입, 현재는 시설원예 참여농가 모두가 딸기를 재배하고 있어 농한기 없는 농촌을 이룩하고 있다.

이와같은 중점적인 육성책으로, 1,250호의 주민이 참여하는 딸기의 시설재배는 456ha 나 되어 지난 해에는 모두 56억 원의 막대한 소득을 올림으로써 농가소득향상과 지역경제발전에 획기적인 기여를 하였다.

영농기계화로 15% 증산효과 올려

전 주민이 수익성 높은 시설원예와 과수농업에 참여하게 됨에 따라 벼농사가 소홀히 경작되는 경향을 막기 위해서 삼랑진 단위농협은 지난 1980년도부터 기계화영농을 통해 농민조합원의 벼농사를 조합이 대신 지어주는 수탁영농사업을 실시하고 있다.

또한 영농기계화센터를 설치 트렉타, 바인다, 이앙기, 방제기 등 20여 대의 각종 현대화 농기계를 확보하고 있으며, 수시 고장나는 농기계를 제 때에 수리해 영농에 지장이 없도록 농기계 수리센터와 유류취급소도 병설 운영하고 있다. 트렉터와 경운기를 이용한 논갈이에서부터 기계이앙용 못자리 설치, 그리고 이앙작업과 병해충방제, 수확작업이 모두 농협이 보유한 동력 농기계로 실시된다.

1980년부터 실시해온 수탁영농사업은 1983년도에는 100ha를 실시하였으며 수탁영농효과로서는 개별영농의 경우 생산비가 단보당 95,500원이 소요되나, 수탁영농은 64,300원 밖에 들지 않으므로 31,200원이 생산비가 절약될 뿐 아니라 다수확 품종이 선택되고 심경과 조기 이앙 및 합리적인 비배관리로 수확량을 높여 평균 15%의 증산을 이루었으며, 남는 노동력은 시설원예와 과수농업에 돌릴 수 있게 되었다.

정 지도자에 의한 새마을정신의 실천으로 주민의 개발의지가 심어지고, 딸기, 복숭아 등 전문화된 복합영농을 추진해 온 결과, 1,966호의 농가는 호당평균 532만9천 원의 높은 소득을 올림으로써 지난 날의 가난하고 침체했던 불명예를 씻고 앞서가는 선도 새마을을 이루게 되었다.

복지농촌의 면모를 구축

주민의 소득이 향상됨에 따라 농촌문화복지사업에도 힘을 기울여, 관내 65세 이상 노인 100명에게 1주에 1회씩 노후의 건강관리와 오락시간으로 편성된 노인학교를 개설 운영하고 있으며, 농민휴게실을 설치해서 농협을 찾아오는 농민조합원 상호간의 유대를 강화하고 농사정보를 교환하는 대화의 광장으로도 활용하고 있다.

또한 1981년도부터는 농협유아원을 설치하여 부족되는 농촌의 일손을 덜어주는 한편, 생활형편이 어렵고 학업성적이 우수한 조합원 자녀 중·고교생 10명씩을 선발, 10만 원씩의 장학금을 지급하고 농촌주택 개량사업에도 힘을 기울여 5억 원의 자체자금을 융자, 지원해서 323호의 주택을 말끔하게 개량했다.

삼랑진농협은 오는 1987년 호당 농가소득 800만 원을 달성하기 위해 딸기 복숭아 등 소득작목의 계통출하를 더욱 확대하고 기존 작목의 품종개량, 비육우 등 축산의 병행으로 복합영농의 내실화를 기하는 한편, 장학사업을 100명으로 확대하며 유아원 수용인원을 80명으로 늘려나갈 계획이다.

이제 삼랑진단위농협은 영농여건의 취약성을 슬기롭게 극복하고 지역사회발전의 굳건한 기반을 구축했다. 18,000명의 삼랑진 주민들은 의지의 지도자 정 조합장을 중심해서 새마을정신으로 온 지혜와 슬기를 모아 노력하므로써 복지농촌건설에 앞장서고 있다.

32화 자립의지로 역경을 극복한 어촌계

강원 고성군 현내면 초도리 어촌계
어촌계장 이상근(47세)

마을현황

가구수 (호)	계	어가	비어가	인구 (명)	계	남	여
	207	106	101		850	431	419
경지면적 (ha)	계	논	밭	마을 공동기금	새마을조직현황(명)		
					새마을 부녀회	청소년회	어촌계
	15	5	10	94,000천원	186	44	76
마을호당 평균소득(천원)	1973	1980	1982	1983추정	1985전망		
	-	2,521	5,448	6,500	7,500		

주요사업실적

사업별	세부사업명	사업량	사업비
소득증대	전복증식	10ha	8,920천원
생산기반	방파제 공동작업장 물양장 축양장	71m 40평 23평 4평	24,200천원 8,000천원 8,000천원 800천원
복지환경	주택개량 지붕개량 상수도시설 부엌개량 도로확장 어민회관 어민대기소	40동 150동 100동 100동 800m 1동 5평	200,000천원 3,500천원 3,000천원 1,000천원 4,300천원 1,000천원

동해안 최북단 마을

초도리 어촌계는 강원도 고성군의 군청 소재지인 간성에서 북쪽으로 15km, 동부 휴전선에서 불과 10여km 밖에 떨어져 있지 않은 동해안 북단에 위치한 작은 어촌이다.

이름 난 화진포 해수욕장이 바로 마을에 인접해 있고, 아름다운 금강산의 그 수려한 자태가 맑은 날이면 손에 잡힐 듯 뚜렷이 보여 고향을 북에 두고 온 실향민들의 가슴을 더욱 아프게 하는 곳이기도 하다.

이곳 초도리 어촌계는 과거에는 휴전선이 가까운 탓으로 사람들의 왕래가 드물고 주민 수가 적어 인근 연안에서 생산되는 자연산 미역으로도 하루 하루의 생활을 영위해 나갈 수가 있었다.

그러나 1972년 갑작스런 미역 값의 폭락으로 생활이 어려워지자 주민들은 연안 어장에서 잡어를 잡아 겨우 생계를 꾸려 나갔으며, 그나마 어로작업을 하지 못하는 사람들은 하나 둘 마을을 떠나기 시작하였고, 마을에 남아 있던 주민들도 생계유지에 급급한 나머지 마을 앞 공동어장에 서식하는 소라·전복·성게 등 각종 패류의 새끼까지 마구잡아 어장은 날이 갈수록 황폐해 갔다.

새 소득을 찾아

이처럼 마을이 점점 가난의 수렁에서 헤어나지 못하자, 몇몇 뜻있는 주민들은 6·25 당시 함경남도 단천에서 15세의 어린 나이로 단신 월남하여 오로지 고된 어부생활을 천직으로 생각하면서 항상 마을 일에 헌신적인 이상근씨를 1977년 10월 어촌계장으로 추대하였다. 이 지도자는 주민들의 침체된 생활을 일깨우기 위해서 바닷속 구석구석까지 힘겨운 자원탐색을 시작했다.

화진포 연안을 중심으로 수십차례에 걸쳐 바다 밑을 샅샅이 살핀 끝에 모래 속 깊이 서식하는 명주조개를 발견하게 되었다.

그러나 마을 주민들이 조개 채취방법을 몰라 안타까와 하자 이 지도자는 고향에서의 경험을 살려 조개잡이에 알맞는 채취기구를 만들어 보급하고, 채취방법도 일일이 가르쳐 주어 명주조개를 채취하게 되었다.

이렇게 시작한 명주조개의 채취로 큰 소득은 올리지 못했으나 빈곤했던 주민들의 주름살을 다소나마 펴게 했을 뿐만 아니라 그동안 무관심했던 주민들에게 "하면 된다"는 자신감을 안겨 주었다.

광어잡이로 찾은 생활안정

이에 용기를 얻은 이 지도자는 개발의 손길을 연안 어장으로 뻗쳐 여러 차례에 걸쳐 자원 탐사와 시험 조업 끝에 마을 연안에 광어가 회유하고 있는 것을 발견하고, 미역 채취에 쓰이는 소형 선박에 알맞도록 어망을 고안하여 보급하는 한편 미역채취 외에는 별다른 수산기술이 없는 주민들에게 어로방법을 가르쳐 주기 위해 수협과 국립수산진흥원을 직접 찾아가 새로운 어로기술을 습득한 후, 이를 주민들에게 꾸준히 지도 보급했으며, 어로 기술을 습득한 주민들은 연안 어장에서 적은 양이나마 고급 어종인 광어를 잡을 수 있게 되어 생활이 점차 눈에 띄게 향상되기 시작했다.

이렇게 생활이 어느 정도 안정을 찾게 되자 이 지도자는 주민들에게 황폐해진 마을 앞 공동어장을 되살려 어촌계의 자립기반을 마련하자고 하였으나 주민들은 아예 귀담아 들으려 하지도 않고, 마을 앞의 각종 수산자원을 남획하여 목전의 생계유지에만 눈이 어두웠다.

이에 굴하지 않고 이 지도자는 끈질기게 설득한 보람으로 많은 어촌계원들의 호응을 얻어 양식사업을 착수하기로 결정하고 국립수산진흥원에 전복양식 적지조사를 의뢰하여 적지라는 판정을 얻게되자, 우선 어촌계 협업사업으로 공동어장 10ha에 전복치패를 뿌리는 한편, 산란기의 입어 금지와 윤체식 입어제를 철저히 실시하는 등 자원조성 사업을 적극적으로 추진해 나갔다.

이와같은 끈질긴 노력으로 어촌계 협업사업이 순조롭게 되어 갔으나, 1978년 10월 갑자기 몰아닥친 태풍으로 광어잡이 어구를 몽땅 잃어버린 주민들은 그토록 간곡한 지도자의 호소도 잊은 채 또다시 자원을 남획하기 시작했다. 이 어려움을 해결하기 위해 이 지도자는 고성군 수협을 찾아가 엉어 자금의 지원을 요청하는 한편, 우선 급한 계원들에게는 어촌계 공동기금 150만 원과 사비 50만 원을 무이자로 대출해 주어 다시 어로작업을 할 수 있게 하였다.

어로작업이 활기를 띠면서 소득이 늘어나자 주민들은 무동력선을 동력 어선으로 바꾸어 어선규모도 점차 대형화하여 이제는 근해어장까지 멀리 출어하게 되었다.

소득기반을 굳히고

이 지도자의 피땀어린 정성과 노력으로 이룩한 소득사업의 성과 중에서도 특히 광어는 지난해에 7,647kg이나 생산하여 1억3천만 원의 소득을 올림으로써 빼놓을 수 없는 주 소득원이 되었으며, 어선의 동력화로 인해 광어를 산채로 신속하게 출하함에 따라 판매가격을 5배나 높게 받을 수 있게 되었다.

어획물의 종류도 다양해져서 양미리를 지난 해에 849톤을 잡아, 9,900만 원의 소득을 올렸고, 봄과 가을에는 인근어장에서 8,000kg의 문어를 잡아 1천2백만 원의 소득을 올렸는가 하면, 일부 주민들은 명태잡이에 까지 나서게 되어 지난 해에는 20만kg의 명태를 어획, 6천만 원의 소득을 올렸다. 초도리 어촌계의 어려웠던 시절을 이겨낼 수 있게 해준 명주조개는 그 채취량이 크게 늘어났을 뿐 아니라 수출품으로도 호평을 받아 지난 해에는 2만3천8백kg을 생산, 1,400만 원의 소득을 올렸고, 전 어촌계원이 합심 단결하여 마을 앞 공동어장의 자원조성사업을 성공적으로 추진한 결과, 1,740kg의 전복을 생산하여 1,900만 원의 소득을 올렸으며, 성게 2,570kg 을 생산, 어촌계에서 공동수집하여 가공처리한 후 전량을 수출하여 3,600만 원의 소득을 올렸다. 1981년도에는 성게알을 저장하는 5평 규모의 자체 냉장시설까지 갖추어 계획 출하함으로써 수출가격을 더욱 높일 수 있게 되었다. 그 밖에 이 지도자는 배를 타지 않는 일부 주민들과 부녀자들을 위해 어장에서 잡아온 생명태를 손질하고 덕장에 건조시키는 일을 하도록 알선하는 등 다각적인 노임소득으로 지난 해에는 무려 5,600만 원을 올리기도 했다.

이렇게 소득이 높아지고 어선수가 늘어남에 따라 거센 파도로부터 어선을 안전하게 대피할 수 있도록 행정기관의 지원과 주민부담 2,420여만 원을 들여 높이 3m, 길이 71m의 방파제를 시설하고, 어획물의 양륙과 어구손질에 필요한 물양장도 반듯하게 시설했다. 1982년에는 항포구 바닥이 돌출하여 어선의 입출항에 지장을 주던 암반을 폭파하여 없애버리고, 항 포구 안에 모래가 쌓여 얕아진 바닥을 깊게 파냄으로써 어선들이 안전하게 항해할 수 있게 하였다.

관광소득 증대

소득증대에 눈을 뜬 초도리 주민들은 1977년부터 화진포 해수욕장을 찾는 피서객을 대상으로 여름철 어한기의 부업 사업에도 착수하여 전 어촌계원이 위생적인 민박시설을 모두 갖추고 알찬 부업소득을 올리고 있다.

1980년부터는 어촌계 소유부지에 800평 규모의 주차장을 시설하여 관광버스를 직접 마을 안으로 끌어 들임으로써 더 많은 피서객들이 어촌계의 민박시설을 이용할 수 있게 하였고, 마을에서 화진포 해수욕장까지 해안을 따라 2km나 돌아가던 길을 800m의 직선도로로 개설함으로써 민박하는 피서객들의 불편을 크게 덜게 하였다.

이에 따라 강원도에서 가장 큰 화진포해수욕장의 면모를 일신시켜 이용하는 피서객들을 위해 편리하고 쾌적한 휴식처로 손색없이 가꾸어가고 있다

풍요한 복지 어촌

이와같이 초도리 어촌계는 다각적인 소득증대에 힘쓴 결과, 지난해 호당 평균소득이 어업에서 453만1천 원, 부업에서 59만4천 원, 농업에서 32만3천 원 등 모두 544만8천 원을 올려 잘 사는 부자마을로 탈바꿈시켰다.

또한 근검절약, 저축하는 건실한 생활풍토를 조성하여 지난해 가구 마다 평균 40여만 원씩을 저축하였고, 조합출자액도 모

두 1,160만 원에 이르고 있다.

이처럼 주민들의 높은 소득을 바탕으로 하여 마을의 환경개선사업에도 힘을 기울여 40동의 주택을 개량하고 마을안길 400m를 확·포장하여 마을의 변모를 몰라보게 바꾸어 놓았다.

더 잘사는 내일을 위해

앞으로 초도리 어촌계는 마을앞 공동어장을 현재의 174ha에서 250ha로 확장하고 인근 화진포 호수에서 시험 중인 피조개와 굴양식사업을 새로운 소득사업으로 개발하는 한편, 1983년 4월 28일 경제동향보고회의시 성공사례를 발표하고 대통령각하로부터 하사받은 특별지원금으로 25평 규모의 어민대기소를 겸한 물양장 옥개시설을 하여 입출어시의 각종 어구와 어획물의 손질에 큰 편의를 제공케 하고, 민박시설 개선으로 부업소득을 크게 증대시켜 1986년에는 호당소득 800만 원을 상회하는 풍요한 복지어촌을 이룩할 계획이다.

마을영웅 1987

1화 올림픽을 위한 지도자의 자세

서울특별시 종로구 종로 5·6가동
새마을지도자 박연택(49세)

초년의 고생을 극복하며

종로구는 우리나라의 정치·경제·사회·문화의 심장부로서 항상 사람과 차량이 혼잡하게 붐비는 지역이다.

박연택 지도자는 시흥군 서면 소하리에서 비교적 유복한 농가의 2남 2녀 중 장남으로 태어나 큰 어려움 없이 어린 시절을 보냈습니다만, 6·25사변으로 하루 아침에 아버님과 남동생을 잃고 어머님마저 홧병으로 돌아가시게 되는 엄청난 시련을 겪게 되었다.

14살의 어린 나이에 고아가 된 그는 가장이란 무거운 짐을 지고 철없는 두 동생과 함께 당장 하루 세끼를 걱정해야 할 처지였기에 고무공장 장화공으로, 중국집 배달부로 이것 저것 닥치는 대로 일을 하며 그저 하루하루 먹고 사는 데만 급급한 생활을 18년이나 해왔다.

그러나 나이가 들면서 뭔가 안정된 장사를 해봐야겠다고 생각하고 32살 되던 1969년에는 얼마 안되는 밑천으로 동대문시장에서 헌옷 장사를 시작하였으나 시작한지 한 달도 채 안돼 밑천을 거의 다 날려 버렸다.

이렇게 되자 그는 삶에 대한 회의를 느껴 스스로 목숨을 끊어 버릴까하고 여러차례 생각도 해 보았지만 죽는다는 것도 결코 쉽지 않아 단칸 셋방에 드러누워 거의 폐인이 되다시피 하였다.

그런 그에게 장사하시던 분들이 찾아와 실패를 해봐야 진짜 성공할 수 있다면서 다시 한번 시작해 보라는 따뜻한 말 한마디가 그때의 그에게는 무엇보다 큰 힘이 되었다.

시장환경정비 활동전개

다시 용기를 얻은 그는 장사를 계속 해보기로 하였으며 이때부터는 배고픔을 참아가며 이를 악물고 그전 보다 더 열심히 노력한 결과 한푼 두푼 저축도 할 수 있게 되어 몇해 후에는 완전히 기반을 잡게 되었다.

이렇게 동대문시장에서 모르는 사람이 없을 정도로 억척스럽게 일을 하다 보니 어느 때 부터인가 주변 상인들은 그의 근면함을 인정하여 1987년에는 그에게 안악상가 상인회 회장직을 맡겨 주었다.

이런 무거운 직책을 맡게 되자 그는 내가 이만큼 이라도 성공한 것은 주변에서 나를 도와준 고마운 이웃들이 있었기 때문이며, 뭔가 이분들과 사회를 위해 보람있는 일을 해 봐야겠다고 생각하였다.

그 당시 안악상가는 노점상들이 통로를 막고 무질서하게 늘어서 있었고 상가의 점포 간판은 보기 흉할 정도로 낡고 더러웠으며, 각 상가는 서로 경쟁이라도 하듯이 물건을 점포 밖으로 내놓아 손님들의 통행에 많은 불편을 주고 있는 실정이었다.

그는 이러한 시장환경을 개선해야만 시장이 발전할 수 있다고 생각하고 시장환경 개선에 참여해 줄 것을 설득하였으나 대부분의 상인들이 "겨우 먹고 사는 것만도 힘든 세상에 무슨 간섭이냐"면서 들은 척도 하지 않았다.

그래서 그는 우선 내 점포부터 모범을 보여야겠다고 생각한 후 간판을 새롭게 정비하고 밖에 내 놓았던 문건들은 점포안으로 정돈 하였더니 보기에도 좋을 뿐 아니라 손님도 훨씬 더 많이 찾아오게 되었고, 그것을 본 주위 사람들도 한 사람 두 사람 그의 생각에 따라주기 시작하였으며, 그후 지나친 손님 유인 행위를 없애고 가격정찰제를 지속적으로 계도하여 상거래질서도 바로 잡아 나감으로써 지금은 어느 시장보다 상거래질서가 확고하게 뿌리를 내렸다고 자부하고 있다.

새마을지도자가 되어

이렇게 시장새마을운동을 추진해 오면서 서로 사는 길이 무엇인가를 깊이 깨달은 그는 시장 뿐만 아니라 내가 사는 이웃에도 눈을 돌려 보아야 겠다는 생각을 하였다.

그러던 차 어느 날 그는 우연한 기회에 텔레비전의 장수만세프로를 보다가 불의에 돌아가신 부모님이 생각나 저도 모르게 눈시울이 뜨거워졌으며, 평소 알고 지내던 이웃의 불우한 노인 한 분을 친 부모처럼 모셔보기로 결심하고 자기 집에 모셔와 여러해동안 같이 살기도 하였으며, 지금도 외롭게 혼자 살고 계시는 이웃 노인 한 분에게 쌀을 계속 보내드리고 수시로 찾아 뵘으로써 친 부모 처럼 모시고 있다.

이 사실을 안 이웃 주민들은 이웃을 생각할 줄 아는 당신같은 사람이 새마을지도자가 되어야 한다며 그에게 새마을지도자로 일해줄 것을 권유하였으며, 그는 시장새마을운동을 통해 터득한 새마을정신으로 이웃을 위해 더 많은 일을 할 수 있는 좋은 기회라 생각하고 1979년에 종로 5·6가동의 통 새마을지도자가 되었다.

박 지도자는 처음에는 무척이나 두려운 생각을 갖게 되었다. 어떻게 하면 지도자로서의 책임을 다할 수 있을까?

더구나 이웃에 누가 사는지도 모르는 도시에서 새마을운동을 한다는 것은 결코 쉬운 일이 아니라고 생각되었기 때문이다.

그러나 이웃의 다른 지도자들도 훌륭히 그 소임을 다하고 있는 것을 보고 용기를 얻어 자기도 힘껏 노력해 보기로 하였다.

그는 우선 이웃끼리 알고 지낼 수 있도록 하는 것이 급선무라 생각하고 주민체육대회를 개최하였으며 체육대회가 끝나게 되면서부터 서로가 인사를 나누며 참다운 이웃으로 돌아가는 정겨운 모습을 볼 수 있었다.

여기에서 그는 도시새마을운동도 "하면된다"는 자신감을 갖게 되었고 이를 계기로 영세민 지역 방역봉사, 거리질서계도, 환경미화 등 새마을사업을 꾸준히 전개해 나갔다.

그러나, 그는 도시새마을운동을 더욱 활력있게 추진하기 위해서는 나만 잘 살면 그만이라는 몰인정한 이웃보다 우리 모두 서로 잘 살기 위해 따뜻한 정을 나누는 진정한 이웃이 되어야겠다 생각하고 관내 불우지도자와 영세민 돕기 운동을 전개하여 1년에 2번씩 쌀 20kg을 전달해 주고 있으며, 이들 자녀의 학비보조도 힘 자라는 대로 해 주고 있다.

또한, 1986년 산골 벽지학교인 충북 단양군 가산국민학교 방곡분교와 자매 결연을 맺고 300만 원을 들여 고성능 앰프와 천막, 학용품을 준비하여 현지에 가서 전달하였으며, 1987년 8월에는 3박 4일간 이들 벽지학교 학생들을 서울로 초청하여 즐거운 시간을 보내게 함으로써 도시의 인정을 산간 벽지에 전달한 보람과 긍지를 가슴 깊이 느끼고 있다.

지도자에서 구 협의회장으로

전국의 새마을지도자들이 그러했듯이 종로 5·6가 동에서도 지난 86아시아경기대회 기간 중에는 전 지도자들이 참여하여 깨끗하고 아름다운 거리를 조성하고 거리 요소요소에 나가 질서계도운동을 하면서 상점, 고궁, 경기장 안내 등 외국인 길 안내운동을 대대적으로 전개함으로써 아시아경기대회를 성공적으로 치르는 데 온 힘을 다 기울었다.

이와같이 동 협의회 지도자들이 하나로 결속되어 열심히 일해 온 결과 1985년도 이후 종로구의 모범동이었던 5,6가 동이 1986년도에는 서울특별시 환경미화 최우수 동으로 선정되는 크나 큰 영광을 차지하게 되었다.

이렇게 일을 하다보니 종로구의 많은 지도자들은 그에게 1987년 2월 새마을지도자 종로구협의회장이란 막중한 직책까지 맡겨 주었다.

박 지도자에게는 과분한 직책이었지만 이를 계기로 새마을운동에 더욱 힘 쓸 것을 다시 한번 새롭게 다짐하였다.

다목적 환경미화 봉사차량을 제작하여

구 협의회장이 된 박 지도자는 내년 88서울올림픽을 성공리에 치르기 위해 올림픽새마을운동에 앞장선 172명의 88서울올림픽 자원봉사대를 새로 조직하고 주요 간선 도로 변과 고궁 등 19개소를 활동지역으로 선정함으로써 자원봉사활동 준비에 만전을 기하고 있다.

특히, 그동안 이들은 그동안의 가로변 환경정비와 꽃길 물추기에 많은 인력과 시간이 소비되었던 점에 이를 착안하여 좀더 효율적으로 작업을 할 수 있는 방법이 없을까 생각한 끝에 구협의회 회원들과 의논하여 픽업차에 4,000리터의 물통과 고압분무기, 방역소독기를 설치한 다목적 환경미화 봉사차량 1대를 만들게 되었다.

이 차량이 완성되던 날 이들은 무슨 큰 발명이나 한 것처럼 기뻐하였으며, 이 차량으로 간판세척, 꽃길물주기, 가로수 소독, 방역활동 등을 시작하니 5-60명이 8시간에 걸쳐 하던일을 5-6명이 2시간 만에 해낼 수가 있었 다.

또한, 고지대 영세민지역에 방역활동을 할 때는 부착된 방역소독기를 차량에서 분리시켜 휴대하고 골목골목, 이집 저집을 다니며 소독을 할 수 있어 이 환경미화 봉사차량으로 관내 어디에나 구석구석 이들의 정성 어린 발길이 닿을 수가 있었다.

이러한 환경미화 봉사차량이 주위에 알려지게 되자 정말 좋은 일을 한다면서 다른 구에서도 이 차량을 만들기 시작하였고, 지금은 서울시의 17개구 전체가 환경미화 봉사차량을 가지고 있으며, 1987년 9월 29일에는 이 차량들을 앞세우고, 1만여 명의 남녀 새마을지도자 를 비롯한 각계 각층의 인사와 시민이 참여한 가운데 올림픽 환경미화 새마을봉사대 발대식을 갖고 올림픽새마을운동의 바퀴를 더욱 힘차게 굴릴 것을 다짐하였다.

박 지도자는 앞으로 이 차량을 더욱 발전시켜 거리청소 및 제설작업 등에도 활용할 수 있도록 그야말로 다목적 새마을봉사차량을 만들어 볼 계획이다.

그리고 다가올 88서울올림픽을 대비하여 거래상 필요한 간단한 외국어 회화교본을 제작하고 올림픽 자원봉사요원을 강사로 초청하여 동대문시장 전체 상인에게 외국어 교육도 실시할 계획이며, 또한 올림픽 환경미화 기금조성을 위한 폐품수집활동을 더욱 확대하고 간담회 등을 통한 새마을지도자의 단합을 더욱 강화해 나감으로써 88서울올림픽을 성공리에 마칠 수 있도록 최선을 다할 계획이다.

2화 86 아시아경기대회와 부녀회원들의 봉사활동

경기도 성남시 성남동
부녀지도자 김선규(42세)

복지촌으로 이사하여

성남동은 86 아시아경기대회시 조국의 명예를 드높였던 금메달의 산지 필드하키 경기장이 자리잡고 있다.

김선규 지도자는 경기도 평택에서 빈농의 6남매 중 다섯째로 태어나 1968년 가을 결혼하여 단란하게 살던 중 남편의 사업실패로 1971년 봄 서울 왕십리에서 판자촌 철거민 대열에 끼어, 광주 대단지라는 말만 듣고 온 식구가 성남동에 위치한 복지촌에 입주하여 피난보따리 같은 짐을 풀고 밤하늘의 찬 이슬을 맞으며 어린 자식들과 누더기에 잠을 청할때면 가슴이 찢어지는 듯한 아픔을 참아야만 했다.

처음 김 지도자부부는 전기불도 없는 허허 벌판에서의 천막생활이 암담하기도 했고, 이곳에서는 도저히 뿌리를 내릴 수 없겠다는 생각도 들었지만 그래도 나이가 젊었던 탓으로 실망하지 않고 이곳에 정을 붙이며 열심히 살아보기로 굳은 결심을 하였다.

그러나 이곳 주민들은 전국 각지에서 몰려 들어와 하루 벌어 하루 먹고 사는 영세한 막노동자들이 대부분이었던 까닭으로 남이야 어찌되었건 나만 편하면 되지 하는 사고방식과 또 언제든지 기회만 있으면 이곳을 떠나야 겠다는 생각들로 꽉 차 있었다.

그러다 보니 자연히 이웃간의 다툼도 잦고 서로를 불신하는 풍조가 자리 잡기 시작하였다.

이런 가운데서도 김 지도자의 남편은 몇몇 이웃들과 친목회를 만들어 잘사는 마을을 만들어 보자고 주민들을 설득하고 다녔으며 그때까지 전기불이 없던 마을에 전기를 끌어들이는데 앞장 서 일했다.

마침내 마을에 전기불이 들어오던 날 전기구경을 처음하는 사람들처럼 주민들이 들떠 좋아할 때는 한편으로 우습기도 했지만 복지촌의 앞날을 환하게 밝혀 줄 것을 굳게 믿는 밝은 모습들을 찾아 볼 수 있었다.

깨끗한 복지촌을 만들기위해

여기서 김 지도자는 이곳 주민들은 지금은 가난하고 불우하지만 서로가 단합하여 열심히 노력한다면 어느 곳 못지 않는 잘 사는 마을을 틀림없이 만들 수 있을 것이라는 굳은 확신을 갖게 되었고, 남편의 조그마한 지역봉사활동 이 그녀에게 큰 자극제가 되어 우리 여자들도 뭔가 할일을 찾아 보아야겠다고 생각하였다.

그런던차 1974년 성남시 주관으로 실시하는 2주간의 주부시민대학을 수료하고 우리 부녀자들이 지역사회에 봉사할 일이 너무나 많음을 알았으며, 1976 년에는 자원하여 새마을부녀지도자가 되었다.

부녀지도자가 된 김 지도자는 평범한 아내와 엄마의 역할만 하는 것보다 복지촌의 밝은 내일을 위해 앞장서 일해보기로 결심하였다.

그 당시 복지촌에는 주민 대부분이 생계유지를 위해 하천정비나 도로포장 사업 등의 힘든 취로사업에 지칠대로 지쳐 있었기 때문에 바로 자기집 앞의 쓰레기를 치우려 하기는 커녕 자기집의 쓰레기를 이웃 담밑에 버리기가 일쑤였으며, 이로 인해 이웃간의 싸움이 그칠날이 없었다.

김 지도자는 이것을 보고 우선 무엇보다도 불결한 마을의 주변환경을 깨끗이 청소하는 것은 부녀회원들이 손쉽게 할 수 있는 일이고 동시에 주민들간의 불신도 없앨 수 있는 첩경이라고 생각하였다.

한편 마을 구석구석이 말끔히 청소가 되고 단장되면 자연히 마을과도 정이 들고 또 정이 들면 마을을 쉽게 떠나지 못할것 이라고 김 지도자는 믿었다. 그리하여 매일 아침 부녀회원들과 함께 악취를 풍기는 쓰레기 더미를 치우기로 하며 이집 저집 앞을 청소하고 다녔다.

그 결과 마을은 몰라보게 깨끗해 졌고 주민들도 부녀회원들이 그들의 집 앞 청소를 매일 해주는 것이 미안했던지 한 집 두 집 회원들을 따라 자기집앞 청소를 하기 시작했고 남의 집 앞에 쓰레기를 갖다 버리는 일은 아예 엄두도 내지 않았다.

깨끗한 복지촌 만들기운동이 급기야는 서로 믿고 자기 마을에 애착을 가지고 살게 되는 진정한 도시새마을운동으로 발전되는 것을 보고 김 지도자와 부녀회원들은 마을청소라는 평범한 일이지만 그 자체가 잘사는 마을을 만드는 데 중요한 역할을 하게 되었음을 알았다.

폐품수집활동으로 기금조성

여기서 김 지도자는 지도자로서의 자신을 얻게 되었으며, 부녀회원들과 함께 더욱 더 열심히 새마을운동을 추진해 나가기로 하고, 마을 청소를 하면서 폐품도 동시에 수집할 수 있을 것이라고 생각하여 그때부터 폐품수집운동도 열심히 전개해 나갔으며, 이 폐품을 팔아 모은 돈은 아주 보잘 것 없는 적은 액수였지만 부녀회가 기금을 조성해 나가게 된 계기가 되었다. 그리하여 1982년에는 성남동 전체에서 폐품을 팔아 모은 돈 32만 원으로 260여 명의 성남동 전 부녀회원들에게 1,200원씩 새마을금고 저축통장을 만들어 주어 부녀회원 모두가 새마을금고 회원이 되기도 함으로써 금고회원 5,500명에 총자산 10억 원을 달성하는 데 부녀회원들이 앞장서고 있음을 큰 자랑으로 여기고 있다.

불우아동 돌보기 활동전개

김 지도자는 여기에 만족하지 않고 우리 부녀자들의 손길이 필요한 것이 또 무엇인지를 부녀회원들과 협의한 끝에 신체불구의 불우한 아동들을 돌보는 사업을 전개해보기로 하고, 1985년 성남시에 있는 신체장애 아동의 집인 소망재활원을 방문하였다.

처음에는 부녀회원들이 그곳을 찾아가 대·소변으로 범벅이 되어 있는 빨래를 할 때면 구역질도 나고 소름도 끼쳤으며, 사지가 심하게 뒤틀리고 몸을 잘 가누지 못하는 애들이 빨래터 옆에서 엄마! 엄마! 하고 칭얼대며 빨래하는 손을 꼬옥 잡고 얼굴을 비빌 때는 무섭기까지 하였다.

그러나 회원들 대부분이 그만한 또래의 자식들을 기르고 있는 어머니들이었기에 무서운 생각은 금방 사라졌고, 그 대신 부녀회원들을 보고 마냥 즐거워 하는 그들을 껴안고 솟구치는 눈물을 억제치 못하여 울어버린 때가 한두번이 아니었다.

또한 부녀회에서는 이들 아동 30명을 업고 KBS 방송국과 대공원을 관람시켜 주기도 하였으며, 이와같이 그들과 자주 대하다 보니 정이 흠뻑들어 지금도 부녀회에서는 매월 정기적으로 먹을 것과 입을 것을 사들고 그들을 찾아가 안아주고 업어도 주며 엄마 노릇을 해오고 있다.

이렇게 부녀회원들과 함께 크고 요란한 사업보다는 작지만 알찬 사업을 열심히 추진해 온 결과, 1986년에는 김 지도자는 성남동 새마을부녀회장으로 선출되기에 이르렀다.

86 아시아경기대회성공을 위해

동 부녀회장이 된 김 지도자는 성남동에 자리잡고 있는 86아시아경기대회 필드하키 경기장 주변을 깨끗하고 아름다운 환경으로 가꾸어야 겠다고 생각하고 그동안 폐품수집 판매와 참기름 판매 등을 통해 마련한 부녀회 기금으로 경기장 주변 60개소에 국화꽃 1만8천 본을 식재하였다.

그러나 막상 경기가 시작되면서 많은 인파와 차량이 집중되어 교통이 매우 혼잡할 것이라는 생각이 들었다.

그래서 부녀회원들이 거리질서 계도활동에 앞장서 보기로 하였다.

먼저 부녀회원들은 복조리와 행주판매로 얻은 이익금 114만원으로 계도복 마련을 하였으며, 다음으로 차량행진 수신호와

횡단보도 안내 수신호를 하는 교통순경이 되기 위한 연습에 들어갔다.

한 회원이 신호등 작동의 흉내를 내면 모든 회원들이 오른손을 180도로 높이 들어 올린 다음 차량의 진행방향으로 고개를 옆으로 멋지게 꺾으면서 호각을 부는 일을 계속하게 되었다.

드디어 개회식날이 밝아오자 하늘색 계도복을 입은 부녀회원들은 마치 여자교통순경 같은 모습으로 그동안 연습한 대로 거리에 나가 열심히 해보았지만 처음에는 손 동작과 호각 소리가 일치되지 않아 모두들 실수를 연발하기도 하였으며, 허수아비가 춤을 추고 있는 것처럼 어색하기도 하였다.

부녀회원들이 2개조로 나누어 교대근무를 하며, 하루 이틀 사흘이 되니 예뻐보일려고 화장으로 안간힘을 썼던 얼굴은 검게 그을러 있었고, 바른 자세로 오래 서 있어 다리는 퉁퉁 부어올라 걷기 조차 어려웠다.

이렇게 힘든 하루 하루가 지나면서 오가는 손님들께 우리의 정성어린 뜻을 담아 보냈고 특히 외국 선수들이 지나가면 서로 손을 흔들어 반가운 인사를 나누기도 하였다.

누가 시킨들 이토록 힘든 봉사활동을 얼굴 한번 찡그리지 않고 해냈겠는가? 이것은 오직 내 고장 내 조국을 위하여 근면·자조·협동의 새마을정신이 해낼 수 있는 값진 성과였다.

한편 이러한 부녀회원의 보람된 노력이 알려지자 회원들의 가정에서도 아낌없는 후원이 있었다.

매일 가정을 돌보지 않고 집을 비운다고 투덜대던 남편들과 아이들도 지친 몸을 이끌고 집에 돌아와 자리에 누울 때면 어깨도 주물러 주며, 불평보다 오히려 자랑스럽게 생각해 줄 때는 하루의 피로가 씻은 듯이 가시곤 했다. 86 아시아경기대회가 끝난 후 부녀회원들의 활동에 대한 평가는 "질서·친절·청결의 모든 면에서 완벽하였다"는 것이었다. 그 말을 듣는 순간 새카맣게 탄 얼굴 모습과 퉁퉁 부어올라 고통스러웠던 다리의 통증도 모두 영광스런 훈장으로 여겨졌다.

그리고 부녀회원들이 봉사활동을 편 바로 성남동 필드하키 경기장에서 우리의 남녀 선수 모두가 금메달을 목에 걸고 서로 얼싸안고 기뻐하던 모습에서 86아시아경기대회의 조그만 일익을 담당했던 부녀회원들의 나라 사랑하는 마음이 부녀회원들 가슴 가슴을 마냥 뿌듯하게 해 주었다.

86아시아경기대회가 끝난 후 부녀회원들은 계도복 구입을 하고 남은 부녀회 기금 60만 원으로 마을 소년 소녀가장 4가정을 직접 찾아가 백미 1가마 씩을 전달해 주었으며, 관내 노인정 두 곳과도 자매결연을 맺고 적은 성의나마 위로금을 전달하여 온정을 배풀어 줌으로써, 성공적으로 끝난 86아시아경기대회의 기쁨을 불우한 이웃들과 함께 나누어 가지기도 하였다.

이것이 인연이 되어 부녀회원들은 지금도 이들 소년소녀가장 돕기운동에 적극적으로 나서 이들에게 웃음을 되찾아 주었으며, 노인정도 정기적으로 방문해 오고 있다.

이러한 애틋한 봉사의 마음을 부추거라도 주듯이 1986년 새마을운동 종합 평가에서 성남동이 성남시에서 최우수동으로 선정되어 상금 1천만 원을 받았을 때 부녀회원들은 그동안의 조그만 봉사활동 하나 하나가 더없이 소중하게 느껴졌으며, 더욱 더 열심히 일할 것을 마음속 깊이 굳게 다짐하였다.

쾌적한 환경으로 올림픽성공 다짐

앞으로 김 지도자는 88서울올림픽에 대비하여 성남동 필드하키 경기장 주변을 국화꽃 뿐만 아니라 무궁화꽃이 만발한 거리로 조성하여 어느 올림픽 경기장 주변보다 더 쾌적하고 아름다운 환경을 만들고 거리 질서 계도도 더 열심히 하기 위해 86 아시아경기대회때 미비했던 점을 보완하는데 힘껏 노력해 나갈 계획이다.

성남동 복지촌이 형성되던 초기에는 그렇게도 자기집만을 생각하던 마을 주민들이 이제는 이웃에 눈을 돌려 모두 다함께 서로 잘살기 위해 노력하고 있음을 볼 때 우리 마을을 환하게 밝힌 전기불도 전기가 없던 복지촌에 전기가 들어오던 날 주민들이 그토록 기뻐했던 마을 전기불이 아니라 바로 새마을 전기불임을 김 지도자는 확신하고 있다.

3화 집념으로 이룬 소망

전라남도 승주군 주암면 백록리
새마을지도자 조준현(37세)

다시 고향으로 돌아와
백록 마을은 인근에 대규모 주암댐 건설이 한창 추진되고 있는 곳으로서 58가구에 452명의 주민이 살고 있으며, 경지면적은 호당평균 0.8헥타에 불과하고 7-8년 전만 해도 쌀과 보리농사에만 의존한 가난하고 낙후된 마을이였다.

조준현 지도자는 4남2녀 중 다섯째로 태어나 가난했기에 겨우 국민학교만 마치고 중학교 진학은 포기해야만 했다.

14살의 어린 나이에도 진학을 포기하게 한 가난이 싫었고, 농촌에서 살면 평생 그 가난에서 벗어날 수 없을 것이라는 생각도 들어 아는 사람 하나 없는 서울로 무작정 떠났다.

그러나 반겨주는 사람 하나 없는 공장, 상점 등 이곳 저곳을 헤매면서 닥치는 대로 일을 해도 늘 빈손이었고 하루 세끼를 찾아 먹어 본 적이 거의 없어, 그럴 때마다 고향 생각이나 결국 1967년 4년만에 가난하지만 그래도 정든 가족과 이웃이 있는 고향으로 다시 발길을 돌렸다.

고향에 와보니 마을 사람들은 물론 가족들까지도 그를 비웃는 것만 같았다.

수박 재배의 실패를 경험으로
그래도 내 고향에서 잘 살 수 있는 길을 찾아 보리라 굳게 결심을 하고 이것 저것 궁리를 해보다 처음 시작해 본 것이 남의 산을 빌어 한 수박 재배이였다.

그러나, 경험과 기술 부족으로 첫 해와 그 이듬해도 모두 실패하고 말았지만 조 지도자는 여기서 포기하지 않고 세번째 도전을 해보기로 하고, 원예 재배를 하는 분을 찾아가서 수박 재배 기술을 익혔으며, 지난날 실패한 이유를 더듬어 보기도 하였다.

그후 세번째 수박 재배에 온갖 정성을 쏟은 결과 드디어 수박이 잘 열려 난생 처음 120만 원이란 큰 돈을 손에 쥐었을 때, 조 지도자는 비로소 농사도 경험과 기술이 있어야 성공할 수 있다는 것을 깊이 깨닫게 되었으며, 이 돈으로 논과 밭 750평씩을 장만할 수 있었다.

토양에 적합한 고추 재배를 시작

농토가 생기자 더 높은 소득을 올리고 싶은 욕심이 생겨나 수박 재배 경험 밖에 없는 조 지도자는 잎담배, 봄무우, 참깨, 느타리 버섯 재배 등을 닥치는 대로 해보았으나 노력에 비해 별로 소득이 없었다.

여기서 그는 다시 한번 농사도 경험과 기술이 있어야 한다는 교훈과 함께 닥치는 대로 농사를 지을 것이 아니라 마을의 특성에 맞는 농사를 지어야 한다는 것을 깊이 깨닫게 되었다.

우선 순천의 원예 단지를 찾아가 보기로 하고 이곳 저곳 안 가본 데가 없었으나, 가는 데마다 기술을 가르쳐 주기는 커녕 경계하는 눈초리로 문전박대를 당한 적이 한두 번이 아니였으며, 하다못해 나중에는 가방 속에 작업복을 넣고 다니며 품삯도 없이 인부로 일하면서 기술을 익히기까지 하였다. 또한 백록 마을은 삼면이 산으로 병풍처럼 둘러싸여 풍해가 별로 없고 배수가 특히 잘 되는 토양이어서 고추 재배에 적합하다는 것도 알았다.

한편, 고추는 재배 경비가 적게 들고 저장이나 판로에도 별 문제가 없으며, 쌀처럼 1년 내내 꾸준히 소비된다는 점 등에도 착안하여 조금만 정성을 들여 재배하면 아주 수익이 높을 것이라는 확신을 얻었다.

이리하여 1976년에 조 지도자는 비닐하우스를 이용하여 100

평의 고추 시험재배를 시작하였다.

부지런히 농촌지도소를 찾아 다니면서, 또 모르는 것은 책을 찾아봐 가면서 고추 재배에 온갖 정성을 쏟은 결과 100평의 고추 재배에서 보리 재배보다 5배나 많은 소득이 있다는 것을 깨달은 그는 1977년에는 500평의 고추를 재배하여 240만 원의 소득을 올리게 되었다.

새마을지도자가 되어

이렇게 하여 고추 재배에 자신을 얻은 그는 모두가 잘 사는 마을로 만들기 위해 마을 주민들에게 그렇게 어렵사리 배운 고추 재배 기술을 널리 알리려 해도 선뜻 같이 해보겠다고 나서는 사람이 한 사람도 없었고, 그대신 조 지도자와 같이 부지런한 사람이나 할까 우리는 못하네 하면서 빈정거릴 뿐이었다.

그러나, 틈만 있으면 마을회관에 주민들을 모아 놓고 고추 재배만 하게 되면 잘 사는 마을이 될 수 있다고 끈질기게 설득해 나갔다.

그 결과 한 집 두 집 고추 재배 농가가 늘어나게 되었고 주민들이 조 지도자를 보는 눈도 많이 달라졌음을 알게 되었다.

이렇게 소득증대를 위해 고추재배에 밤낮없이 힘쓴 덕택으로 1981년 마을 총회에서 그를 새마을지도자로 선출하게 되었다.

새마을 지도자가 된 조 지도자는 이제까지는 소득증대에 조그만 기여를 해 왔을 뿐이지만 앞으로는 누구보다 솔선하여 잘 사는 마을로 이끌어 가야 한다는 무거운 책임을 느꼈다.

그러나 그는 "하면 된다"는 새마을 신념을 다시 한번 마음 속 깊이 다지면서 고추 재배를 더욱 확대해 보기로 하고 1983년에는 7천 평의 고추를 재배하였다.

그해 고추 수확으로 1천5백만 원의 소득을 얻게 되자 주민들은 더욱 그를 믿고 잘 따라 주었으며, 드디어 영세 농가 3가구를 제외한 55가구가 참여하여 재배면적은 3만3천 평으로 확대되었다.

어려움을 극복하며 고추마을로 육성

1985년에는 마른 고추 6만 근을 생산하여 1억2천만 원의 소득을 올릴 목표로 모든 주민들이 밤낮으로 열심히 노력하고 있던 차, 비닐하우스에 파종한 고추묘들이 잘 자라 주어 5월초 본 밭에 옮겨 심으려고 묘 굳히기를 하던 중 밤 기온이 이상하여 새벽 4시에 일어나 비닐하우스에 가보니 이게 웬일인가? 고추묘가 모두 꽁꽁 얼어 버렸다.

정말 청천벽력이였다.

조 지도자는 마을 사람들에게 알려야 한다는 생각에 날이 밝기가 무섭게 앰프 방송을 통해 지금 고추묘가 꽁꽁 얼었다는 사실만 알려 주었을 뿐 그 이상의 말을 하지 못했다.

이 소식이 전해지자 마을은 삽시간에 수라장이 되었고 성미 급한 주민은 쫓아와 "고추 재배 기술을 잘 안다더니 이게 뭐냐? 너 따위가 무슨 지도자냐?" 하면서 거침없이 폭언을 퍼부을 때 그는 눈물을 흘리며 새마을지도자는 아무나 해서는 안되는 것이구나 하는 생각마저 들었다.

또한 지도자가 된 후 그토록 외로웠던 적은 없었다.

그러나, 그렇게 좌절만 하고 있을 수는 없었다.

이렇게 어려운 때일수록 지도자의 책임을 다해야겠다 생각한 그는 즉시 순천에 있는 종묘사로 가서 사비로 식물영양제를 사와 마을주민들에게 나누어 주며, 최선을 다해 마지막까지 고추묘를 살려보자고 설득하여 조 지도자의 마지막 대책에 따라 주기를 눈물로 호소했다.

그리하여 매일 이 집 저 집 고추묘상을 찾아 다니며 정성을 쏟은 결과 15일 쯤 지나자 밑둥만 남았던 고추묘에서 파란 곁가지가 나오기 시작했다. 실의에 빠져있던 주민들은 설마하는 기대 속에 죽어가던 고추묘가 다시 살아나자 모두들 기뻐하면서 "조준현이는 역시 고추박사다. 역시 새마을지도자다." 하며 극찬을 아끼지 않았을 때 그는 새마을지도자가 된 큰 보람을 느꼈다.

지성이면 감천이라 했듯이 그해 고추가격도 높아서 목표에는 못미쳤지만 1억여 원의 소득을 올리게 되었다.
이처럼 많은 소득을 보게되자 현재는 5만 평에 고추를 확대 재배하게 되었고, 1억5천만 원의 소득은 무난하리라 확신하고 있다.

한편, 1985년 겨울부터 농한기를 이용하여 그가 직접 주암면 내 각 마을을 순회하며 기술을 보급하고 재배를 권장한 결과 이제는 관내 먼지역의 여러 마을에서 너도 나도 고추 재배에 참여하게 되어, 1986년에는 전남도로부터 고추 재배 주산 단지로 지정을 받기도 하였다.

이렇게 백록 마을이 고추 재배로 성공을 하게 된 원인은 조 지도자 자신이 먼저 많은 경험과 연구를 통해 고추 재배를 원하는 마을 주민 누구에게나 기술을 정확히 가르쳐 줌으로써 실패하는 농가가 하나도 없이 전 주민이 지도자를 믿고 고추 재배에 적극 참여했기 때문이다.

소득증대 및 환경개선사업 전개
한편, 마을주민들은 고추 재배에서 얻은 소득증대의 성공을 거울삼아 농한기 없는 4계절 소득사업을 다양하게 추진해 나가고 있다.

그 결과 단감나무 재배에서 연간 2천7백여만 원, 밤나무 단지에서 2천3백여만 원, 사과나무 재배로 1천여만 원 등 과수재배에서 연간 총 6천여만 원의 높은 소득을 올리고 있고, 봄배추와 완두콩 비닐하우스 재배로 연간 4천5백만 원의 소득을 올려 그야말로 백록 마을은 봄·여름·가을·겨울 4계절 소득을 올리는 부지런한 마을로 힘차게 발돋움 하고 있으며, 1986년에 호당 소득 545만 원이었던 것이 1987년에는 650만 원은 넉넉히 되리라 확신하고 있다. 한편, 이렇게 마을소득증대에 힘쓰는 한편 1982년에는 마을공동기금 300만 원으로 농로 480미터를 개설하였고, 1986년에는 마을공동기금 450만 원과 정부지원금 300만 원으로 마을진입로 450미터를 말끔히 포장하였으며, 승주군 저축 시범마을로 지정되어 전남도에서 부상으로 받은 상금 2백만 원과 마을기금 2백만 원을 합쳐 마을안길 200미터도 포장하였다.

그러나, 백록 마을이 보다 더 잘 살기 위해서는 농촌환경위생사업이 무엇 보다 중요하다 생각하고, 1982년에는 주민 숙원이었던 간이상수도를 전 가구에 설치 하였으며, 1985년에는 전체 가구가 조상 대대로 사용하던 재래식 변소를 삼조식 변소로 개량하였고, 또한 1986년에는 1차로 21농가가 입식부엌으로 개량하여 주부들의 일손을 덜어주고 있다.

조 지도자는 여기서 멈추지 않고 앞으로도 마을소득증대 못지 않게 미흡한 마을주거환경과 생산기반시설을 지속적으로 개선해 나갈 계획이다.

한편, 주민소득이 높아감에 따라 힘들어 번 돈을 쉽게 써서는 안된다고 설득하여 1985년부터 전체 농가가 농협에 10만 원에서 50만 원까지 3년제 적금을 붓고 있으며, 1986년부터는 반상회 적금통장도 만들어 매월 반상회 때마다 적립하고 있다.

그도 현재 1년 수입은 고추에서 1천만 원, 봄배추와 완두콩에서 1천만 원, 기타 농작물에서 7백만 원 등 총 2천7백만 원 정도가 되며, 5년제 1억 원짜리 적금에 가입하여 매월 160만 원씩 불입해 오고 있다.

밝은 내일을 계획하며

조 지도자는 앞으로 백록 마을을 전국에서 제일 가는 고추마을로 만들 것이며, 완두콩을 제2의 마을소득작물로 확대 보급하고 풍부한 목초를 이용한 축산도 적극 장려함으로써 다가오는 1990년에는 호당 소득 1천만 원을 기필코 달성할 것이다.

또한 마을회관을 2층으로 증축하여 학생들이 마음 놓고 공부하고 주민들이 농사기술을 익힐 수 있는 마을문고를 설치하고, 마을노인들의 휴식처인 노인정과 어린이 놀이터 시설도 만들 계획이다.

4화 주민의 피땀과 화합으로 이어진 달천교

경상북도 군위군 소보면 봉황 3동

가난으로 얼룩진 육지속의 외딴섬
봉황3동 마을은 군위군청 소재지에서 서쪽으로 약 11km의 평야지대에 위치한 전형적인 농촌 마을로서 28호가 논농사와 과수농사를 위주로 하며' 살아가고 있다.

마을 앞은 위천이 흘러 여름철 장마기에는 홍수로 교통이 두절이 단반사였으며, 이로 인하여 학생들의 등교가 불가능하고 사과와 채소 등 농산물의 수송로가 끊어져 판로개척이 어렵고, 또 산길 8km를 돌아가야 외부와 연락이 겨우 닿는 육지 속의 섬마을이라고 불리워질만큼 고립된 농촌마을이었다.

새마을운동이 시작되기 전인 1970년대초만 하더라도 호당 경지면적 0.9ha의 적은 농토에다 주민들은 거의가 가난을 숙명처럼 알고 미곡위주의 농업으로 잘살아 보겠다는 의욕이 부족하고 나태와 자포자기로 젖든 고향과 조상대대로 물려준 전답을 처분하여 도시로 떠나는 사람들이 매년 늘어만 갔다. 더구나 1년 중 5~6개월은 농한기로서 음주와 도박으로 소일하곤 하였으며, 춘궁기에는 식량이 떨어져 죽으로 연명하여야 하는 어려운 생활의 연속 이었다.

주민들의 굳은 결심
1971년 새마을운동이 시작되면서부터 이곳 주민들도 시련과 역경을 딛고 "잘살아 보자", "하면 된다"는 신념아래 풍요로운 복지농촌 건설이라는 내일의 꿈을 이룩하기 위해 주민들의 화합과 근면, 협동하는 정신으로 새마을지도자와 마을주민들이 합심하여 새마을운동에 앞장서기 시작했다.

지붕개량과 담장개량, 복합영농, 계획적인 소득증대로 해마다 소득이 높아지자 새마을운동의 열기는 한층 더 번져나갔다.

그러나 과수농사에 전념하면서 소득이 점차 향상되었고, 축산업을 겸하여 복지농촌을 향하여 매진하고 있었으나, 마을 앞 교량이 없어 농산물의 수송과 판로에 어려움은 여전하였다.

점차 마을주민들은 새마을지도자를 중심으로 단합하여 마을 발전과 새마을사업에 적극 참여하게 되었으나, 농산물의 수송과 판로개척에 필수적이며 숙원사업인 마을앞 교량이 가설되지 않고 있는 것을 안타깝게 생각하고 교량건설을 위해 고심하였다.

장마철이면 길이 막혀 학생들은 등·하교가 불가능했으며, 생산된 수박, 참외 등은 출하시기를 놓쳐 농산물이 부패하여 풍년농사를 판로와 수송 때문에 망치는 일이 잦았다. 마을 앞에 교량이 가설되지 않고는 복지농촌은 커녕 주민들의 생활에도 큰 불편을 가져다 주고 있어 교량가설은 꼭 달성해야 겠다는 것을 이 마을 주민이면 모두 마음 속에 간직하고 있는 숙원사업이었다. 그러나 어느 누구도 선뜻 앞장서 일할 사람이 없었다. 왜냐하면 이 교량공사는 마을의 힘으로는 너무도 벅차고 큰 공사이기 때문이였다.

이때 새마을지도자 이창우씨는 1983년 지도자연수교육을 받을 때 보고, 듣고, 배운 기억을 되살려 내가 있는 동안 꼭 교량을 가설하리라 굳게 마음먹고 마을총회를 개최하였다.

이 자리에서 이 지도자는 "먼 훗날 우리의 후손들을 위하여 우리들이 피땀을 흘리자"고 호소하였다. 이에 주민들도 교량가설에 반대하는 사람은 단 한명도 없었지만 사업비 확보가 가장 어려운 사항으로 대두되었다.

문제를 해결하기 위하여 주민들 스스로가 합심하여 마을공동기금 조성에 참여하기로 하고, "협동단결", "검소한 생활", "저축의 3개항의 규약을 설정하여 다같이 실천하기로 의견을 모으고 "1가구 1통장 갖기 운동을 전개하여 한푼 두푼 돈을 모으기 시작하였다. 그리하여 농민들의 힘으로 가능한 사업부터 단계적으로 추진하기로 하고. 먼저 6,000천 원의 사업비를 들여 28호 전 가구에 간이급수시설을 설치 완료하였고, 다음에는 농로확장 800m와 농산물 저장창고 1동 등 복지 농촌의 디딤돌이 되는 사업을 하고 나니 주민들은 차차 용기와 자신감으로 충만 했다.

이제 남은 것은 가장 힘들고 어려운 교량가설이므로 더욱 저축과 검소한 생활로 마을공동기금을 조성하는 등 기반을 닦아 나갔다.

그런 후 행정기관에 찾아가 주민들의 뜻을 전하고 수차례 건의하였으나, 정부지원상 예산문제로 당해 년도에는 지원하기가 어렵다는 통보였다. 그러나 다음 년도에 지원 약속을 받게 되었지만 교량가설은 사업비가 많이 들고 또한 1개 부락만으로는 추진이 곤란하여 여러 마을이 공동으로 권역을 설정 추진하여야 한다는 것을 깨닫게 되었으며, 그런 후 이웃마을과 공동유대권을 형성하기로 하고 1985년 12월 9개 마을 대표자회의를 소집하였다.

이웃마을 대표자들도 달천교 교량가설은 농산물 수송 등으로 필요하다는 것에 뜻을 같이하여 사업추진에 최선을 다해 동참하여 협조하기로 하였다.

모래벌에 화합의 가교를 건설하기 위하여

드디어 1986년도에는 봉황 3동에 달천교 가설이 광역권 사업으로 선정되었으며 교량가설계획이 수립되기 시작하였다. 위치선정에 있어 교량가설의 위치를 두고 현재 통행로에 교량을 가설할 경우 하폭이 넓어 교량의 길이가 120m 정도되므로 사업비가 1억 원 정도 소요되나, 통행에 다소 불편하지만 그 위치에서 100m 정도 상류 쪽으로 옮기면 교량의 길이를 20m 정도 줄일 수 있으나 접속 도로 280m의 신설이 필요하다는 측량결과가 나왔다. 위치 선정을 위하여 주민총회를 개최하여 열띤 토의와 심사숙고한 끝에 접속도로를 신설을 하더라도 사업비가 적게 드는 상류지역으로 옮겨 사업을 하기로 의견을 모았다. 그러나 총 공사비가 72,058천 원으로 설계되었고 그중 50,000천 원이나 되는 사업비는 행정기관에서 지원이 가능하나 22,058천 원을 주민의 힘으로 만들어야 했다.

이는 주민 스스로의 힘으로는 도저히 불가능한 일이었다. 그리하여 몇 차례나 토론을 하고 방법을 모색한 결과, 그동안 모아온 마을공동기금 5,200천 원을 몽땅 투자하고 나머지는 주민 모두가 공동으로 부담하되 현금과 노력을 아울러 부담하기로 했다.

1986년 3월 6일에는 마을총회를 소집하고 대표자를 선출한 결과, 추진위원장에는 연세가 높고, 학식있고, 덕망있는 봉황3동의 이성희씨가 추대되었으며, 부위원장에는 새마을지도자 이창우씨를 임명하고 부서별로 책임자를 선정 사업추진상의 어려운 문제들을 사전 해결토록 만반의 준비를 갖추어 나갔다.

1986년 3월 12일에 드디어 대망의 교량가설공사를 착공하였다. 주민의 숙원사업을 하자없이 추진하기 위하여 전 주민의 참여 속에 사업을 시작하였으며, 주민의 단합된 모습에 하늘도 감동하였는지 공사기간 중에는 날씨도 좋아 강우로 인한 공사중단은 한번도 없이 순조롭게 작업을 추진할 수 있었다.

뜻이 있는 곳에 길이 있다.

옛말에 호사다마라는 말이 있듯이 사업추진에는 쉬운 일만 있는 게 아니였다. 예상치 못한 일도 생기기 마련이다. 특히 교량접속도로 편입부지중에는 부재지주가 있었으며, 또한 접속도로가 전답의 중앙을 가로지르고 있어 지주의 승낙을 받기에 어려운 점이 한 두가지가 아니였다. 승락을 받기 위하여 새마을지도자와 추진위원장이 직접 나서서 지주를 찾아가 몇차례의 설득과 간청으로 어느 정도 해결할 수 있었다.

부재지주의 승낙을 받기 위하여는 새마을지도자가 대구와 서울 등지로 지주를 찾아가 고향의 새마을 사업의 필요성을 설명하고 부지 사용을 간청한 끝에 겨우 승낙을 받을 수 있었다.

부지 15필지 384평의 농토를 사용하여도 좋다는 승낙서를 모두 받아 드디어 4월 3일부터 공사를 차질없이 추진할 수 있었다.

편입부지 승낙과정중에 겪은 어려움으로는 봉황1동 출신 이병길 (대구 거주)씨의 2필지 84평과 이세영씨의 땅 60평이 중간으로 도로가 남으로써 상하로 자투리 땅으로 남아 쓸모가 없는 땅이 됨에 따라 추진위원회에서 중재를 하여 두 사람의 땅을 상하로 합하여 한 쪽씩 두 사람이 나누어 경작하도록 설득한 끝에 겨우 합의를 보았으며, 또 공사중에 이웃 과수원의 성목 3그루에 피해를 주어 변상하여야 하는 일도 있었다.

그러나 이러한 고난과 시련을 극복하는 과정에서 지도자와 주민들은 뜻이 있는 곳에 길이 있다는 신념을 가지고 더욱 단합하고 똘똘 뭉치는 계기가 되어 화합의 다리 달천교 건설에 총력을 기우릴 수 있었다.

뭉치면 이룩된다는 평범한 교훈

전 주민이 합심 참여하여 추진한 결과, 드디어 1986년 6월 30일 웅장한 모습을 한 교량 140m를 완공하게 되었는데, 이는 당초 계획된 물량 80m보다 30% 초과된 것이었다. 이 어려움을 이룬 것은 결코 우연한 일이 아니었다. 경상북도가 역점사업으로 추진하고 있는 새마을 애향운동 즉, 고향찾기, 고향가꾸기, 고향돕기인 "3향운동"을 전개하여 애향심을 깊이 심어 줌으로써 78명의 출향인사로부터 11,550천 원의 성금을 지원받았기 때문이었다. 뿐만 아니라 전 주민이 한 마음이 되어 열심히 참여한 결과라 하겠다.

교량가설이 완료되고 9개동 전 주민이 참여한 가운데 자축을 겸한 결산보고를 하면서 사업 중에 있었던 어려운 일들을 이야기하고 즐거워 하였으며 이웃마을간에는 서로 협조·단결하는 기회가 되었다. 이제 주민들이 단결만 하면 어떤 어려움도 능히 극복할 수 있다는 의지와 각오를 갖게 되었다. 교량이 완공됨에 따라 9개동의 농산물 수송이 원활하게 되어 제값을 받고 판매할 수 있었으며, 학생 80여 명이 등하교 길의 어려움을 면할 수 있었다. 전 주민이 새마을지도자와 추진위원회를 중심으로 합심단결하여 교량가설을 계획보다 초과달성하고 사업을 알차고 성공적으로 추진함으로써 그 노고가 인정되어 1986년 11월에는 광역권추진위원회에 대한 내무부장관의 표창을 받는 영광도 얻게 되었으며 잘사는 마을 선진농촌의 꿈을 향해 나가게 되었다.

향토 사랑과 복지농촌을 꿈꾸며

이제 군위·소보간 도로가 포장되고 달천교 교량이 가설되어 교통불편이 없어짐에 따라 지역에서 생산되는 사과, 채소류의 재배면적이 점차 늘어나고 있으며 소득이 많이 높아질 것으로 전망된다. 교통의 편리해지자 주민들이 해야할 일도 많아졌는데, 그것은 위천을 따라 마을 앞 솔밭 1ha의 면적에는 여름철이면 자연발생 유원지로 변모되어 관광객이 년간 연인원 1만여 명 정도가 찾아들 것이 예상되어 자연보호운동을 어느 마을보다 앞장서 추진해야 하는 일이다.

또한, 새마을지도자를 중심으로 주민이 합심단결하고 소득작목인 사과단지를 단계적으로 확대하여 소득을 높여 복지농촌의 꿈을 알차게 실현할 것 이다.

이제 위천에 화합의 다리인 달천교가 건설되고 유유히 흘러가는 위천은 봉황동의 젖줄로써 우리들의 후손에게 길이 물려줄 유산이 되었으며, 주민들의 애향정신과 끊임없는 노력으로 선진조국 창조의 대열에 발맞추어 복지 농촌의 내일을 위해 오늘도 힘찬 전진을 계속하고 있다.

5화 인삼재배로 키운 복지마을의 꿈

전라북도 진안군 마령면 덕천리 신덕마을

낙후된 전형적인 산간마을
신덕마을은 전주와 무주구천동의 중간지역인 진안군 소재지에서 남쪽으로 14km, 전주에서는 동북쪽으로 약 35km에 위치한 전북의 동부산악지대로, 해발 290m나 되는 산간마을이다.

이 마을은 총 37가구에 농가 28가구, 비농가 9가구로써 200명이 모여 살고 있으며, 마을 총 면적 중 76%가 임야이고, 36.7ha의 경지면적중 논이 14.8ha, 밭이 21.9ha로, 호당평균 1ha의 비교적 영세한 농토를 가졌으며, 전체 36.7ha의 경지면적 중에서도 산비탈 밭이 60%나 되어 토질이 척박하고 일조량의 부족 등으로 농작물의 소출이 적은 마을이다.

지금은 산비탈 밭을 주로 이용하여 인삼, 표고버섯, 고추, 연초 등 복합 영농으로 1986년말 현재 5,300천 원의 소득을 올리고 있지만, 1970년대까지만 하여도 주민들은 조상대대로 물려준 전답에만 의존하여 미맥 위주의 영농을 하여 온 탓으로 헐벗고 굶주림에 찌든 생활로 비참하기 그지 없었다.

복합영농으로 살길을 열어
그러나 마을주민들은 다른 지역에서 이루어지고 있는 복합영농에 관심을 갖기 시작하면서 어떻게 하든 오랜 가난을 추방하고 잘살아 보겠다고 다짐 하였다. 다른 마을에서는 고추, 연초, 고냉지 채소 등을 재배하였으나 자본과 기술이 부족한데다가 경험도 적고 더군다나 농토가 적어 별소득을 올리지 못하게 되자 도시에 나가 큰 돈을 벌어보겠다고 고향을 등지는 사람들이 많았지만, 이 마을 주민들은 산골짜기에서도 지역여건에 적합한 소득작목을 개발하고 주민들이 뜻을 합쳐 부지런히 노력한다면 잘 살 수 있으리라는 기대감을 갖고, 복합영농만이 우리가 잘 살 수 있는 길임을 깨닫고 소득사업에 박차를 가하고 있었다.

그러나 영농자금이 없어 주민들은 애를 태우고 있던 중 때마침 1983년 9월 진안군으로부터 소득을 높혀 저소득마을을 탈피하여 보라는 격려와 함께 새마을소득 특별지원자금 1천만 원을 지원하여 주었다.

그것은 지역여건 때문에 비록 소득은 낮았지만 새마을사업으로 지붕개량 37동, 안길확장, 담장개량도 완료하고 주민들 힘에 겨운 농로 2km를 개설하였을 뿐 아니라, 지력증진에 힘을 쏟아 주변의 풍부한 산야초를 이용하여 산더미같이 퇴비를 쌓아 퇴비 최우수마을로 표창을 받은 일도 있어 주민들의 협동단합과 부지런함을 잘 알고 있는 행정당국의 특별한 배려이기도 하였다.

주민들에게는 정말로 눈물겹도록 고마운 일이었고 지원금으로 기필코 잘 살아 볼 것을 마을주민 전체가 굳게 결의하였다.

가난을 벗어날 기회가 오다

그동안 농토의 대부분이 산비탈 밭이고, 자본이 없어 가난을 헤어나지 못 하던 주민들에게 지원금 1천만 원은 생전 처음 만져보는 큰 돈이였다.

전 주민들의 지대한 관심 속에 마을총회가 개최되었고, 먼저 대상사업 선정에 대하여 신중히 토론한 결과, 지역여건에 알맞는 고소득 작목으로 판로, 가격 등을 감안할 때 한우, 산양, 도라지, 표고, 인삼재배 등 여러가지 안이 나왔지만, 당시 이 지역에는 충남 금산군으로부터 들어오기 시작한 인삼이 일부농가에서 조금씩 재배하던 중으로써, 그동안 토질과 여건이 알맞지만 자본이 없어 시작하지 못한 인삼재배를 이 기회에 해보자는 의견에 주민 모두는 찬성하였다.

인삼재배는 고도의 기술이 있어야 하기 때문에 기술습득은 선진마을 견학과 인삼경작조합에 기술지도를 받기로 하였고, 인삼재배를 할 경우 씨삼(종삼) 구입비가 너무 많이 들기 때문에 씨삼부터 직접 재배하기로 하였다. 사업추진방법은, 1천만 원을 전체가구 37호가 똑같이 나누어서 하자는 안과 마을전체 공동사업으로 하자는 등 여러가지 의견이 많았으나 전체가구가 똑 같이 나누어 실시할 경우 지원액이 적어 큰 보탬이 되지 못하고, 마을공동 사업으로 추진할 경우에는 관리소홀 등의 여러 문제가 발생될 것으로 판단되어, 결국 마을내에서 비교적 잘살지 못하는 가구 중 근면성실한 13농가를 선정, 5년간 지원하기로 뜻을 모으고, 먼저 선정한 수혜농가(13호)에서는 인삼재배가 끝나 수확하게 될 때 소득액의 7%에 해당하는 금액을 마을에 희사하여 마을공동기금으로 적립하고, 다음에 지원받지 못한 다른 농가에도 마을에서 자체융자 지원하므로써, 마을기금과 전체농가 소득이 동시에 향상 되는 방안을 채택하였다.

사업의 성공적인 추진을 위하여 주민총회를 열어 새마을규약과 사업추진 및 자금운영 관리규약을 만들었는데, 그 내용은 새마을사업에 전 주민이 솔선참여하고 새마을소득 특별지원농가에서는 7%의 소득액을 마을공동기금으로 희사하고 사업농가가 중도에 이사를 한다거나 사업추진을 못할 때에는 지원금을 회수한다는 등 몇 개 사항을 새마을규약으로 정하고, 사업추진 및 자금관리에 대한 운영규약은 먼저 5인 위원회를 구성하였으며 위원장에는 근면성실하고 신망이 두터운 송진씨를 선출하였다.

그리고 위원회에서 하는 일은 새마을규약 내용의 추진책임, 마을발전계획 수립, 융자금의 관리 및 운영방침 수립추진, 사업추진 및 결산보고 등을 세밀히 정하였고, 주민들은 협동단결하여 본사업을 꼭 성공시켜 모두가 잘살 수 있는 발판으로 삼고자 결의하였다.

본격적으로 인삼재배 착수
지도자 송진씨는 이 사업을 추진하려면 주민 각자가 성실히 하고자 하는 노력이 뒤따라야 하지만, 가장 중요한 것은 사업추진에 대한 책임자가 마을을 위하여 참된 일군으로 앞장서서, 강력히 이끌어 나가지 않으면 재배기술 습득이 어려운 인삼재배사업을 성공시킬 수 없다고 생각하고, 먼저 인근 마을까지 포함해서 인삼경작농가 30호를 규합하여 인삼계를 조직하였으며, 마을내에서 기술습득을 빨리 할 수 있는 독농가 15명을 선발하여 10차례에 걸쳐 선진마을 견학을 실시하였다.

그리고 전 주민은 군청이 주관한 인삼경작조합과 농촌지도소 등의 전문가들로 구성된 기술지원단의 강의와 스라이드 등의 교육을 받았을 때에는 모두 자신감을 갖게 되었는데, 먼저 묘삼재배를 시작하려면 대상토지에 충분한 산야초 퇴비를 넣은 후에 10차례 정도의 뒤엎기를 한뒤, 초겨울에 골을 쳐서 미리 눈을 틔운 씨앗을 파종하고, 이듬해 해동과 동시에 지주목을 박아 덧밭을 설치하므로써 포장설치가 완료되며, 그뒤 수확할 때까지 1년에 12회 정도 농약을 살포하여 병충해를 방제하고 제초작업을 수시로 실시하여, 마치 어린아이 돌보듯 관리만 잘하면 되고, 파종후 수확까지는 총 3년 간의 기간이 소요된다는 것을 알았다(1983년도에 파종할 경우 1985년도에 수확함). 그리고 3년간 소요되는 생산비는 종자대, 자재대, 경운비, 방제비, 인건비 등이 1평당 7,500원 정도 소요되며, 1평당 소득은 보통수준의 작황일 때 15,000원 정도이나 주민들은 생산비용 중에서 자재대, 경운비, 인건비를 자가농동력과 생산 등으로 많이 줄일 수 있다고 생각하였다.

사업농가 13호는 1983년 11월에 종삼씨앗을 2,660평에 파종하였고, 그해 겨울내 온 식구들과 이웃 주민들이 총동원되어 지주목을 만들고, 인삼발을 제작하여 1984년 이른 봄에 묘삼포 설치를 완료하였는데 총투자액이 노력부담까지 포함하여 1천 7백여만 원이 들었다.

그뒤 인삼계는 추진위원장 송진씨의 주도하에 매월 1회씩 모임을 갖고, 주로 체험사례 교환과 농촌인력 부족에 대처한 공동작업단 구성 및 운영협의, 농약과 자재 등의 공동구입, 인삼도난방지 대책 등 다각적으로 토론되었다. 병충해 방제는 인삼계원 30명이 5개조로 편성되어 공동으로 하였으며 제초작업은 부녀회가 맡아 잡초 한포기를 찾아 볼 수 없도록 철저히 관리하였다.

면농촌지도소와 인삼조합, 군청에서는 한달에 두차례 이상

지도출장을 하면서 잘자라고 있는 종삼을 보고 격려와 찬사를 아끼지 않았고, 이 마을을 진안군내의 시범포로 지정하여 타마을에서 견학까지 왔다.

뿐만 아니라 인삼경작 조합에서는 이 마을 주민들의 인삼재배기술과 성실함을 인정하여 인삼재배자금을 저리융자까지 해주어 인삼포 면적을 확대재배하게 되었다.

천재를 딛고 일어서다

1984년 여름이었다. 장마철 폭우로 4농가 분 818평의 인삼포가 침수되자 사업농가는 물론 온 마을 주민들의 절망감은 이루 표현을 못할 정도였다. 인삼밭이 침수될 경우에는 인삼이 바로 썩어 버리기 때문이다.

그러나 주민들은 하늘의 시련에 굴복하거나 좌절하여서도 안된다고 이를 악물었으며, 인삼포가 망하면 우리 마을도 망한다는 생각에 밤낮을 모르고 배수작업을 하고 농약살포를 하는 등 억척같은 관리와 정성을 쏟았다.

그 정성에 하늘도 감동하였는지 침수에도 인삼은 별탈이 없었고, 무럭 무럭 자라나 1985년 3월에는 우량종삼 2,010kg을 처음으로 수확하였는데 이를 싯가로 계산해 보았더니 5천4백만원 상당이 되어 마을 전 주민들은 자신들의 일처럼 기뻐하였고, 사업을 추진한 13농가는 너무나 기뻐한 나머지 당초 마을규약 내용과는 별도로 마을 공동기금 700천원을 선뜻 희사하여 마을에서는 이를 다시 1농가를 추가 선정하여 최초의 마을자체 융자금을 지원하 였다.

복지마을의 꿈을 싣고

당시 주민들의 형편으로는 수확한 종삼을 판매하여 빚도 갚고 생활비에 보태써야 할 처지들이였지만 사업농가와 주민들은 이구동성으로 현재에 만족하지 말고 조금만 더 고생을 하자고 서로가 격려하여, 인삼재배에 계속 투자하자는 데에 의견이 일치되었고, 13호 사업농가는 수확한 종삼 전부를 7,680평에 식재하여 관리에 온갖 정성과 노력을 쏟아 현재의 작황이 인근에서 제일 좋은 실정이다.

신덕마을은 본 사업을 계기로 주민들의 협동단결과 공동운영체제가 완전히 구축되어 인삼계는 당초 3마을 30호가 참여하여 조직되었으나 현재는 6마을에 70호의 경작농가로 확대 참여하여 계자금만도 백미 18가마가 조성되었다. 현재 재배하고 있는 7,680평의 인삼을 1988년도에 수확하게 되면 약 1억9천만원(호당 15백만원)의 소득을 예상하고 있으므로 전 주민들에게 희망과 꿈을 안겨주고 있을 뿐만 아니라 진안군 관내에서도 인삼재배 개척마을로 신덕마을이 손꼽히고 있다.

이 마을은 1982년 말까지 인삼재배농가가 3호에 마을평균소득 3,189천원으로 당시 수혜농가(13농가)는 2,392천 원의 소득을 올려 시작의 단계이였으나, 1986년말 현재 마을전체 인삼재배농가는 32호에 19,200평의 면적과 인삼 소득 1억5천만원으로 확대되어 마을평균 5,285천원으로 증가되었다.

수혜농가는 10,400평의 면적과 75,400천원 (호당 5,800천원)의 소득을 올리고 있어, 1990년도에는 마을평균 호당 1천만원 이상의 소득이 무난할 것으로 예상하고 있다.

신덕마을이 불과 5년 전까지만 해도 가난과 낙후를 면치 못하는 마을이였으나, 이제는 옛모습을 전혀 찾아볼 수가 없는 마을로 탈바꿈하게 되었다. 이는 오직 소득특별지원금을 밑거름으로 마을 주민들의 협동참여와 인삼 계의 치밀한 운영 및 사업농가의 재배기술 향상과 근면성실 등 사업추진이 원활하게 이루어진 결실로서 이제 인근마을에서도 신덕마을의 성공사례가 파급되어 인삼재배면적이 날로 늘어가고 있다.

앞으로도 인삼 계는 계속발전하여 이 지역발전의 중추적인 역할을 하게 될 것이라 믿는다.

또한 1988년도에 인삼을 수확하면 예상소득액중 7%에 해당되는 1천3백만 원을 마을공동기금으로 조성하여 마을자체 재투자 사업이 활발히 전개된다면 농가소득과 마을공동기금이 동시에 향상될 것이다.

이제 추진위원장 송진씨를 주축으로 한 마을내 지도자들은 인삼재배에 만족하지 않고 표고버섯과 고사리재배 등 또다른 고소득작목의 개발에 박차를 가하고 있으며, 백삼제조 및 가공공장의 건립과 공동구판사업을 위한 차량구입, 객토와 경운을 동시에 대량으로 할 수 있는 트랙터구입, 생산기반사 업으로 양수장 설치 (60,000천 원 소요), 장학금제도 실시 등 복지마을을 실현하는 푸른 설계에 부풀어 있으며, 오늘도 인삼포에서 전 주민들은 구슬땀을 흘리며 소득증대에 앞장서고 있다.

6화 바지락이 숨쉬는 복지터전

전라남도 보성군 득량면 해평리 구룡마을

잠자는 구룡마을

58가구에 323명이 거주하고 있는 구룡마을은 보성군 소재지에서 남쪽으로 14km 떨어진 곳에 위치한 해안마을로서 마을 앞 해안선을 사이에 두고 고흥군과 경계를 이루고 있으며, 천혜의 간석지에는 바지락, 피조개 등 수산 양식이 가능한 지역이다.

호당 경지면적 1.04ha로 미맥 위주의 재래식 영농을 하는 영세한 마을로 주민들은 농사를 짓는 틈틈이 이웃마을의 바지락 양식장에 품팔이를 하여 근근히 생계를 유지하여 왔으며, 더구나 농번기 이외에는 할일이 없어 주막이나 사랑방에서 술과 도박으로 소일하며, 마을주민 사이에는 질시와 반목으로 불화만이 가득찬 생활의 연속이였다.

삶에 지친 일부 주민들은 지금보다 잘살아 보겠다고 한 두 가구씩 마을을 떠나 대도시로 이주하였고, 또한 마을주민들도 이웃마을에서 활발히 추진되고 있는 새마을사업에 자극을 받아 우리도 이대로만 가난하게 살 수 없다는 것을 깊이 깨닫고 1980년 2월 마을총회를 개최하여 신망이 두텁고 열성적인 강덕오씨를 새마을지도자로 선출하는 한편, 살기좋은 마을로 탈바꿈하기 위한 발전방향을 서로 논의하였다.

천혜의 보고(寶庫)를 발견하고

이러한 주민들의 논의 결과 이 마을을 빈곤에서 탈피시킬 수 있는 유일한 길은 마을 앞에 버려둔 천혜의 간석지를 개발하여 패류양식을 해야 한다는 데 착안하고 주민총회를 통해 바지락 양식사업을 하자고 주장하였으나 처음에는 바지락양식에 대한 경험이 전혀 없고 당장 추진할 자금확보의 곤란으로 주민들로부터 쉽게 호응을 얻지 못하였다.

그래서 새마을지도자와 주민대표들은 열심히 패류양식에 관련되는 서적을 탐독하고 보성군 수산계, 수협 등 관계기관을 찾아 다니며 양식방법을 터득하는 한편, 자금조달을 위하여 노력하였다. 다행히도 관계기관의 현지조사 결과 마을 앞바다가 담수의 영향으로 염분 농도가 낮고 사니질(沙泥質)이며, 대조시 5시간 노출되는 곳으로서 바지락, 새고막 양식에는 적지로 판명되었다. 이에 자신감을 얻은 새마을지도자와 주민대표는 소득사업추진위원회를 구성하고 보성군 수협 명의로 마을 앞 지선 15ha를 행사계약, 수협으로부터 바지락 종패 구입자금 3백만 원을 융자받아 양식사업을 추진하게 되었다.

시련은 계속되어

마을주민은 오랫동안 불신과 반목으로 얼룩진 터라 바지락 종패 구입과정에서도 각자 의견이 엇갈려 쉽게 사업을 추진할 수 없었으나, 지도자를 비롯한 소득사업추진위원이 앞장서 경남 등지에서 구입 살포한 종패는 그해 9월 해일을 동반한 "에그니스" 태풍으로 패사됨으로써 부푼 꿈이 사라지는 첫 시련을 맞게 되었다. 그러나 이에 굴하지 않고 다음 해 수협에서 3백만 원의 융자를 받아 사업에 재투자하였으나, 체계적인 기술과 경험이 전혀 없는 지도자와 주민대표들의 능력만으로는 역부족이어서 또다시 실패로 끝나고 말았다.

 주민들은 바지락 양식사업으로 마을에 빚만 지게 한 새마을지도자와 주민 대표들을 불신하게 되었고 본인 자신들도 의욕을 상실한 채 실의에 젖어 있었다.

 그러나 계속 이대로 실패만 할 수 없다는 강한 집념이 다시 시작하겠다는 용기를 주어 무거운 발걸음으로 한 집 두 집 찾아다니며 주민을 설득하여 다음 해 2백만 원을 융자받아 사업을 또 시작하였으나 마을의 불운은 그칠줄 몰랐다. 그 해는 적조현상으로 바지락 하나 건저 내지 못한 채 마을 주민의 소박한 꿈은 물거품이 되어 버리고 그동안 피나는 고생도 헛되이 8백만 원의 수협채무만 지게 되었다.

 그후 마을주민들은 패류양식을 포기하고 수시로 바다에 나가 숭어잡이와 자연산 바지락, 새고막 등을 채취하여 수협의 이자 물기에 여념이 없었다.

수평선 넘어 영근 무지개

그러나 잘사는 마을을 이루어 보겠다는 마을주민의 노력과 집념은 이웃마을 뿐만 아니라 행정기관에 까지도 알려져 보성군의 협조로 1984년 4월 소득특 별지원자금 2천만 원을 지원받게 되었다. 바지락 양식사업의 꿈을 버리지 못한 지도자와 마을주민들은 58가구 중 49가구가 공동으로 바지락 양식사업을 마지막 재기의 기회로 삼아 추진키로 합의하고 사업비 부족액 3백만 원을 가구별로 분담하였다.

그 해 마을 앞 양식장 15ha를 마을 어촌계 명의로 면허를 내고 바지락 종패 66톤을 살포하면서부터 지도자와 마을대표들은 여수 수산전문학교와 보성군 수산 관계자들을 부지런히 찾아 다니며 바지락에 대한 새로운 기술을 익히는 한편, 주민들은 뻘이 많은 사토질에 모래, 패각 등으로 객토갈이를 하고 수로를 파서 해수의 유통이 잘 되게 물길을 만드는 등 온갖 노력을 기울이게 되자 양식사업은 다시 활기를 띄게 되었고, 온 마을주민은 오로지 한마음이 되어 양식장을 관리하고, 기후조건도 좋아 바지락의 생육상태는 정상적이었다.

1986년 4월 주민들의 부푼 기대속에 채취한 바지락은 2,000깡으로 29,700천 원의 엄청난 소득을 올리게 되자 지도자를 비롯한 온 마을 주민들은 그동안의 갖은 고생도 잊은 채 기쁨이 넘쳐 눈물로 뒤범벅이 되었고, 우리도 잘 살 수 있다는 자신감과 신념을 갖게 되었다. 이를 바탕으로 더욱 열심히 정성을 기울이자 금년에 채취할 예상 수확량도 약 2,000깡으로 3천만 원의 소득이 기대될 만큼 큰 성과를 거두게 되었다.

복지마을의 기틀을 다지고

1980년대초만 하더라도 구룡마을의 호당 평균소득은 2,529천 원의 영세한 마을이었으나, 거듭 실패에도 불구하고 1986년 바지락 양식사업의 성공적인 추진과 소득사업의 다원화를 위한 육성우 30두, 양돈 80두 등을 사육함으로써 1986년은 호당소득 4,981천 원에 달하는 중간마을 수준이 되었다.

또한 바지락 양식사업의 수익금중 12,069천 원(호당 264천 원)은 가구별로 배당하였고 부락 공동채무(수협) 2백만 원을 상환하였으며, 특히 수익금의 3%를 마을공동기금으로 조성키로 결의하고 금년 6월까지 2,800천 원을 적립하였는가 하면, 마을환경정비사업으로 1,260천 원을 투자하여 마을회관 25평을 보수정비하였다.

특히 양식사업이 실패할 경우 부채발생을 우려하여 불참하였던 9가구의 주민도 사업이 성공하자 1986년부터는 함께 참여하여 사업을 마을공동으로 추진함으로써 열심히 땀흘러 일하게 된 주민들은 예전의 불신과 반목은 사라지고 협동, 단결정신이 크게 고양되어 마을발전에 기여하게 되었다.

밝아 오는 희망을 향하여

구룡마을은 1989년까지 예상수입 8천만 원중 소득특별지원금 2천만 원을 상환하고 나머지 6천만 원을 마을공동사업에 재투자하여 개인소유 양식장(약 50ha)까지 흡수 본 사업을 확대하고, 마을공동기금도 계속 조성하여 마을공동창고 1동(50평), 구판장 1동(30평)을 건립하는 등 소득기반사업과 복지환경 개선사업을 점차 확대 추진할 계획이다.

마을주민들은 이 공동사업이야말로 구룡마을을 복지마을로 변모시키는 좋은 기회로 굳게 믿고 있으며, 1990년까지 호당소득 2천만 원 달성을 목표로 오늘도 희망찬 내일을 향해 열심히 노력하고 있다.

7화 불모지에서 피땀흘려 이룬 보람

대구직할시 북구 산격2동 산격 시영아파트

보통사람들이 함께 사는 서민아파트

산격2동 아파트는 시청에서 동북쪽으로 약 3km지점에 위치하고 있으며 그 너머에는 금호강과 경부고속도로가 가로 놓여 있어 자연경관을 한눈에 바라볼 수 있는 변두리지역의 살기좋은 곳이기도 하다.

이 아파트는 1978년 대구시가 무주택 서민들의 주택보급을 위하여 건설한 20평형 규모의 서민아파트로써 760세대 3,200여 명의 주민이 살고 있다. 1970년대 말까지만 해도 아파트의 환경은 덩그런 콘크리트 건물만 늘어서 있어 삭막하기 그지 없었고, 주변에는 쓰레기더미가 쌓여 있어 경관을 해칠 뿐만 아니라 주민들의 위생생활도 위협하고 있었으며, 새로 형성된 아파트 주민들은 부동산투기에 편승한 입주자가 많아 주민들간에 인사와 대화는 커녕 20cm도 안되는 벽사이 옆집에 누가 사는지도 모르는 이기주의가 만연되어 있었다.

특히 아파트주변에 사는 토박이와 입주자간의 분열로 의견차이가 심해 주민이 힘을 합쳐 마을일을 추진한다는 것은 생각할 수도 없는 새마을 불모지였다.

1980년대 들어 부동산 가격이 안정됨에 따라 투기붐에 편승하여 입주한 주민들이 대부분 이주하였고, 새마을부녀회를 중심으로 전 주민이 도시새마을운동을 활기있게 추진함으로써 지금은 내집을 가진 도시의 보통사람들이 깨끗하고 아름다운 환경 속에서 비교적 안정된 생활을 누리는 화합하고 협동하는 도시새마을운동의 시범아파트로 변모되었다.

대화로 불 붙은 새마을운동

새로 형성된 아파트의 삭막한 생활환경과 이기적인 주민들을 어떻게 하면 살기 좋고 화합하는 새마을로 만들 수 있을까 하고 고심하던 김영자 부녀지도자를 중심으로 한 새마을부녀회원들은 우선 시간적 여유가 많은 주부들을 대상으로 대화를 통해 "이웃 알기 운동"부터 전개하기 시작하였다.

이웃간에 쌓여진 단절의 벽을 헐기 위하여 집집마다 찾아 다니며 이웃 소개와 부업 소개는 물론, 자녀들에게까지 관심을 기울여 가며 대화를 나누었고 부녀회원들의 집을 대화의 장소로 정하여 서로를 소개하고 대화함으로써 주민간의 친목을 다지는 한편, 내일의 마을 발전을 위한 이야기와 해야 할 일들을 같이 걱정하곤 했다.

이렇게 이웃 주민들이 서로 알게 되자 이를 더욱 결속시키기 위해 반상회를 활성화하기로 하고, 집집마다 찾아가서 설득에 설득을 거듭한 결과 주민 모두가 반상회에 참여하여 대화를 통해 마음의 벽을 헐기 시작하였으며, 반상회시 결의한 불결한 아파트 주변과 계단청소에 전원이 자진 참여하는 분위기를 만들었다.

또한 주부들의 보람있는 모임을 위하여 반상회때마다 꽃꽂이, 뜨게질 등 권위있는 강사를 초빙하여 강습회를 개최하는가 하면, 주변의 의사 및 약사 를 초빙하여 의학상식 소개와 건강상담을 실시하여 주민의 자율참여의식을 높여 갔으며, 때로는 변호사와 행정, 금융기관의 간부급을 초청하여 법률 상식과 은행, 수도, 전기, 건축 등의 일상생활에 필요한 지식과 정보를 습득하게 하는 등 도시새마을운동 활성화에 얼과 성을 다하여 노력한 결과, 점차 주민간에 대화가 오고 가는 가운데 이웃을 내일같이 돕는 인정많고 화합하는 마을로 점차 변모하기에 이르렀다.

새마을 운동은 부녀회를 중심으로

불모지에서 어려운 역경을 딛고 화합을 이룩한 새마을부녀회에서는 전체 주민이 참여하는 공동체의식을 심자는 목적아래 1983년 10월에는 전 주민이 한자리에 모인 가운데 어린이 자전거 달리기 등 5개 종목의 아파트 주민 친선체육대회를 개최하여 주민들의 친목과 화합을 다지는 한편, 야간에는 동 회의실에서 노래자랑과 장기자랑으로 이웃과 함께 웃고 즐기는 시간을 만들어 매년 10월이면 주민들의 잔칫날로 연례행사처럼 치러지고 있다. 복잡한 도시생활과 이질적인 아파트 생활로 소외된 채 살아가는 노인 200여명을 초빙하여 내 부모 모시듯 손수 정성들여 마련한 음식과 흥겨운 노래로 잠시나마 외로움을 달랠 수 있도록 위로하였으며, 갑갑한 아파트를 벗어나 자연을 즐길 수 있는 1일 효도관광도 함께 실시하여 청소년 은 물론, 젊은 세대들에게 경로효친사상을 심어 주었다.

새마을부녀회원들은 새마을의 열기를 더욱 확산시켜 나가기 위하여 40만 원의 기금으로 국기꽂이 260개를 제작하여 국기꽂이가 없는 가정에 무료로 보급하여 국경일과 경축일에 전 세대가 국기를 게양하는 애국심을 함양하였고, 희망하는 세대에 대하여 문패 180여개도 무료로 달아주어 감사하는 마음을 일깨워 주기도 하였다.

또한, 매월 1일과 15일마다 조기청소를 대대적으로 전개하는 한편, 주변 공지에 새마을 양묘장 990m^2를 설치하고 아파트 외부에 꽃길 1.5km를 조성하였으며, 아파트내의 화단과 공지에 꽃나무 200본과 1년생 초화류 2,000여 본을 심어 밝고 아름다운 아파트를 만들었다.

거리질서에 있어서도 아파트 입구 3개소를 지정, 교대로 질서지도에 솔선하여 교통사고를 미연에 방지하는 등 마을일을 위하여 정성과 희생을 다하는 부녀회원들의 노력에 힘입어 마을의 남자지도자들도 이에 질세라 스스로 참여하여 자율방범대를 구성, 20여명이 방범활동을 실시하여 믿음으로써 협조하는 가운데 도시새마을운동을 정착시켰다.

그동안 부녀회를 중심으로 이룩한 새마을운동의 업적과 열기는 외부로 확산되어 번져갔고, 관계기관에서 까지 알게되어 격려차 방문하신 시장께서 특별 반상회에 참석하여 주었고, 이 자리에서 부녀회 대표들은 주민들의 정서함양을 위하여 독서실 설치와 체력을 단련할 수 있는 체육공원시설을 조성하는데 사업비가 필요함을 건의하자 특별지원할 것을 쾌히 승락하여 주어 시비 120만 원과 자체기금 350만 원으로 공공회의실 50평에다 95석의 책걸상 및 냉방시설을 갖추고 3,000여 권의 도서를 비치하여 청소년과 주민들이 틈틈히 정서 함양하는데 크게 이바지하였다. 아울러 아파트 북편에 공지 1,300여 평을 활용하여 시비 400만 원과 기금 150만 원으로 체육시설 5종류와 히말라야시다 200여 본을 식재하여 주민의 체력을 단련하는 체육공원을 조성하였다.

또한, 매일 아침, 5시부터 조기체조학교를 개설하여 300여명이 참여한 가운데 국민체조와 에어로빅 등을 통한 주민 건강증진에도 힘써 대구의 모범적인 아파트 마을을 형성하였다.

근검절약과 새마을 협동사업

도시새마을운동의 열기가 더해 가자 사치와 허영으로 소비성향에 젖어 있던 주민들의 의식과 생활태도도 바뀌기 시작했다.

가정에서부터 자녀들의 성장으로 입지 못하는 아동복과 유행이 지나 입지 않는 양질의 성인복을 계절이 바뀔 때마다 수집, 깨끗이 손질하여 매년 명절 때 부녀회원들이 직접 마련한 음식과 함께 양로원과 고아원 등 불우시설을 찾아 전달 위문하여 이들에게 인정감과 자부심을 심어주기도 하였다.

또한 각 가정에서 버려진 폐품을 수집하고자 매월 반상회 다음날을 "폐품 수집의 날"로 정하기로 결의한 아파트 주민들은 자율적으로 수집소에 나와 협조하는가 하면 출근길이나 학생들의 등·하교길에도 스스로 폐품을 모아 88만 원의 자체기금을 조성하게 되었으며, 조성된 기금으로 아파트 입구 2개 소에 버스승강장을 설치하여 주민들의 교통편익에도 이바지하고 있다. 인보협동사업으로는, 도시와 농촌간 소득격차로 인한 위화감 해소와 상호 친목을 도모하기 위해 영천군 자양면 신방리와 자매결연을 맺고 염소 10마리, 고압식 분무기 1대와 30만 원 상당의 기념품을 전달하고 매년 1회 이상 양곡수납포대와 비누·노트 등 20만 원 상당의 생활필수품을 지원하였으며, 1984년 8월에는 자매마을주민 50명을 초청하여 앞산공원, 달성공원, KBS방송국 등지로 견학하게 하여 친목을 도모하는 한편, 아파트 주민 50여 명으로 영농지원반을 편성하여 농촌의 바쁜 일손을 도와주기도 하였다.

한편, 자매마을에서는 생산한 산채류, 고추, 마늘 등 농산물을 아파트지역에 직거래하여 주민에게는 싱싱하고 값싼 농산물을 공급할 수 있었고, 자매마을 주민에게는 직거래를 통한 판로확보와 소득향상에 큰 몫을 담당하였다.

화합의 결속인 이웃회를 조직하고

새마을운동을 보다 활성화하고 기반을 다지기 위하여 반별로 이웃회(45개 회)를 조직하여 매일 아침 조기청소를 스스로 실시하고, 전 주민이 참여하는 폐품을 수집하여 마을 공동재산이 500여만 원에 달하는 등 이웃회는 마을의 공동관심사를 토론하는 화합의 광장이 되고 있다.

이제 주민간의 화합으로 굳게 닫혔던 장벽은 허물어지고 서로가 믿고 함께 살아가는 울타리 속에서 새마을운동을 솔선 참여하는 풍토가 정착되었으며, 주민 스스로 절전, 절수운동을 실시하여 가계에 많은 도움을 주었고, 가정의 저축운동을 반상회시 결의하여 1가구 1통장을 갖게 함으로써 수년간 제자리 걸음만 걸어오던 산격2동 새마을금고가 자산규모 5억 원을 능가하는 일거양득의 성과를 거양하기도 하였다.

인심좋고 살기좋은 도시마을을 꿈꾸며

앞으로 아파트 부녀회에서는 화합으로 뭉친 주민들의 뜻을 한데 모아 저축을 생활화하고 폐품수집운동을 계속 전개하여 마을기금을 늘리는 한편, 깨끗하고 아름다운 마을환경 속에서 주민들의 질서의식을 드높이고 만나는 사람마다 먼저 인사하는 습관을 심어 친절하고 예의바른 풍토조성에 열과 성을 다할 것을 다짐하고 있다.

또한 1986년 6월에 발족한 부녀청결봉사대를 주축으로 아파트내의 환경개선은 물론, 경기장 주변과 불결지역을 수시 순회하여 깨끗이 정비하여 다가오는 서울올림픽에 찾아오는 손님에게도 불편함이 없도록 작은 힘이나마 보탬이 되고자 노력하고 있으며, 주민 모두가 뜻을 같이 하는 일이라면 어떠한 어려움도 헤쳐 나갈 수 있다는 굳은 신념으로 오늘도 도시새마을운동 실천에 땀 흘려 일하고 있다.

8화 올림픽을 향한 화합

인천직할시 남구 옥련동

수려한 경관과 명소를 지닌 옥련동

인천 서남단에 위치한 옥련동은 산세가 수려한 청량산을 중심으로 해안을 껴안은 듯한 형상으로 흔히 "송도"라 불리워지는 곳으로 자연경관이 빼어나고 곳곳에 명소들이 많아 찾는 이의 발길이 끊이지 않는 곳이다. 국내 유일의 인공 해수욕장인 송도유원지와 해수풀장인 새인천유원지가 있으며 청량산 중턱에는 인천상륙작전의 승전을 기리고 반공 교육장의 역할을 하는 인천상륙작전기념관이 바다를 굽어보며 서 있는 곳으로 곳곳에는 자연경관 못지 않게 유명 약수터가 산재하여 시민들의 사랑을 받고 있다.

이렇듯 수려한 자연경관과 명소들을 갖고 있는 옥련동은 옛부터 한나루, 옥골, 대암, 독배, 양곳마을 등 5개 자연부락을 근간으로 씨족사회적 성격을 가진 마을이었으나 1970년대 들어 급격한 도시화로 주민이 12,000여명에 이르고 있다. 주민의 구성도 총 2,800여 세대 중 농업종사가구 200여 세대, 어업종사가구 200여 세대, 기타 2,400여 세대 등 도시와 농어촌의 복합적 성격을 띠고 있다.

반목과 질시가 점차 이해와 협동으로

그러나 1970년대 들어 급격한 도시화로 인구가 늘어나면서 원주민과 이주민 상호간에 반목이 심해져서 마을 일에도 불신과 무관심이 팽배하는 등 전 근대적인 병폐로 단결하여야 할 마을의 일들에 많은 어려움과 제약이 늘 뒤 따랐다. 이러한 상황에서 새마을운동도 자연 답보상태일 수 밖에 없었다. 그러나 새마을지도자협의회와 부녀회는 매월 정기모임 외에도 자주 회합을 가져 서로를 격려하고 친선을 도모하는 한편, 주민계도와 아울러 새마을사업을 홍보하여 그들의 노력으로 이루어지는 작은 일 하나 하나가 주민에게 유익한 일이 되도록 노력하였다. 반상회에도 각각 담당지역별로 참석하여 그 간의 활동사항과 성과를 홍보토록 하였고 반상회 건의사항중 자체 해결이 가능한 도랑치우기, 방역, 쓰레기청소 등의 사업은 새마을 깃발을 세우고 새마을협의회에서 가능한한 해결을 하여 주었다. 이러한 노력의 결과로 주민들의 반목과 질시가 차츰 이해와 협동으로 바뀌었으며 이때부터 서서히 주민 참여가 이루어지고 "내집앞 내가 쓸기"등 아주 작은 일에서부터 진정한 의미의 협동하는 새마을운동이 점차 불붙기 시작하였다.

관내 전 도로가 성화봉송로

이와같이 주민들간에 협동 분위기가 무르익을 즈음 1986아시아경기대회와 1988올림픽 개최가 확정되었고 인천상륙작전기념관과 인천시민의 유일한 관광지인 송도유원지와 시원한 바다의 풍경을 만끽할 수 있는 해안도로 등을 끼고 있는 이 지역의 특성으로 인하여 관내 6.7km의 전 도로가 성화봉송로로 지정되었다. 수려한 산세와 바다를 끼고 펼쳐지는 정감어린 풍치 등의 자연조건에 조그마한 주민의 노력이라도 더해진다면 이곳을 찾는 많은 손님들에게 보다 큰 만족을 줄 수 있다는 자각이 주민들 사이에 싹트기 시작하였다. 마을을 관통하는 전 도로가 성화봉송로로 확정되었을 때의 그 기쁨과 설레임 만큼이나 "더 잘해야 한다"는 책임감과 두려움이 컸다. 동 새마을협의회에서는 주민총회를 개최하고 앞으로의 추진방향 등을 논의하는 한편, 범 시민적으로 "아시안게임과 올림픽을 대비한 관내 전역의 공원화운동"의 실천대회를 대대적으로 개최하여 붐을 조성하고, 새마을사업을 올림픽을 대비한 전 지역 공원화운동에 역점을 두고 추진하기로 하였다. 사실 이 지역 성화봉송로는 산과 바다를 끼고 있는가 하면 주택가와 농경지가 무질서하게 위치해 있고 유원지와 해안도로 등 다양한 형태의 지역여건으로 성화봉송로를 품위 있고 질서있게 정비하기엔 많은 어려움이 뒤따랐다. 주민대표와 새마을지도자, 각종 자생단체와 기관장들은 매일같이 머리를 맞

대고 추진방법과 정비방안을 논의한 결과, 각종 단체별로 각자가 추진할 수 있는 역할을 부여하는 동시에 지역특성을 최대한 살리면서 정비해 나가기로 결의하였다.

꽃과 묘목생산을 우리 손으로

1986 아시안게임을 대비하여 전 지역 공원화사업을 추진하는 데 첫 번째 부딪친 어려움은 묘목을 마련하는 일이었다. 많은 양의 꽃과 나무가 필요할 뿐 아니라 묘목을 마련하는 데도 많은 자금이 소요되기 때문이였다. 이에 대하여 동 새마을협의회에서는 묘목을 마련하는 일을 새마을지도자와 부녀지도자들이 선도적인 역할을 담당하기로 결의하였다. 이러한 각오를 바탕으로 새마을부녀회에서는 묘목 확보를 위한 기금 마련을 위하여 폐품을 수집하기로 결의하고 관내 유원지와 농경지에 버려진 폐품수집을 위해 매주 토요일을 "폐품수집의 날"로 정하고 폐품수집에 나섰다. 폐품수집에는 어려움도 많아 농경지의 진흙탕에 빠지기도 하고 유원지 모래밭에서 모래를 뒤집어 쓰는 곤욕도 치러야했으며 이해 못하는 일부 주민들의 멸시와 냉대도 받아야 했다. 한푼이라도 더 받기 위해 고물상 주인과 가격을 놓고 입씨름도 하는 등의 어려움을 겪으며 노력한 끝에 폐품수집에 나선지 1년만에 120여만 원의 기금을 확보하는 뿌듯한 성과를 거두었다. 이에 질세라 새마을지도자들은 묘목의 자체생산을 위하여 관내 공한지 400여 평에 묘포장을 조성하였으나 소금기가 있는 토양과 바다 바람에 견디지 못하고 묘목이 죽어 버리는 몇 번의 실패와 좌절을 거듭한 끝에 20여만 본에 달하는 꽃과 묘목을 생산하기에 이르렀다.

나의 나무・나의 꽃 갖기운동 전개

이러한 어려움을 이겨내고 정성들여 생산된 묘목을 가지고 1986 성화봉송로 주변 832개소에 1,942본을 식재하였다. 이 과정에서 지역특성을 감안하여 지역별 토양과 기후에 맞는 수종을 선별하여 2년여에 걸쳐 15,000여 그루를 식재하였고 전 주민들에게 "나의 나무갖기 운동"을 전개하여 집 안팎과 야산 등에 나무를 심도록 유도하고 나무마다 자기 이름표를 붙여 나무에 대하여 가족 이상의 애착을 갖고 가꾸도록 하여 지금까지 잘 자라고 있다.

또한 꽃길조성을 위하여는 이 지역을 찾는 외래객들이 사시사철 아름다운 꽃을 볼 수 있도록 인천상륙작전기념관에서 송도유원지 구간의 도로 양변에 사루비아, 페추니아, 칸나, 펜지 등의 꽃을 윤재하여 꽃길을 조성하였으며, 통·반별로 담당구역을 지정하여 꽃밭에 물주기와 화단정비 등을 실시하여 "나의 꽃"이라는 인식을 갖고 적극적인 참여를 하도록 유도하였으며, 꽃길조성이 어려운 송도유원지앞 상가와 송도시장부근에는 "선진회" 등에서 화분 내놓기운동을 전개하였고, 아파트 부녀회에서도 베란다에 화분 내놓기와 공동 꽃밭을 조성하여 아름다운 마을 가꾸기에 일익을 담당하였다. 그러나, 전 지역 공원화사업은 생물체를 다루는 일이라 어려움이 많았다. 애써 심어놓은 꽃나무가 며칠 안돼서 시들어 버리고 가뭄때면 물을 주기 위해 리어카로 물을 실어 나르고 바다바람에 꽃이 죽었을 땐 가슴 아픈 쓰라림을 맛보며 다시 심고 잡초를 제거하는 등의 어려움을 극복하고 많은 사람의 땀과 노력의 결과로 공허하고 메말랐던 주변을 밝고 푸른공간을 만들었다.

86의 기반을 88의 도약으로

1986년 9월 아시아경기대회를 밝혀 줄 성화가 그간 주민 모두의 피땀어린 정성으로 잘 가꾸어진 성화봉송로를 따라 달려갈 때 주위의 자연경관과 잘 어우러진 성화의 아름다움을 바라보는 모두의 감격어린 표정엔 오늘의 이 한 순간을 위해 겪었던 그간의 모든 어렵고 고생스러웠던 일들이 일순간에 아름다운 추억으로 회상되고 있음을 알 수 있었다. 그간 성화봉송로를 가꾸기 위한 새마을운동은 반목과 질시가 팽배했던 주민들을 근면 협동하는 화합된 주민으로 변화시키는 값진 결과와 단합된 주민의 힘을 과시할 수 있는 게기가 되었으며, 무질서하게 버려졌던 이 지역의 자연경관을 조화있고 품위 있게 정비할 수 있었다.

그러나 그것은 이제 시작의 일부에 지나지 않는다. 인류의 대제전인 1988올림픽을 향한 더 많은 노력을 기울이지 않으면 안된다. 86아시아경기대회 성화봉송로 전 구간이 다시 88올림픽 성화봉송로로 확정되자 주민 모두는 전보다 나은 사업을 하리라 다짐하며 다시금 땀을 흘렸다. 그간 전 지역공원화로 잘 가꾸어진 성화봉송로 주변의 꽃과 나무를 계속 가꾸어 나가고 더 많은 꽃과 나무의 식재를 위하여 부녀회의 폐품수집을 확대하기로 하는 한편, 기존의 묘포장을 배로 늘려 더 많은 묘목을 생산하고 있으며, 관내 3개 학교에도 교내 묘포장을 마련 생산된 4,000여본의 꽃으로 1987년 5월 500여m의 꽃길을 조성하였다. 주민들의 "나의 나무갖기 운동"을 지속적으로 전개하여 1987년 6월까지 마을 곳곳에 유실수 1,664본을 식재하였으며, "영농회"에서는 공한지 정비를 위하여 마을 특성을 살려 1987년 3월 해바라기, 조롱박 등 각종 채소 700여본을 식재하고 990m^{2}의 잔디포를 조성하기도 하였다. 1986년도에 특색사업의 일환으로 성화봉송로 주변에 식재하였다가 경험부 족 등으로 실패한 담쟁이 넝쿨을 1988년에는 기필코 푸르게 자라게 하기 위하여 금년 봄 2개소에 100여 그루를 시범적으로 식재하고 과거의 경험을 되살리며 잘 관리한 결과, 현재 무럭무럭 자라고 있어 내년에 3개소의 석축 및 절개지에 담쟁이 넝쿨을 추가로 식재할 계획이다.

올림픽 새마을운동의 주인공

새마을지도자를 비롯한 온 주민이 보여준 아시아경기대회 준비기간 중의 각고와 노력 이상으로 각자의 역할에 최선을 다하고 지난날 공원화운동을 추진하면서 기후적인 특성과 토양이 맞지 않아 실패한 경우와 지역적 특성이나 시기를 고려치 않아 사업실적이 저하되었던 일들을 경험삼아 1988올림픽을 대비한 사업 추진시에는 각 분야의 전문가들에게 조언을 받아 완벽한 사업을 추진해 나갈 계획이다.

아시아경기대회 준비 초기의 새마을운동 추진시 있었던 일부 특정인의 희생이 강요되었던 식의 사업추진이 되어서는 안되며 주민 모두가 올림픽 새마을운동의 주인공임을 인식하고 이 지역의 일꾼으로 기꺼이 이 자랑스런 대열에 동참하여야 하며, 올림픽 새마을운동의 성과는 어느 한 사람만의 손으로 이루어지는 성과는 분명 아니며 모든 주민들이 참여하여 그 필요성을 서로가 공유하게 될 때 더 좋은 성과를 얻을 수 있을 것이라는 확신 아래 지난 날의 성과와 교훈을 발판 삼아 주민 모두가 하나로 화합하고 각종 조직 및 기관들이 유기적인 협조체제를 갖추어 이 마을을 보다 푸르고 아름다운 마을로 가꾸는 것이 세계인의 대제전인 올림픽을 훌륭히 치루는 것이라는 자부심을 갖고 오늘도 각자가 맡은 일에 최선을 다하고 있다.

9화 새마을운동으로 이룬 세계속의 라니

인천직할시 북구 작전동 라니산업(주)

주방용품의 선구자를 목표로

인천직할시 북구 작전동에 소재한 라니산업(주)는 1978년 4월 19일에 설립되어 1980년 2월부터 "썬버너"로 잘 알려진 휴대용 가스레인지를 비롯하여 가정용 가스레인지, 가스난로, 주방용 레인지후드 등을 생산하여 국내 판매는 물론 일부는 해외로 수출하고 있는 280여명 규모의 중소기업체이다. 설립될 당시에는 사원 30여명에 월 생산량도 200여대에 불과한 보잘 것 없는 공장이었다. 비만 오면 공장 안팎이 온통 진흙탕으로 변해 질퍽거렸으며 공장 지붕도 종이장같이 얄팍한 스레트로만 덮여 있어서 오뉴월 뙤약볕에 한 번 달아 올랐다 하면 온통 찜통이 되곤 하였다. 겨울이면 천막을 쳐서 만든 간이 식당에서 오들오들 떨며 얼음밥을 먹어야만 하는 실정이었으며 회사의 재정상태 역시 한심하기 짝이 없었다. 은행빚과 사채 등으로 하루에 메워야 할 돈이 사원들 월급과 맞먹을 정도였다. 자금 압박은 날이 갈수록 심하고 설상가상으로 하루가 멀다 하고 안전사고가 일어났으며, 사원들은 모이기만 하면 불평불만을 늘어놓고 근무시간 중에도 상사의 눈을 피해 술을 마시러 나가는 사원도 있었다. 입사한지 한 달도 못 채우고 다른 곳을 찾아 보따리를 꾸리는 사원이 있는가 하면 심지어 숙직 근무자가 회사를 빠져나가 밤을 새는 일도 허다하였다.

공장새마을운동을 시작

이래서는 진정 회사가 지탱해 나갈 수 없다고 생각한 장희정 사장을 비롯 한 일부 간부사원들은 작업환경의 개선과 설비투자에 노력을 기울였으나 일부 타성에 젖은 사원들이 만든 제품으로 인하여 여전히 불량품이 계속 발생하였다. 이러한 풍토속에서 아무리 품질향상, 원가절감, 생산성향상을 부르짖어 봐도 소용이 없다고 생각한 사장과 간부들은 때마침 다른 일부업체가 공장새마을운동으로 크게 발전하는 것에 감명을 받아 새마을운동만이 회사를 소생시킬 수 있는 유일한 길임을 믿고 새마을운동을 전 사원의 정신운동으로 승화 발전시키자고 결의하고 회사의 경영악화를 감수하면서도 사원들의 정신자세 확립을 위해 먼저 사장을 위시한 간부사원부터 만사를 제쳐놓고 새마을교육원에서 새마을교육을 이수토록 하고, 이어서 순차적으로 전 사원에게도 새마을교육을 이수토록 하여 직장내 근면, 자조, 협동의 새마을 정신을 불어 넣었다.

넘어야 할 어려움은 여전히

그러나 어려움은 계속되었다. 1982년 10월 신제품을 개발하여 전 사원이 꿈에 부풀어 있었으나 출하에 앞서 시험한 완제품에서 근본적인 하자가 발견되었다. 중요한 부품에 칫수의 이상과 조정상태의 불량을 발견하게 된 것이다. 긴급간부회의를 소집하여 대책을 논의하였다. "우선 급한 자금의 회전을 위하여 판매하자"는 의견과 "소비자와의 신용을 위하여 안된다"는 의견이 맞서 논란을 벌인 끝에 장기적으로 회사를 살리는 길은 소비자의 신용을 얻는 것이라며 불량품을 폐기하기로 결론을 보았다. 수천 대의 불량품을 공장앞에 쌓아 놓고 장 사장은 전 사원에게 "우리의 손으로 만든 불량품이니 우리의 손으로 부수어 없애자"고 하면서 함마를 들고 부수기 시작하여 전 사원이 돌아가며 함마를 휘둘렀다. 모두가 가슴 아픈 고통을 느끼지 않을 수 없었다. 사장 이하 전 사원들은 울었고 사장은 전 사원들에게 "내일부터 새로운 각오로 작업을 시작하여 기필코 완제품을 만들어 내자"고 호소하였다.

어려움을 전화위복의 계기로 삼아

그러나 누군가의 입에선지 모르게 "이제 회사가 문을 닫게 될 것이다.", "이번 달부터 월급을 제때 못 받을 것이다."라는 말이 퍼져 사원들이 동요되기 시작하였다. 그러나, 회사에서는 빚을 내서라도 사원들의 월급만은 정확하게 제 날짜에 지급하였다. 회사가 정상으로 운영될 때 월급을 주는 것은 누구나 할 수 있는 일이지만 회사 사정을 누구보다도 잘알고 있던 사원들은 회사측의 이러한 온정에 감화되어 그때부터 뭔가 달라지기 시작하였다. 철판 하나 잘라내는 일도 예전과 다른 정성이 들어 갔으며 자르고 남아 버리던 스크랩을 다시 활용하는 방안도 나왔다. "다시는 우리가 만든 제품을 우리 손으로 부수는 일이 있어서는 안된다"는 사원들의 비장한 목소리의 열기가 온 회사를 뒤덮었다. 밤 10시가 넘도록 공장에 홀로 남아 자기의 목표량을 끝내고 돌아가는 사원이 늘기 시작하였다.

이렇게 전 사원이 혼연일체가 되어 노력을 기울인 결과 제품의 질이 높아 지고 하루가 다르게 판매 실적이 올라가고 경영도 점차 호전되어갔다. 아울-러 사원들의 활발한 QC활동을 통하여 그전까지 일본에서 수입하여 오던 가스연결부품을 자체 생산하겠다는 목표를 세우고 관계 전문기관 등을 찾아다니며 자문을 청하고 문헌을 뒤진 끝에 8개월만인 1983년 9월에 가스연결부품을 생산하는데 성공하여 외화절감은 물론 원가절감까지 하게 되었고 타 회사에 까지 납품하여 이 분야에서는 타의 추종을 불허하는 기술적 성과를 이룩하게 되었다.

그 무렵 유망 중소기업에 대한 정부의 자금지원이 있어 회사에서는 자금 지원을 받아 우선 기술인재의 양성과 기술개발에 적극 투자를 하게 되었다. 그 결과 축적된 기술은 업계 최초로 우리의 고유 모델을 개발하게 되었으며 정부로부터 기술연구소의 승인도 얻게 되었다. 뿐만 아니라 국내 최초로 라니 "썬 버너"에 KS표시 허가를 획득하게 되었으며, 이어서 라니 가스레인지 및 레인지후드 등에도 KS표시 허가를 추가 획득하게 되었고, 디자인 부문에서도 "굿 디자인" 마크를 획득하는 성과를 올렸다. 품질향상을 위한 대책으로 먼저 사원들의 잦은 사고와 재해에 대한 방지책으로 무재해운동을 전개하여 작업장내 전 기계에 안전장치를 부착하고 매일 작업시간전에 부서장이 안전교육을 실시한 결과 1985년 11월에는 노동부장관으로부터 무재해 동상을 수상하기에 이르렀다.

제안제도를 과감하게 도입하여 우수한 제안을 제출하여 회사 발전에 크게 기여한 사원에 대하여는 대대적인 시상을 하고 강당에 대형사진과 제안내용을 게시하여 제안자로 하여금 긍지감을 갖도록 함으로써 생산성 향상과 원가절감 등은 물론 품질면에서도 크게 향상을 보았다. 또한 새마을분임조 회합실을 설치하고 매주 수요일은 "분임토의의 날"로 정하여 사원들의 단합심과 창의력을 높이기 위한 분임활동을 적극 지원함과 아울러 매년 분임조 경진대회를 개최하여 품질개선 및 원가절감활동에 더욱 박차를 가하게 되었다. 이어서 그동안 전 사원의 숙원이었던 협소한 작업장을 확장하고 최신식 작업설비와 쾌적한 작업 분위기를 조성하여 사원들의 사기를 한층 높이는 계기가 되었다.

공장을 제2의 가정으로

또한 사원복지면에서도 더욱 노력을 기울여 월 2회씩 목사님을 모시고 사내 예배를 실시함으로써 신앙생활에 기여하도록 하였고, 매월 생일을 맞은 사원의 생일축하회를 개최하여 참석한 간부사원들과 격의없는 대화를 통하여 노사 상호간의 정을 두텁게 하고, 분기별로 라니가족 위로행사를 개최하여 신입사원 및 동료사원들의 소개와 장기자랑, 파티 등으로 일체감을 조성 토록 하였으며, 매월 모범사원을 선발 부부동반으로 2박 3일 제주도 여행을 실시하고, 결혼을 하는 사원들에게는 신혼여행 비용을 부담하여 사원들의 사기와 의욕을 높여 주었다. 또한 전 사원에 대한 해외연수 기회를 확충하여 지금까지 90여명에 대하여 일본 및 동남아지역 해외연수를 실시하여 견문을 넓히도록 하였으며 점차 그 기회를 확대 제공하고 있다.

취미활동도 적극 권장함으로써 자체 그룹싸운드의 운영, 합창단, 낚시부, 등산부, 야구부, 매주 토요일 여사원들의 정서순화를 위한 꽃꽂이 강습 등이 활발하게 운영되도록 지원하여 공장생활을 제2의 가정화가 되도록 주력 하였다. 계절마다 가족동반 야유회를 실시하고 특히 여름철에는 강원도 양양에 하게 휴양소를 설치 운영하여 회사와 가정간의 유대를 돈독히 하고, 매년 산업시찰을 실시하여 고적답사 등에 따른 애국심을 고취하고 사원간의 단합심을 키우게 하였다.

한편, 사원들의 저축심을 높이기 위하여 직장새마을금고를 설립 1인 2통장 갖기 운동을 전개한 결과 1987년 7월말 현재 1인당 평균 90여만 원에 달하는 총 1억5천여만 원의 저축실적을 올렸으며, 장학사업의 일환으로 사원 및 사원자녀의 학자금을 지원하여 안심하고 일할 수 있는 분위기를 만들어 주었다. 년말에는 사은 송년회를 개최하여 회사현황을 자세히 소개하고 회사발전에 이바지한 노고를 치하하기도 하였다.

이러한 노력의 결실로 1985년에는 종합복지관을 건립하게 되었으며 복지관에는 헬스크럽을 비롯하여 휴게실, 도서실, 어학실의 설비를 갖추어 사원들로 하여금 교양을 쌓도록 하였고 300석 규모의 현대식 식당과 양호실, 목욕실, 세탁실, 그리고 시청각 시스템을 완비한 방송실을 설치 운영하여 회사생활에 활력을 불어 넣도록 하였다.

아울러 밝고 명랑한 직장 분위기 조성은 쾌적한 주위환경에서 비롯된다는 생각으로 공장새마을운동의 일환으로 공장 주변 환경 정비와 조경사업에 전 사원들이 적극 참여하여 "아름다운 공장가꾸기 사업"을 전개하였다.

먼저 전국토공원화와 발맞추어 공장 주변에 녹지대 조성과 사원들의 휴식공간을 마련하기로 결의하고, 첫사업으로 1986년도에 전 사원이 솔선 참여하여 공장 주변도로 및 매립지 118평과 공장 진입로 816평을 자력으로 포장하고 공장내 곳곳에 화단을 조성하였으며, 사원들의 아늑한 휴식처로 이용할 등나무 휴게소를 설치하는 한편, 80평의 잔디밭을 조성하고 주위에 유실수 6종 50여 그루와 관상수 250여 그루를 식재하여 수목의 효율적인 관리를 위해 28개 분임조별로 관리구역을 지정함과 동시에, 수목마다 개인별 관리자를 지정하여 수목에 소속과 이름이 적힌 명패를 부착 "자기나무 돌보기" 운동을 전개하여 수목의 사후 관리에 만전을 기하였으며, 주변환경과의 조화를 이룬 아름다운 환경조성을 위하여 1986년 9월에는 160m의 기존담장을 투시형 담장으로 개량하고 담장주변에 장미와 은행나무를 식재한 아름다운 울타리를 조성하기도 하였다.

이렇게 조성된 공장주변의 환경정비를 위하여 매년 상·하반기 2회에 걸쳐 1달간씩을 (3월, 9월) 환경정비기간으로 설정하여 분임조별 담당구역을 지정 공장 내외의 주변환경정비를 실시함은 물론, 년중 매주 토요일을 새마을 대청소의 날로 지정하여 일과 시작전 30분간 (08:00~08:30) 공장주변 청소를 실시하여 쾌적한 환경 조성에 기여하여 왔으며, 자연보호활동에도 적극 참여하여 구청과 동에서 주관하는 자연보호 활동에 참여함은 물론 분임조 활동의 일환으로 실시하는 각종 낚시·등산대회 등의 행사시에는 자연보호 활동을 병행 추진함으로써 자연보호운동의 솔선수범이 인정되어 1985년 10월에는 내무부 장관으로 부터 자연보호 유공표창을 받기도 하였다.

세계속의 "라니"로 급성장

이렇게 공장새마을운동이 활성화되자 1986년 2월에는 인천지역 공장새마을 최우수업체가 되었으며 동년 7월에는 생산성 향상 부분에 "상공대상"을 획득하게 되었고 1987년 3월에는 영예의 새마을훈장 노력장을 수상하였으며, 동년 7월에는 한국생산성본부에서 주관한 경영합리화부분 생산성 대상을 수상하기에 이르렀다. 그간의 공장새마을운동의 성과를 종합해 보면 1인당 생산성이 1986년에는 1980년 대비 132%나 향상되었고 불량률도 3.2%에서 0.3%로 현저히 낮아졌으며, 기업 경영상의 성과에 있어서는 1986년도 매출액 이 174억 원으로 1980년 대비 9.7배의 높은 성장을 가져왔다. 복지문제가 향상됨에 따라 이직률도 년간 9%에서 1.1%로 현저히 낮아졌으며 월 만근율도 98%로 크게 향상되었다.

사원들에게 돌아간 혜택을 보면 지난 1980년 월평균 임금이 12만 원에서 지난해 29.8만 원으로 늘어났으며, 복리후생비도 년간 73만 원으로 크게 신장 되었으며, 사원들의 복지증진을 위하여 주택조합과 우리사주조합을 설립하고 매년 복지기금을 적립 내집마련과 생활의 안정을 기하도록 하였고, 1990년대에는 공장, 주택, 병원, 학교 등을 포함한 라니 종합복지타운을 건립하여 "요람에서 무덤까지"라는 기업이념을 지켜 나갈 것이다.

또한 1986년에 일본을 비롯한 동남아, 미주 등지의 세계시장에 선보인 라니 가스레인지 썬버너가 좋은 반응을 얻고 증가추세에 있는 점을 바탕으로 계속 수출시장을 개척하여 1990년대에는 전세계 36개 지사를 설립하여 세계 속의 라니를 이룩하게 될 것이다.

라니에 종사하고 있는 전 라니 가족은 앞으로도 공장새마을운동에 더욱 박차를 가하여 라니의 평생 은인인 소비자들의 주방생활에 만족감을 주는 보다 편리하고 안전한 제품생산을 위하여 최선을 다할 것이며, 공장새마을운동으로 다져진 평생직장의식을 발전시켜 선진조국 창조의 일익을 담당하게 될 것이다.

10화 새마을금고 육성으로 이룬 복지마을

부산직할시 부산진구 개금동 새마을금고

화학기지창의 영세한 마을에 새마을금고의 태동

개금 1·3동 동민의 상부상조와 화합을 바탕으로 "근면·자조·협동의 새마을정신을 지주로 삼고 우리도 잘 살기 위한 복지마을을 만들어 보자는 각오아래 "티끌모아 태산"이란 저축 진리를 실천하고, 지역경제의 산파적 역할을 해온 개금동 새마을금고는 1970년대 새마을운동이 전국적으로 확산될 때인 1976년 8월 25일 동네 뜻있는 분 64명이 모여 120만 원을 출자하여 건립 했다.

　설립 당시에는 지역유지들을 일일이 찾아 다니며 새마을금고의 필요성을 설명하고 설득을 시켜 천신만고 끝에 동사무소 한쪽 모퉁이를 얻어 업무를 개시했다. 그 당시만 하더라도 개금동 일대는 화학기지창으로 거의 군부대가 주둔해 있었고 부산에선 아주 영세한 지역이었다. 타지에서 이주해 온 이주민과 원주민 사이에 끊임없이 분쟁이 일어났고 험악한 분위기가 항상 감돌고 있었던 터라 금고의 첫발은 상당한 시련의 연속이었다. 과연 금고가 지역주민들에게 정착될 수 있을까? 또 금고가 특정인을 위해 존재하는 사(私) 금융이 되지 않을까 하는 지역 유지들의 의구심에 대해 새마을금고는 개인의 것이 아니라 지역주민의 것이고, 지역을 위해 존재하는 협동조직체라는 이념을 홍보하기에 모든 노력을 기울였다.

　반상회, 통상회, 민방위훈련장, 예비군훈련장 등 사람이 모이는 곳이면 어디든지 찾아 다니며 금고의 필요성을 알렸고, 공신력 제고를 위해 공개운영을 원칙으로 하였으며, 매년 홍보용 책자를 발간하여 금고는 바로 우리의 것이라는 주인의식을 갖도록 계도하였으며, 그 결과 처음에는 부정적으로 보아왔던 지역 유지들의 참여가 하나둘씩 늘어갔고 자산의 신장도 눈에 띠게 늘어만 갔다.

　창립 2년째인 1978년 1월에 회원 2,000명에 자산이 무려 1

억 원으로 자라났다. 이는 오로지 손톱으로 바위를 뜯듯 가난한 살림속에서도 쪼개고 또 쪼개어 모아진 눈물겹도록 귀중한 돈이요, 이 지역에 가난을 물리치겠다는 의지의 결정 바로 그것이었다.

"한 사람은 만 사람을 위하고 만 사람은 한 사람을 위하여"라는 새마을금고 정신아래 지역주민들이 한푼 두푼 축적한 자금으로 자산을 형성하여 그 자금으로 지역내 어려운 사람들에게 빌려 줌으로써 지역내에 만연하고 있던 고리채를 하나하나 추방해 나가기 시작했다. 그 당시만 하더라도 우리 개금동은 유별나게 각종 계가 성행하였고 거기에 따른 사고 또한 많이 발생하였다. 선량한 주민들은 내일을 위하여 수개월씩 애써 온 보람이 하루 아침에 물거품으로 사라지는 고통과 심지어는 가정파탄 등을 초래하는 등 큰 지역적 문제로 부각되고 있었다.

여기에 대응하기 위하여 우리 개금동금고가 가야 할 길을 정하여 모든 회원에게 간단한 절차만으로 대출을 해줌으로써 자금 수요를 충족시켜 주었고 주민들은 새마을금고를 통하여 이웃과 화목을 도모하면서부터 고리채 없는 마을로 변하기 시작했다.

이와 같은 성과는 오로지 지도자를 중심으로 뭉쳐 전 회원이 다함께 꿀벌 같이 노력한 댓가이며 뭉치면 산다는 산 교훈을 체험한 것이기도 한 것이다.

주민후생복지사업에 본격 참여

이러한 모든 어려운 점들이 하나씩 둘씩 해결되고 금고의 내실을 튼튼히 하여 새마을금고로서의 제구실을 할 수 있을 만큼 성장되자 주민을 위해 후생복지사업에도 본격적으로 착수하기 시작했다. 새마을금고는 "교육으로부터 시작해서 교육으로 끝난다"고 교육의 필요성, 임직원에 대한 교육, 회원에 대한 교육, 지역주민들에 대한 교육 등 많은 교육중에서 특히 국가의 백년 대계에 초석이 되는 어린이들에 대한 조기교육의 중요함을 깨닫고 영원토록 교육으로 이어나갈 채비를 갖추어야 된다고 느꼈다. 그래서 새 교육을 위한 복지회관을 건립하게 되었다. 1982년 9

월 11일 대지 206평에 연건평 220평, 운동장 125평의 현대식 3층 건물을 지어 전체를 어린이, 유아원, 학생들을 위한 독서실 등의 교육용으로만 쓰고 있다.

이제 새마을금고도 단순히 회원들의 경제적 사회적 지위향상의 단계를 넘어서 지역사회 발전에 공헌하고 있다는 자부심을 갖게 되었고, 특히 아시안 게임의 성공적 완수와 3저현상의 호기를 맞아 국제수지를 크게 개선하고 우리 경제사상 최초로 흑자원년의 신기원을 이루었던 지난 해에는 우리 개금동 새마을금고도 그 동안의 숙원사업이었던 새마을금고 자체회관(대지 101평, 연건평 280평 규모의 지하 1층, 지상 3층의 현대식 건물)을 완공함으로써 새마을금고 10년의 결실을 거둔 것을 생각할 때 가슴 벅찬 환희를 억누를 길이 없었다.

10년이면 강산도 변한다는 우리의 속담을 두고 볼 때 결코 노력도 하지 않고 변화도 추구하지 않는다면 오직 퇴보가 있을 뿐이겠지만 우리는 한 개인이 아닌 우리 모두로 뭉쳐 하면 된다는 굳은 신념으로 꾸준히 새마을금고 육성을 위해 헌신적으로 봉사해 왔기 때문에 오늘의 결실을 갖게 되었다고 자부하고 싶다.

이제 우리 새마을금고는 회관을 두개나 보유하게 된 것이다. 자체회관 착공 당시 다소의 기우심이 없지는 않았으나 착공 당시 39억 원의 자산이 현재 70억 원을 넘어서고 있는 것을 볼 때 개금동 새마을금고는 민주복지사회 건설의 초석으로써 외형과 내적인 성장이 함께 발전을 이루고 있다고 할 것이며, 적은 돈도 한푼, 두푼 모이면 큰 돈이 된다는 가시적 확신과 쓰고 싶은 욕망을 억제하여 절약한 돈이 저축으로 이어질 때 미래의 풍요로운 삶이 우리들에게 약속된다는 너무도 자명한 결과를 우리는 몸소 체험하였기에, 이러한 체험을 바탕으로 개금동 새마을금고는 다시 한번 새롭게 탄생할 것이며, 현재에 만족하지 않고 보다 발전된 마을금고로 육성하기 위하여 계속적인 주민의 참여와 이웃간의 진정한 화합을 위해 봉사의 길에 동참함으로써 민주복지사회 건설의 선구자로서의 역할을 다할 것이다.

새마을금고 하면 지역복지사업을 빼놓을 수 없을 정도로 중요한 사업의 하나이지만 개금동 새마을금고는 정말 지역을 위해 많은 일을 해 오고 있다고 자부하고 있으므로, 개금동 새마을금고가 지역을 위해 벌이고 있는 복지 사업을 내용별로 살펴보기로 한다.

첫째, 새마을 유아원 운영이다.

자라나는 새싹들의 조기교육의 요람지인 유아원은 대지 125평, 건평 77.48평에 수용인원 130명으로서 가난한 가정이나 맞벌이 부부 등 유치원에 갈 수 없는 불우한 미취학 유아들을 우선적으로 선발하여 유능한 보육교사 5명으로 하여금 건전한 성장과 정서함양에 주력, 주민들의 유아교육에 대한 애로를 해결하고 있으며, 현재까지 유아원에서 배출한 원아수는 모두 6회에 걸쳐 950명에 이르고 있다.

둘째, 독서실·도서관 운영이다.

지역내에 향학열에 불타면서도 공부방 없는 학생들을 위하여 복지회관 2층 75.44평에 좌석 150석을 갖춘 독서실과 3층 60.52평에 역시 좌석 150석을 갖춘 독서실 및 3,000여 권의 서적이 준비된 도서관을 갖추고 지역내에 거주하는 중학생 이상이면 누구나 이용할 수 있도록 했으며, 또한 금고회관 3층에도 70평 규모에 좌석 150석을 갖춘 초현대식 독서실이 있어 여기에는 고등학생 이상이면 누구나 이용할 수 있도록 관리인을 배치하여 24시간 개방하고 있다.

현재까지 독서실을 이용한 학생수는 50여만 명으로서 명실상부한 지역의 공부방으로써 주민들은 물론 학생들에게 큰 인기를 얻고 있다.

세째, 하절기 방역사업이다.

전염병없는 깨끗한 지역환경을 조성하기 위하여 지역내 취약지구부터 중점적으로 반복하여 실시하고 있으며, 변두리지역의 방역 사각지대에서 흔히 발생할 수 있는 각종 전염병 매개물인 파리, 모기 등 각종 해충을 박멸하여 전염병없는 깨끗한 마을을 만드는 데 노력하고 있어, 지금까지 방역사업에 투자한 예산만도 1,700만 원에 달하고 있을 뿐만 아니라, 새마을지도자 및 부녀회원들도 다 함께 솔선수범하여 청결한 마을, 좋은 환경을 갖춘 마을을 만드는데 앞장서도록 계몽도 아울러 하고 있다.

넷째, 경로복지사업으로서 노인들의 안식을 위하고 무료함을 달래 드리며 여생을 편히 쉴 수 있도록 경로회관을 마련해 여가선용의 장소로 이용케 하고 있으며, 매년 관내 65세 이상되는 1,000여 명의 노인들을 한 자리에 모시고 자라나는 후세들에게 경로효친사상을 기리고 어른을 공경해야 한다는 취지 아래 경로잔치를 벌임으로써 지역 주민들간의 단합을 더욱 확고히 하고 주민들의 경로사상을 고취하는 견인차 역할을 다하고 있다.

이밖에도 매년 지역내 국민학교를 졸업하는 학생중 성적이 우수하고 모범생으로 가정 형편이 곤란한 불우학생들을 선발하여 장학금을 지급함으로써 상급학교에 진학할 수 있는 길을 열어 주고 있으며 지금까지 장학금 지급에 소요된 예산도 총 1,085만 원이다.

그밖에도 불우이웃돕기, 체육대회개최, 새마을사업 지원 등 많은 사업을 통하여 진정으로 새마을금고가 지역을 위하고 주민을 위하고, 나아가서는 국가경제를 위한다는 새마을운동적인 차원에서 모든 지원을 아끼지 않고 있다는 것을 보여주고 있다.

이와 같은 사업이 우리 새마을금고가 대형화되고 건실한 운영을 함으로써 여기에서 발생되는 수익금은 다시 주민들에게 환원되고 지역의 복지사업에 이바지한다는 새마을금고 본래의 취지를 심어주고 있는 것이다.

주민은행으로서 복지사회 건설에 앞장

이처럼 개금동 새마을금고는 눈앞의 이익만을 생각하는 금고가 아니라 백 년 앞을 내다보면서 그때 가서 훌륭한 금고가 되기 위해서는 오늘의 실정에서 무엇을 해야 하는가를 스스로 찾아가며 성장해 왔기에 하늘을 우러러 한 점 부끄럼 없는 운영을 해 왔다고 스스로 자부하고 있다. 이는 모두가 1970년대 새마을금고 지도자들이 불모지나 다를 바 없는 황폐한 땅에서 오직 지역을 위해 헌신하겠다는 봉사정신 하나로 열심히 노력해서 오늘날과 같은 대형금 고로 성장한 것이다.

앞으로 개금동 새마을금고는 이같은 성장을 초석으로 하여, 안으로 내실을 튼튼히 하고 밖으로는 지역복지사업에 더욱 정진하고자 다음과 같은 계획을 갖고 있다.

첫째, 업무처리의 쇄신이다.

새마을금고는 회원을 위한, 회원에 의한, 회원의 금고가 되어져야 하기 때문에 주민의 은행, 주민의 교실로서 소임을 다할 때 풍요로운 복지사회 건설을 이룩할 수 있는 정신·경제 결합의 기반인 것이다. 그러기 위해서는 내적으로 경영의 합리화를 기하고 조직의 체계화와 기능화 및 전 직원의 업무의 전문화를 도모케 하여 공신력 증대에 더욱 힘쓰겠으며, 업무의 신속한 처리 및 정확성을 기하기 위하여 앞으로 전산화 추진에 계획을 두고 있다. 둘째, 장학금의 확대지급이다.

현재 관내 3개 국민학교 학생을 대상으로 하여 매년 지급하고 있는 장학금을 앞으로는 중학생, 고등학생 나아가서는 대학생까지 확대실시하여 불우한 학생들의 진학에 도움을 주고자 한다.

세째, 학자금의 저리융자이다.

가정환경이 어려워 진학 자금에 고통이 있는 학생을 대상으로 학자금에 소요되는 자금에 한하여 아주 싼 저리의 이자로써 공부하고자 하는 학생들에게 많은 혜택을 주고자 한다.

이상과 같은 계획 외에도 새마을사업을 지원하고 현재 하고 있는 기존 사업도 조금씩 늘려 나갈 계획이며, 마을금고의 여·수신업무의 착실한 토대 위에서 실리를 추구하고 추구된 실리를 회원 및 지역에 환원하며 공동유대를 촉진시켜 다시 새마을금고로 집결시켜 공동운명체로서의 경제조직기능을 활성화하여 연속적 순환으로 정신과 경제가 결합되게 하는 것이 복지사회 구현의 지름길이라 믿기에, 개금동 새마을금고는 오늘도 내일도 찬란한 미래를 위해 꾸준한 노력만이 있을 것이다.

11화 무지의 마을을 밝힌 독서의 횃불

충청북도 중원군 노은면 우성 3리 우성새마을금고

삼면이 병풍처럼 산으로

우성마을은 충북 충주시에서 서울방면 국도를 따라 서쪽으로 12km 지점에 위치한 주덕면에서 다시 옛날 민비가 충주지방에 피난가서 고종임금이 계신 북쪽을 향하여 재배하였다는 국망산 쪽으로 7km를 가면 노은면 소재지가 나오는 데 이곳에서 다시 남쪽으로 1km를 더 가면 덕련산과 매봉산 골짜기에 44호의 농가에 주민 218명이 살고 있는 우성마을이 나타난다.

마을에 들어서면 부유한 편은 아니지만 잘 살려는 의지가 굳은 마을이라는 것을 한눈으로 알 수 있게 된다.

이 마을이 이렇게 잘 살아 보자는 의욕이 불붙게 된 원동력은 바로 새마을문고운동이 성공함으로써 비롯된 것이다.

이처럼 가난하고 게으르던 마을이 알아야 한다, 알자면 배워야 하고, 배워서는 실천해야 하며, 실천해야만 잘 살 수 있다는 철칙을 일깨워준 동기는 1986년도 국민독서경진대회 운영부문 자립상을 수상한 우성새마을문고의 회원들과 주민들이 책에서 스스로 터득해낸 지식으로 부지런히 깨우치고 실천하여 잘 살아 보자고 용트림한 결과인 것이다.

책속에서 길을 찾고

우성마을 주민들은 옛날부터 책을 가까이 하고, 책속에 길이 있음을 알며, 읽어 실천하고자 하는 부지런하고 잘 살려는 의욕이 넘친 주민들이 아니었다. 1978년 이전만 해도 세끼 밥먹기도 어려운데 무슨 책을 읽느냐면서 그저 여름한철 대대로 내려오는 농사법대로 농사를 지어 놓고는 내년 오뉴 월 모내기까지 마을 공터나 주막에 모여 윷가락이나 던지며 먹고 노는 허송세월을 보내기 일쑤였다.

주민들은 가난이 게으르고 무지한 탓인지도 모르고, 그저 잘 살고 못사는 것이 팔자나 운수소관에 달렸다고 여기며 신세타령만 하고 그날 그날 살아가는 생활상이 고작이었다. 그렇게 지내다간 우성마을이 도저히 가난에서 벗어날 수 없다고 생각한 젊은 청년들은 몇차례 모임을 갖고 마을이 잘 살려면 무엇보다도 주민들이 깊은 잠에서 깨어나야 한다고 생각하고 젊은 20~30대들로 최초 12명을 회원으로 하여 마을문고회를 조직했다. 회원들은 우선 회관에 도서 150권을 비치하고 주민들에게 잘 살려면 알아야 하고 알기 위해서는 책속에 길이 있으니 바로 책을 가까이 하여 잘 살 수 있는 내일로 가자고 설득하기 시작했다.

이때부터 우성마을 주민들은 잘 사는 마을을 만들기 위해서는 독서운동이 절실히 필요하다고 차츰 깨닫게 되었다.

고난과 역경을 딛고

회원들이 고생 끝에 막상 새마을문고를 설치하고 보니 주민들은 설득과 권장에도 반응은 냉담하기만 하였다.

그러나 일단 문고를 개관해 놓자 학생들이 제일 민감한 반응을 보이기 시작했다. 회원들은 이에 한가닥 기대를 갖게 되었다.

그러나 학생들이 읽어야 할 도서가 부족하자 회원들은 밤낮을 가리지 않고 도서의 보충방안을 강구했다.

그러던중 1980년 여름 마을총회에서 마을회관 화장실을 신축키로 결의가 되었는데 농번기라 이웃마을 업자에게 위탁 신축을 하려는 것을 알고 문고 회원들은 부락의 새마을지도자 및 리장, 개발위원들을 찾아가 화장실을 회원들의 힘으로 신축할테니 그 비용을 문고 회원들에게 줄 수 없겠느냐고 간청하여 쾌히 승락을 얻어냈다.

공사에 서툰 회원들이 화장실을 신축하기란 무척 힘이 들었다. 공사도중 회원 1명은 빈혈로 쓰러지고 또 한명은 손을 다치기까지 했다. 공사가 늦어 지자 주민들은 공연히 업자들에게 맡겼던들 이런 불상사는 없었을 것이라고 불평했다. 회원들은 이런 원망을 들어가며 마무리 공사를 무사히 마치게 되었다. 공사를 끝내고 보니 그런대로 제반 공사비를 공제하고도 16만 원의 기금이 조성되었다. 회원들은 처음으로 마련한 문고 공동기금이기에 기쁘고 자랑스러웠다.

회원들은 이 기금으로 문고발전을 위하여 어떻게 뜻있게 사용할 것인가를 생각했다. 그러자 책을 보고 싶어도 책이 없어 보지 못하는 학생들을 위하여 청소년도서를 구입하기로 하고, 학생이나 주민들이 편안히 회관에서 책을 볼 수 있도록 합판으로나마 책상을 만들자고 결의했다. 도서는 6만 원의 기금으로 값싼 책을 구하기 위하여 시내 고물상을 샅샅이 뒤져가며 전과, 수련장, 문제집 등 800권을 마련했다.

회원들은 나머지 기금 10만 원으로는 조립식 앵글 책장 2조를 구입, 도서를 진열하고, 합판과 각목을 구입 책상 6조를 견고하게 제작하여 페인트칠까지 하여 도서실을 장식하고 나니 새마을문고회 설립 2년만에 그런대로 문고다운 면모가 갖추어지기 시작했다.

당시 우성마을의 실정은 주민과 학생들이 필요로 하는 도서를 넉넉히 충족시켜 주지 못하던 때라 시설과 풍부한 학습서를 갖춘 새마을문고는 학생들의 인기를 독차지하게 되었다. 학생들은 회관에 모여 공부에 열중하느라 회관의 불은 밤늦도록 도서실을 밝히게 되었고, 이렇게 바뀌어 가는 학생들의 학습태도를 보고 주민들은 하나 둘 새마을문고를 새로이 인식하기 시작했다.

회원들은 마침내 이들의 공부하는 모습 속에서 새마을문고운동 시작 3년만에 처음으로 보람을 갖게 되었으며, 이때부터 부녀회원들이 교대로 공부하는 학생들에게 야식을 날라다 주고, 남자들은 겨울을 대비하여 난로를 구입해 주는가 하면 땔감을 준비하여 주는 등 생각지도 않던 호의를 보이자 문고 회원들은 더욱 더 용기와 힘을 얻기 시작했다.

주민호응 얻어 급성장길

이렇게 주민들의 호응이 적극 뒤따르게 되자 회원들은 자신감과 의욕을 가지고 문고운동에 더욱 박차를 가하게 되었다.

그러나 피나는 노력과 열의에도 기금 부족의 한계를 계속 느끼게 되자 회원들은 항구적인 기금 마련의 기반을 조성하고자 1981년도에 마을의 유휴지 320평을 개간하여 당년에 30만 원, 1982년도에 40만 원, 1983년도에 46만 원, 1984년도에 52만 원, 1985년도에 59만 원, 1986년도에 37만 원 등 문고 공동농장에서 6년동안에 264만 원의 기금을 조성하는 성과를 거두었다. 또한 1982년도에는 회원들이 솔선하여 상수도공사 및 공동방제 이익금 13만 원, 소하천개발사업 참여 이익금 9만 원 등의 기금을 조성하였고, 1983년도에는 마을진입로 포장 사업을 회원들의 힘으로 추진하여 62만 원의 기금을, 1984년도에는 조림지 하예작업 7ha를 추진 160만 원의 기금을 조성하는 등 공동농장 소득외에도 무려 244만 원의 기금을 더 조성하여 땀흘린 만큼의 공동기금이 늘어나 도서와 시설도 획기적인 발전을 가져왔다.

독서로 정신적 풍요 이뤄

1984년 제4회 새마을문고 군 경진대회에 처녀출전하여 금상과 함께 그해도 경진대회에서는 동상을 차지했다. 이렇게 되자 마을주민들과 회원들은 마을이 생긴 이래, 도 대회에서 단체로 입상하기는 처음이라며 모두들 기뻐 했다.

회원들은 그해의 영광을 모두 부락민들에게 돌리기로 결의하고 그 대신 각 가정마다 사장되어 있는 도서모으기 운동을 전개하여 1,300권을 추가로 수집하는 실적을 거양함으로써 우성 새마을문고의 도서는 마침내 4,200권에 이르게 되었다.

그러자 회원들은 새마을문고는 어린이들이 공부만 하자고 존재하는 것이 아니라 회원과 주민 모두가 더 많이 책을 읽고 깨우쳐 잘 사는 고장을 만드는 데 있다고 주민을 설득하면서 책이 없는 이웃마을에도 100권~500권 단위로 대출하여 인근마을의 주민들이 읽고 깨우치는 협동권 구심문고로 발전 했다.

당시 우성새마을문고를 구심점으로 하여 4개 문고가 참여하던 것이 그동안 차츰 차츰 이웃마을로 번져서 지금은 11개 마을로 확산되는 명실상부한 협동권 문고로서의 선도적 역할을 다하고 있다.

선진문고로 발돋움

현재 우성새마을문고는 회원 27명에 도서 6,912권을 보유하고 연간 대출 10,400여 권의 실적과 11개 협동권 마을에는 8,300여 권을 대출하는 등 연간 총 18,700여 권이 대출되고 있으며, 특히 마을주민에게 대출되는 10,400권은 주민 218명이 연간 1인당 42권의 책을 읽고 있다는 사실을 보여주고 있다. 또한 문고자산으로는 공동기금 및 비품, 건물, 농장 등과 회원사육 흑염 소 150마리를 포함 57,670천 원으로 영구 자립기반을 다져놓고 있다.

그리고 독서운동 확대사업으로는 해마다 독후감 발표회 등을 3회 이상 실시하고 있으며, 어린이 학습지도는 6년째 계속 마을내 대학생들을 통하여 연중 실시하고 있다. 이러한 우성새마을문고의 운영사항이 인근 마을은 물론 전국에 알려지자 1986년도부터 금년까지 견학단이 8회 340여 명이 다녀갔으며, 1986년도에는 제6회 전국 국민독서경진대회 운영부문에서 자립상을 수상받아 명실상부한 전국 최우수 새마을문고임이 입증되었다.

한편, 새마을문고중앙회 중원군지부의 지도아래 우성새마을문고 회지를 1986년도에 창간호를 발간한 이래 금년에도 제2집 발간을 서두르고 있다.

영원히 타오른 독서의 불꽃

마을주민들은 이제 새마을문고운동으로 정신적으로나 물질적으로 충분한 저력을 갖추었다. 책을 통하여 잘 사는 길, 바르게 사는 길을 알 수 있게 되었고, 게으른 것 보다는 부지런한 길이 잘 사는 길이고, 고루한 재래식 영농방법보다는 책에서 배운대로 실천하는 새 기술이 더욱 잘 사는 길임을 터득했다.

독서를 통해 기술을 익힌 우성새마을문고 회원들은 산간오지에 위치한 여건하에서도 충주지방에서 재배가 불가능하다는 메론 재배에도 성공함으로써 금년도에는 노은면내 8개 농가가 봄 재배에 성공한 것을 비롯 점차 확대 재배되고 있다.

책을 읽고 시험하고 실천한다는 것은 개척이고 앞서는 길이라는 것을 터득한 회원들은 이제 더욱 단합하여 우성새마을문고가 1등 새마을문고의 자리를 더욱 굳게 지키도록 노력할 것이며, 전국 제일의 새마을문고를 키워온 저력을 모아 앞으로는 전국 제일의 잘 사는 마을, 평생교육의 우수마을로 가꾸어 갈 것을 다 함께 다짐하고 있다.

부록

마을영웅 1973 목차

우리 마을 우리 나라
박정희 대통령 친필
1화　개미처럼 뭉친힘, 바위 부수고
　　　경기도 용인군 남사면 통삼1리 동막마을
　　　지도자 김종원
2화　4개월만에 이룬 개벽의 증거
　　　충청남도 논산군 상월면 지경리
　　　지도자 양인직
3화　가슴까지 차는 바닷물을 헤치고
　　　전라남도 무안군 망운면 탄도리
　　　지도자 이남주
4화　실의와 가난에서 벗어나 부촌의 꿈을 키우는 마을
　　　전라남도 장성군 진원면 고사리
　　　지도자 송세근
5화　지도자의 집념으로 일어선 문성동
　　　경상북도 영일군 기계면 문성동
　　　지도자 홍선표
6화　마을을 일깨운 부녀지도자의 열성
　　　경상북도 월성군 안강읍 옥산4리
　　　부녀지도자 김영순
7화　도시의 뒷골목에도 새마을의 물결이
　　　부산시 영도구
　　　구청장 송상기
8화　푸른산, 암벽뚫어 부촌을 향한 농로를
　　　경기도 안성군 보개면 구사리 방축마을
　　　지도자 김원식
9화　남다른 의지로 소득 높인 누에치기
　　　경기도 여주군 대신면 율촌 2리
　　　지도자 김연동
10화　부녀 협업으로 이룬 마을 양묘
　　　경기도 평택군 서탄면 사리
　　　부녀지도자 김정희

11화 황금의 소떼가 살찌는 한우마을
   강원도 양양군 양양면 화일리
   지도자 김남하

12화 고냉지 채소재배에 슬픔 이기고
   강원도 평창군 진부면 이목정리
   정돈화

13화 잠업으로 일어선 석화리
   충청북도 청원군 강내면 석화리
   지도자 하상돈

14화 양돈으로 꿈을 이룬 부용마을
   충청북도 영동군 영동읍 부용리
   지도자 한백용

15화 값진 자조정신으로 이룩한 간이상수도
   충청남도 논산군 연무읍 동산1구
   지도자 황종철

16화 쌀 계약재배로 증산의 기적을 낳고
   충청남도 서천군 서천면 사곡리
   지도자 지성해

17화 절망과 시련을 딛고 일어선 운교리
   전라북도 남원군 대산면 운교리
   지도자 복태봉

18화 고난을 물리친 섬마을 신시도
   전라북도 옥구군 미면 신시도
   지도자 이희

19화 푼돈모으기 3년에 600만원 저축
   전라북도 김제군 황산면 의곡마을
   지도자 이종순

20화 알밤으로 부자된 다사마을
   전라남도 광양군 다압면 다사마을
   지도자 서영식

21화 마을금고로 꿈을 이룬 대창마을
   경상북도 영천군 대창면 대창동
   지도자 박홍택

22화 버려진 하천이 돈주머니로 바뀌기까지
   경상북도 칠곡군 가산면 천평동
   지도자 박근수

23화 바다를 가꾸어 부를 낳은 인평마을
   경상남도 충무시 인평동
   지도자 백국신

24화 감귤의 마을 신효리
  제주도 남제주군 서귀읍 신효리
  지도자 김원룡
25화 한 교육자의 의지가 낳은 자활의 열
  강원도 춘성군 북산면 추곡국민학교
  교장 진병황
26화 섬마을에 꽃핀 잘살기 운동
  경상남도 통영군 한산면 장사도
  지도교사 옥미조
27화 병영에 핀 새마을운동
  1. 국토 녹화의 기수
    육군 제2795부대
  2. 1인 1기 교육으로 내일의 새마을 지도자 양성
    육군제6138부대
  3. 바다를 지키는 의지로 꽃피운 병영 새마을
    해군교육단 시설학교
  4. 빨간마후라의 용맹도 국토녹화에
    공군 제5426부대
28화 미담 사례
  1. 생일 특별 휴가를 새마을에 바친 미군 병사
    커넬 와일리(26세), 미 제2보병사단 지원사령부 병장
  2. 금메달의 영광을 고향 새마을에
    임천석(21세), 소속: 기아산업
  3. 새마을 성금으로 보내진 식모살이 적금 통장
    이종란(18세), 소속: 대우실업
  4. 갈고 닦은 기술을 고향 새마을 사업장에
    문도백(44세), 주소: 서울 특별시
  5. 6.25의 맹장들, 새마을운동에
    강익순(53세),주소:부산시 부산진구 동평동 12통3반
  6. 목표 1억원! 새마을 부녀적금
    김애리사(42세), 주소: 부산시 부산진구 가야 2동
  7. 성경 대신 삽과 괭이를 들고
    신부 김병제(42세), 주소: 충남 당진군 합덕면 합덕리(천주교회)
  8. 어느 지도자의 값진 죽음
    고 심상옥(사망당시 70세), 주소: 충남 부여군 부여읍 군수리
  9. 미혼 여직원의 새마을 지도

온성녀(24세), 소속: 전북 김제군 금구면 사무소(지방행정서기보)
10. 절미 저축으로 물동이 버린 신촌 마을
    강연주(46세), 주소: 경북 고령군 쌍림면 신동
11. 학생들의 노력으로 밝아진 망경거리
    김철주(19세), 소속: 진주농전 5학년
12. 대학가에 불어 닥친 새마을의 열풍
    교수 백자춘(53세), 소속: 제주대학

마을영웅 1974 목차

우리 마을 우리 나라
박정희 대통령 친필
1화 개미 다리 만들어 육지마을 된 엇섬
    경기도 화성군 송산면 고포1리 엇섬마을
    지도자 조기철
2화 목사 새마을지도자가 이룩한 삼화마을
    충청남도 당진군 석문면 삼화리
    지도자 이인화 목사
3화 억척스런 어부 아내들이 이룬 선촌 마을
    경상남도 통영군 용남면 화삼리 선촌마을
    지도자 서희순
4화 자갈밭과 싸워 마을지도 바꾼 기적의 수상리
    강원도 양양군 서면 수상리
    지도자 이영운
5화 협동과 근면으로 얻은 영광, 월송 3리
    경상북도 울진군 평해면 월송3리
    지도자 김주식
6화 피와 땀 그리고 맨주먹으로 이룬 숙원
    충청남도 공주군 유구면 용목·상세마을
    지도자 원창재
7화 자립에의 의지로 풍요를 꽃피운 장열1리
    강원도 정선군 북면 장열리
    지도자 최진규
8화 협동의 슬기 모아 잘 살게된 뽕나무 골
    전라북도 정읍군 정주읍 진산리 삼군 마을
    지도자 이정균
9화 바다와 싸워 잘 살게 된 땅끝 마을
    전라남도 해남군 화원면 구림리

    지도자 김동준
10화 갯벌을 옥토로 만든 두호마을
    경상남도 고성군 마암면 두호마을
    지도자 이응주
11화 근면과 협동으로 소득을 높인 망월1리
    경기도 광주군 동부면 장얼 1리
    지도자 김학성
12화 과학영농의 실천으로 번영의 터전을 마련
    전라남도 고흥군 금산면 동정 (금산농협)
    조합장 박종안
13화 탁월한 지도력으로 이룩한 새마을교육
    충청북도 진천군 교육장
    최영백
14화 생산·판매의 일관체제로 새농촌 이룩
    충청북도 청원군 옥산 단위농협
    참사 정환문
15화 근면, 검소, 협동으로 소득증대
    경기도 옹진군 선감어촌계
    어촌계장 전영훈
16화 의지와 협동으로 가난을 물리치다
    경상북도 금능국민학교
    교장 김창식
17화 땀과 의지로 농촌개발에 앞장
    전라북도 농공고등학교
    교장 양종구
18화 자립의 터전을 마련한 장계농협
    전라북도 장수군 장계 단위농협
    조합장 한천석

마을영웅 1975 목차

우리 마을 우리 나라
박정희 대통령 친필
1화 땅은 적어도 잘살수 있다
    전남 승주군 서면 지본리 금평마을
    지도자 김용환

2화 집념으로 이룩한 부자마을
    충남 금산군 추부면 자부리
    지도자 오세춘 양

3화 비닐하우스 재배로 호당소득 140만원 이룩
　　　전북 완주군 용진면 하이마을
　　　지도자 황세연

4화 돌과 싸워 이긴 산간마을의 새 모습
　　　전북 장수군 계내면 원명덕리
　　　지도자 김종오

5화 빗자루 든 12년에 협동기풍 조성한 지도자의 집념
　　　부산시 동래구 온천 1동
　　　지도자 김대선

6화 술과 노름으로 버려진 마을이 부자마을로 탈바꿈
　　　경북 영천군 화산면 덕암1동
　　　지도자 김종식

7화 자립의 기틀을 후손들에게 물려준 산골마을의 투지와 끈기
　　　강원도 명주군 연곡면 퇴곡 1리
　　　지도자 권순종

8화 버려진 땅을 개간 120만원의 소득올린 늑대골의 할아버지
　　　충북 진천군 덕산면 화상리 귀농마을
　　　지도자 권혁관 옹

9화 6년 앞당겨 달성한 호당소득 140만원
　　　경기도 여주군 강천면 대둔리
　　　지도자 원용진

10화 가난한 산골마을을 살기 좋은 낙원으로 가꾼 지도자의 의지
　　　경북 금릉군 봉산면 광천2동
　　　지도자 손성모

11화 지도자의 신념으로 이룩한 고등소채마을
　　　경남 밀양군 하남읍 도암리
　　　지도자 김용훈

12화 억척 부인들이 이끄는 새마을 운동
　　　강원도 강릉시 내곡동
　　　부녀회장 심정인

13화 불굴의 투지로 이룩한 백마강변의 기적
　　　충남 부여군 부여읍 군수리
　　　지도자 김종섭

14화 '하면 된다'는 신앙으로 이룬 기적의 도서 새마을
　　　경남 남해군 남해던 평리 외금마을
　　　지도자 여주대

15화 고양이 사육으로 시작된 외딴섬의 새마을
　　　전남 완도군 금일면 동백마을
　　　지도자 전재진

16화 근검 저축으로 잘살게 된 협동엄마들
　　　충북 청원군 강외면 동평부락
　　　부녀지도자 신순분
17화 가난을 협동으로 물리친 감귤마을
　　　제주도 남제주군 서귀읍 서홍리
　　　지도자 변창호
18화 첩첩 산골에 세워진 수출공장
　　　전남 구례군 구례읍 백련리
　　　지도자 안기호
19화 주민과 밀착하여 풍요한 고장 만든 농협
　　　경북 영양군 석보면 농협
　　　조합장 최병대
20화 과학 영농 길잡이가 된 접적촌의 새마을 학교
　　　경기도 강화군 하점 국민학교
　　　교장 홍순일
21화 통일 귤밭 가꾸어 전국 1위 자활학교
　　　제주도 남제주군 남원면 위미 국민학교
　　　교장 오남연

마을영웅 1976 목차

우리 마을 우리 나라
박정희 대통령 친필
1화　억척스런 투지와 협동으로 일어선 산간마을
　　　강원도 삼척군 노곡면 여삼리
　　　지도자 박재명
2화　과학영농으로 풍요를 이룬 창소마을
　　　충남 예산군 예산읍 창소리 1구
　　　지도자 전영우
3화　끈질긴 집념으로 낙후마을의 오명을 씻은 지도자의 의지
　　　전남 영광군 염산면 두우 2리
　　　지도자 김성래
4화　특별지원사업을 바탕으로 자립기반 이룩한 석평3리
　　　경북 봉화군 봉화면 석평 3리
　　　지도자 이성호
5화　보리이삭 주워모아 낙농부촌 이룩한 마을
　　　경기도 평택군 송탄읍 칠원 1리
　　　지도자 김기호
6화　자갈밭 일구어 잘 살게된 내응마을

충북 괴산군 연풍면 유하리 내응마을
지도자 이원명

7화 갯벌 10만평을 황금벌로 일군 굴포마을
경남 사천군 서포면 굴포마을
지도자 박점생

8화 협동의 슬기로 잘 살게된 대곡마을
충남 연기군 전의면 대곡리
지도자 손석주

9화 농외소득으로 삶의 기반을 닦고 일어선 부자마을
전남 장성군 장성읍 상오 1리
지도자 김명수

10화 첩첩 산골에 협동의 바람을 일으킨 의지의 지도자
전북 무주군 설천면 길산리 지전마을
지도자 장인록

11화 불굴의 여심으로 이룩한 부자마을
충북 영동군 양강면 지촌리
부녀지도자 김주명

12화 하면 된다는 신앙으로 성공한 협동권 사업
제주도 남제주군 표선면 가시리
지도자 김한석

13화 전쟁의 잿더미위에 일어선 접적지구 선도마을
강원도 양구군 양구면 도사리
지도자 이강섭

14화 공동어장 개발로 가난을 씻고 일어선 어촌
경북 영일군 청하면 이가리
지도자 김호달

15화 어머니들이 구심체가 되어 일으킨 살기 좋은 새마을
경북 영주군 영주읍 문정 2리
부녀지도자 정명규

16화 마을금고 만들어 협동정신 일깨운 난곡마을
서울 관악구 신림3동 난곡마을
지도자 정현모

17화 돼지길러 일어선 부자마을
경기도 부천시 소사동 영신마을
지도자 박홍선

18화 빗자루 들고 협동정신 일깨운 거리의 전도사
부산시 부산진구 부전 2동
지도자 정운석

19화 폐허된 곳을 정비하여 상가를 조성한 충의마을

충북 충주시 충의동 4통
　　　지도자 노진택
20화 억척스런 부인들의 근검, 절약으로 잘 살게된 마을
　　　전북 전주시 남노송동 5통
　　　부녀지도자 이옥례
21화 부인들이 뭉쳐 협동과 인화를 조성하고
　　　경기도 시흥군 서면 칠산 6리 광복아파트
　　　부녀지도자 유옥자
22화 억척부인의 힘으로 불러 일으킨 협동정신
　　　서울 서대문구 역촌동
　　　부녀지도자 윤수자
23화 새마을운동으로 원가절감과 생산성을 높인 시범공장
　　　부산시 동명목재상사
　　　지도자 김오수
24화 새마을교육을 바탕으로 경영개선에 성공한 기업
　　　전남 광산군 삼양타이어 공업 주식회사
　　　지도자 박상구
25화 새마을연수원을 세우고 지역 사회개발에 앞장선 한일합섬
　　　경남 마산시 한일합섬 마산공장
　　　지도자 손춘수
26화 기술봉사활동으로 지역 새마을운동에 공헌한 생산교육
　　　서울시 관악구 서울공업고등학교
　　　교장 권순찬
27화 산학협동으로 학구내에 밤나무단지를 조성한 벽지학교
　　　충남 부여군 합수국민학교
　　　교장 이창섭
28화 외딴섬에 횃불 밝힌 학교선생님
　　　전남 완도군 금일면 황재분교
　　　교사 임규태
29화 유통구조 개선으로 조합원의 소득높인 단위농협
　　　제주도 남제주군 표선면 단위농협
　　　조합장 강지명

마을영웅 1977 목차

우리 마을 우리 나라
박정희 대통령 친필
1화　농외소득원 개발로 풍요를 이룬 마을
　　　경기도 양주군 구리읍 수택 1리

지도자 이완석

2화　부녀회가 앞장서 이룩한 상촌 새마을
　　　전남 나주군 반남면 상촌마을
　　　부녀지도자 김주

3화　산과 바다에서 소득을 얻는 갈마 2리
　　　충남 서산군 부석면 갈마2리
　　　지도자 임철재

4화　신뢰와 집념으로 이룩한 시장 현대화
　　　경남 하동군 하동읍 중앙2동
　　　지도자 이수종

5화　협동의 의지로 풍요한 전원을 이룩한 마을
　　　제주도 남제주군 남원면 위미2리
　　　지도자 김봉훈

6화　산간오지의 악조건을 협동으로 극복한 마을
　　　경북 청송군 부동면 이전마을
　　　지도자 임도봉

7화　마을금고로 가난을 몰아낸 지북마을
　　　전북 순창군 적성면 지북마을
　　　지도자 김진홍

8화　가난을 물리친 호박의 기적
　　　강원도 춘성군 서면 서상 2리
　　　지도자 정일섭

9화　농학사가 이룩한 양계 단지 마을
　　　경기도 화성군 반월면 입북2리
　　　지도자 이철우

10화 억센 의지로 전국 제일의 부자마을 이룩
　　　전남 해남군 송지면 어불마을
　　　지도자 박태민

11화 부녀자의 협동으로 이룩한 잘사는 마을
　　　충북 괴산군 감물면 남양마을
　　　부녀지도자 박필희

12화 축산소득을 바탕으로 환경을 일신한 마을
　　　경남 함안군 칠원면 곡촌마을
　　　지도자 조규용

13화 땅은 거짓이 없고 하늘은 스스로 돕는 자를 도왔다
　　　전북 임실군 지사면 목평마을
　　　지도자 허만욱

14화 협동의 슬기모아 산허리를 뚫고
　　　전남 여천군 소라면 봉두 1리

지도자 백승인
15화 근교원예로 소득구조를 개선한 관산 2리
　　　경기도 고양군 벽제면 관산2리
　　　지도자 송상득
16화 고난을 딛고 일어선 영광
　　　경남 함양군 백전면 내곡마을
　　　지도자 서귀열
17화 사랑과 봉사로 다져진 동화청소년 학교
　　　서울특별시 중구 신당 5동
　　　지도자 염진수
18화 배움의 길 열어 불우 청소년에게 꿈과 희망을
　　　부산시 동래구 부곡동
　　　지도자 김종암
19화 도심 골목에서 피어난 새마을의 꽃
　　　경기도 인천시 동구 송림3동
　　　지도자 문재영
20화 불굴의 집념으로 이룩한 협동새마을
　　　서울특별시 강서구 화곡본동
　　　지도자 이민형
21화 어둠을 밝힌 성남동의 횃불
　　　강원도 강릉시 성남동
　　　지도자 김학선
22화 손 쉬운일 하나 하나가 바로 도시 새마을 운동
　　　전북 전주시 중노송 1동
　　　부녀지도자 손은순
23화 새마을 운동으로 경영을 합리화시킨 중소기업
　　　전남 목포시 행남특수도기 주식회사
　　　사장 김준형
24화 노사 협조가 이룩한 오늘의 충남방적
　　　충남 천안시 충남방적 주식회사
　　　사장 이종성
25화 과학영농으로 자립기반 다진 단위농협
　　　전남 영암군 신북면 단위 농협
　　　조합장 임광순

마을영웅 1978 목차

우리 마을 우리 나라

박정희 대통령 친필
1화 주민 협동으로 풍요의 기적을 낳은 남평 새마을
    강원도 정선군 북면 남평
    지도자 도낙형
2화 공장 새마을운동 성공사례
    경기도 성남시 삼영전자 (주)
    대표 변호성
3화 광산촌 주민들이 이룩한 희망의 낙토
    충남 보령군 미산면 도화담
    지도자 이규우
4화 모래땅에 희망을 심은 새마을 교육
    강원 삼척군 근덕면 맹방국교
    교장 민설기
5화 버려진 바다를 소득의 보고로 개발한 소고포새마을
    경남 통영군 한산면 소고포
    지도자 김호수
6화 공장새마을운동 성공사례
    전남 목포시 행남특수도기 (주)
    지도자 김태주
7화 자갈밭에 풍요의 의지를 심은 현리 새마을
    경북 청도군 풍각면 현리
    지도자 정영조
8화 자연의 악조건을 협동으로 극복
    전남 장흥군 대덕면 응암어촌계
    어촌계장 박세옥
9화 표고재배로 벽촌의 가난을 몰아낸 용연새마을
    전북 완주군 동상면 용연
    지도자 유흥식
10화 소득원 개발로 지역사회에 기여한 새마을학교
    경기도 양평군 양평 종합고교
    교장 오병철
11화 수몰 지구의 기적
    충남 예산군 대흥면 하탄방리
    지도자 박한용
12화 부부지도자의 끈질긴 집념으로 소망이룬 소도읍
    경남 남해군 이등면 무림리 정거
    지도자 김순이
13화 잡초지를 개답하여 이룩된 부자마을
    경기도 화성군 팔탄면 노하3리

지도자 홍성직
14화 자연의 악조건에 도전한 고냉지마을
강원도 평창군 도암면 차항 2 리
지도자 김진원
15화 금강물을 끌어올려 부자마을이 된 금정마을
충북 영동군 심천면 금정리
지도자 민방식
16화 가뭄과 장마를 같이 극복한 소도읍 가꾸기 사업
충남 논산군 연산면 연산리
지도자 강대창
17화 고난을 물리친 섬마을 주민들
전남 여천군 돌산면 군내리
지도자 고효주
18화 인보 협동의 새마을 열매
경북 고령군 덕곡면 옥계동
부녀지도자 김옥순
19화 바다를 개척하여 부자마을 이룩
경남 거제군 거제면 법동리 산전
지도자 최재림
20화 갯더미 속에서 피어난 풍요의 꽃
제주도 북제주군 한림읍 금악리
지도자 박병규
21화 가난을 극복하고 국제 시범 마을로
강원도 춘성군 신동면 거두2리
지도자 최종민
22화 고추재배로 복지농촌 건설*144*
충북 보은군 내북면 봉황리
지도자 김정섭
23화 억척 부인들이 이끈 새마을운동
전남 무안군 무안면 성동리
지도자 김소자
24화 갯바람 속에서 이룩한 부자마을
제주도 남제주군 서귀포 일과 2리
어촌계장 강춘화
25화 한알의 밀알이 도시 새마을연수원을 설립
서울 중구 을지로 3. 4. 5 가동
지도자 김광석
26화 티끌모아 태산
부산시 서구 장림동

지도자 김귀정

27화 고리채를 물리치고 새마을금고 이룩
서울 동대문구 창신동
지도자 전무웅

28화 부녀회가 이룩한 새마을공장
전북 이리시 송학동 망기
지도자 방종녀

29화 신념과 개척정신으로 성공한 새마을
경북 대구시 북구 노원 3가
지도자 김성기

30화 인내와 협동으로 사회냉대를 극복
서울 강남구 내곡동 헌인마을
지도자 김광창

31화 피와 땀으로 개량한 판자집 2,000동
부산시 서구 감천동
지도자 이원선

32화 4억원을 저축한 종합근대화시장
경기도 안양시 안양 4동
지도자 김경영

마을영웅 1979 목차

우리 마을 우리 나라
박정희 대통령 친필

1화 땀으로 얼룩진 전천후 농토
경북 영천군 영천읍 녹전 2 리
지도자 정진욱

2화 잡는 어업에서 기르는 어업으로 성공
경기 시흥군 군자면 정왕 6리
지도자 박형진

3화 농학사의 집념으로 부자마을 이룩
강원 횡성군 공근면 수백리
지도자 이인원

4화 불모의 땅에 이룩한 본촌리 새마을
강원 삼척군 근덕면 본촌리
지도자 김명수

5화 협동으로 이룩한 선진새마을
충북 충원군 동량면 용교리 용대
지도자 신현선

6화 의지와 협동으로 복지농촌 건설
　　충북 음성군 음성읍 평곡 4리
　　지도자 이정일

7화 마을양묘로 협동하는 상당 부녀회
　　충북 음성군 원남면 상당리
　　부녀회장 신호순

8화 야산개간으로 푸른 낙원을 이룬 마을
　　충남 아산군 둔포면 염작 2리
　　지도자 임식순

9화 불모지 개발로 약진하는 기룡마을
　　전북 김제군 금산면 기룡
　　지도자 오석일

10화 높아진 소득으로 마을구조도 바꾸고
　　전북 군산시 개정동 금동
　　지도자 이해연

11화 섬을 육지로 바꾼 마을
　　전남 해남군 황산면 증의
　　지도자 김태균

12화 근검 절약으로 전국 제1의 부자마을
　　전남 고흥군 봉래면 선창
　　지도자 김종우

13화 구습에서 깨어난 천전마을
　　경북 안동군 임하면 천전
　　지도자 김시억

14화 축산과 싸리 세공으로 부자마을 이룩
　　경남 합천군 야로면 하빈 1구
　　지도자 유인향

15화 굳센 의지와 신념이 낳은 복지어촌
　　경남 양산군 일광면 칠암
　　지도자 김정근

16화 소나무 숲을 다각 영농장으로 변모
　　제주 북제주군 애월면 용흥
　　지도자 강상순

17화 낙도의 설움을 이긴 어촌계의 슬기
　　제주 북제주군 추자면 영흥리
　　어촌계장 김홍복

18화 폐품수집으로 성공한 아파트 새마을
　　서울 강남구 삼성동 AID 아파트 9통
　　지도자 민오임

19화 도시 새마을운동의 산 교육장
　　　서울 영등포구 오류 1동
　　　지도자 강장석

20화 소비절약은 우리 모두의 생활
　　　서울 강남구 반포 1동
　　　부녀회장 최영례

21화 나의 꿈은 인정과 의리가 넘치는 사회
　　　부산 영도구 청학 2동
　　　지도자 박성도

22화 역전의 용사가 새마을의 기수로
　　　부산시 북구 구포 2동
　　　지도자 황기숙

23화 새마을금고가 지역개발에 앞장
　　　경기 성남시 추진 2동
　　　지도자 김상문

24화 가난의 탈 이렇게 벗었다
　　　충남 대전시 문창 2동
　　　지도자 이장호

25화 저습답의 딸기재배로 이농 줄어져
　　　새마을기술봉사단 전남도단
　　　(전남 장성군 고흥등 중학교)
　　　단원　양복승

26화 개펄에 기르는 어업을 정착
　　　전남 완도 수산고등학교
　　　교사 이성일

27화 공장 새마을운동 성공사례
　　　부산시 동래구 태창기업(주)
　　　대표 황래성

28화 공장 새마을운동 성공사례
　　　경북 문경군 대성탄좌(주) 문경광업소
　　　대표 윤한욱

29화 새 부대 만들기를 새마을운동으로
　　　해군 제7627부대
　　　부대장 준장 김사준

30화 생산판매 일관화로 소득증대 이룩
　　　강원 원성군 부론농협
　　　조합장 심상기

31화 지역개발에 앞장서 온 농협
　　　경남 고성군 고성단협

조합장 조경문

마을영웅 1981 목차

이 책을 엮어내면서
박정희 대통령 친필

1화 불구의 몸으로 이룩한 금곡1리
     경기 화성군 동탄면 금곡1리
     지도자 임종만(57세)

2화 한탄강변에 기적을 낳고
     경기 연천군 관인면 냉정1리
     지도자 이조웅(40세)

3화 40년만에 옥답을 다시 찾고
     강원 양양군 서면 수리
     지도자 윤한규(41세)

4화 대암산 기슭의 우렁찬 함성
     강원 양구군 동면 원당리
     부녀지도자 정리리(44세)

5화 꿈이 열리는 복지마을
     충북 음성군 음성읍 신천2리
     지도자 장창우(44세)

6화 고등채소 재배로 이룩한 부자마을
     충남 부여군 규암면 외리3리
     지도자 박재원(38세)

7화 해일을 이겨 낸 주민들
     전북 부안군 하서면 불등 마을
     지도자 이장권(36세)

8화 버려진 섬을 보배 섬으로
     전남 진도군 의신면 수품리
     지도자 장재호(31세)

9화 소득원을 개발 가난을 몰아내고
     전남 곡성군 석곡면 연반 4리
     지도자 유종표(41세)

10화 동해안의 기적을 이룩한 마을
     경북 영덕군 영해면 연평 2동
     지도자 정상두(36세)

11화 비육우사업으로 높아지는 마을소득
     경남 하동군 진교면 사기마을
     지도자 김병만(45세)

12화 돌 땅에서 이룩한 새마을의 산증거
  제주 북제주군 한림읍 옹포리
  지도자 장경욱(38세)

13화 개척의 의지로 복지마을을 이룩
  제주 남제주군 남원읍 하레1리
  지도자 김태수(40세)

14화 하면 된다는 굳은 신념으로
  서울특별시 도봉구 번2동
  지도자 한상운(42세)

15화 새마을 고개 10년을 넘다
  서울 용산구 보광동
  부녀지도자 김옥성(48세)

16화 푸르고 건강한 도시에의 의지
  부산 남구 대연1동
  지도자 장기욱(51세)

17화 젊은 의지로 이룩한 새마을
  부산 동래구 부곡2동
  지도자 김종암(40세)

18화 의지와 집념이 낳은 도시새마을
  대구 동구 신천1동
  지도자 심홍섭(48세)

19화 새마을운동으로 이룩한 관광월미도
  인천 중구 북성동
  지도자 남상후(46세)

20화 도시새마을운동에 앞장 선 불굴의 지도자
  충남 대전시 중구 선화3동
  지도자 이계형(42세)

21화 내일을 향한 끝없는 도전
  전북 정주시 시기2동 대흥1리
  지도자 곽철만(44세)

22화 부녀회가 이룩한 살기 좋은 도시마을
  경북 김천시 모암동
  부녀지도자 임봉선(33세)

23화 새마을운동으로 부대환경을 바꾸어 놓고
  공군 제 3695부대
  부대장 중령 정지수(42세)

24화 역경을 이겨 낸 학교 자활 영양급식
  충북 음성군 원당국민학교
  교장 박성갑(57세)

25화 낙도에 장학 기반을 조성하고
　　경남 의창군 장항국민학교
　　교장 윤원강(57세)
26화 협동으로 기술혁신
　　경기 부천시 유성기업(주)
　　지도자 박종국(47세)
27화 공장을 제2의 가정으로
　　대구직할시 남산물산(주) 이현공장
　　지도자 정은채(43세)
28화 돌산을 푸른 목장으로 바꾼 후계지도자
　　충북 음성군 금일면 육영마을 청소년회
　　회장 최운회(25세)
29화 지역개발을 선도하는 적산단위 농협
　　충남 진천군 적산면 적산단위 농협
　　조합장 이용섭(46세)
30화 협동으로 기적을 낳은 어촌마을
　　경남 울산시 주전동 어촌계
　　어촌계장 이보영(50세)

마을영웅 1983 목차

1화　새마을운동으로 기적을 낳은 매바위마을
　　경기 화성군 남양면 장덕1리
　　부녀지도자 어채봉(35세)
2화　하늘밑 첫동네가 부자마을이 되기까지
　　강원 평창군 도암면 차항2리
　　지도자 박빙승(35세)
3화　인내와 끈기로 이룩한 복지 어촌마을
　　강원 고성군 죽왕면 오호2리
　　지도자 신응균(50세)
4화　다각적인 복합영농으로 부자마을 이룩
　　충북 괴산군 칠성면 사곡마을
　　지도자 송관헌(44세)
5화　주민의 협동으로 이룩한 복지어촌
　　충남 서산군 안면읍 황도리
　　지도자 편무호(34세)
6화　끝없는 새마을운동을 향하여
　　전북 남원군 운봉면 연동마을
　　지도자 박용선(38세)

7화 새마을운동에 남은 생애를 바치기로
       전북 완주군 이서면 후농마을
       부녀지도자 배종환(48세)

8화 하나의 힘보다 열개의 힘으로
       전남 여천군 화양면 소장마을
       지도자 최용권(41세)

9화 5년간의 대역사 끝에 마을의 길을 내고
       전남 순천시 삼산동 조비마을
       지도자 이봉춘(48세)

10화 조상의 얼을 받들어 복지마을로
       전남 광산군 임곡면 광곡마을
       지도자 기영호(34세)

11화 강변 백사장에 이룩한 복지마을
       경북 선산군 선산읍 원3동
       지도자 김성배 (35세)

12화 바다를 개발하여 부자마을 만들고
       경북 영일군 구룡포읍 삼정 2리
       지도자 권혁주(42세)

13화 부녀회의 활동으로 복지마을 건설
       경북 안동군 임하면 신덕 1리
       부녀지도자 이헌정 (34세)

14화 실패를 딛고 일어선 섬마을
       경남 통영군 한산면 여차마을
       지도자 이충남 (38세)

15화 복합영농으로 부자가 된 후곡마을
       경남 의령군 화정면 후곡마을
       지도자 김영수(38세)

16화 피땀으로 이룩한 축산마을
       제주 남제주군 표선면 성읍리
       지도자 양남일(38세)

17화 황무지에 싹튼 밀알
       서울 도봉구 중계동
       지도자 김동익(42세)

18화 반상회가 점화시킨 새마을의 불길
       부산 동구 수정 1동
       지도자 류지형(52세)

19화 고물 아줌마
       부산 남구 남천동
       부녀지도자 지영자(39세)

20화 주민화합으로 이룩한 선진마을
   대구 남구 봉덕 1동
   지도자 김삼태(45세)
21화 주민 단결로 이룩한 복지마을
   대구 동구 신천3동
   지도자 권기범(44세)
22화 협동으로 이룩한 도시새마을운동
   인천 동구 송림 5동
   부녀지도자 김옥희(47세)
23화 오늘의 송탄시 부녀회가 있기까지
   경기 송탄시 신장 1동 12통
   부녀지도자 최정애(41세)
24화 빈민촌에서 12억 자산을 조성
   강원 원주시 개운동
   새마을금고 이사장 이강부(50세)
25화 도시 새마을운동은 부녀회에서
   충북 청주시 탑대성동 8통
   부녀지도자 최영자(36세)
26화 시장새마을운동의 결실
   전북 정주시 언지동 미장마을
   지도자 박원규(53세)
27화 꽃과 노래와 웃음으로 가득찬 즐거운 학교
   충남 대전시 충남여자중학교
   교사 윤성웅(42세)
28화 일심운동으로 주인의식을 정착
   전남 목포시 남양어 망공업주식회사
   대표이사 홍순기(55세)
29화 주인의식으로 뭉친 내 직장
   경기 성남시 경기교통(주)
   대표이사 김충호(53세)
30화 클로바의 힘으로 복지마을 건설
   충남 당진군 석문면 통상리
   덕송새마을청소년회 회장 임임규(22세)
31화 농산물 유통개선으로 자립 농촌건설
   경남 밀양군 삼랑진
   단위농협 조합장 정대근(40세)
32화 자립의지로 역경을 극복한 어촌계
   강원 고성군 현내면 초도리 어촌계
   어촌계장 이상근(47세)

마을영웅 1984 목차

우리 마을 우리 나라
박정희 대통령 친필

1화 고등채소 재배로 이룩한 부자마을
　　경기 안성군 미양면 하개정리
　　새마을지도자 민성근(49세)

2화 과학적인 영농으로 부자마을 이룩
　　강원 홍천군 화촌면 외삼포1리
　　새마을지도자 박덕유(40세)

3화 마을 발전을 위한 지도자의 집념
　　충북 영동군 학산면 모리마을
　　새마을지도자 한병식(38세)

4화 재난극복과 바다개발로 이룩한 부자마을
　　충남 당진군 석문면 통정2리
　　새마을지도자 한기룡(54세)

5화 폐천을 개간하여 이룬 복지마을
　　전북 남원군 산동면 중절마을
　　새마을지도자 소성석(45세)

6화 젊음의 의지가 이룬 복지마을
　　전남 승주군 황전면 내구마을
　　새마을지도자 박홍덕(35세)

7화 포도재배로 이룬 복지마을의 꿈
　　경북 칠곡군 지천면 금호마을
　　새마을지도자 유종순(43세)

8화 공동어장 부활로 복지어촌 건설
　　제주 남제주군 대정읍 가파마을
　　새마을지도자 이인식(54세)

9화 역경을 딛고 일어서서
　　서울 종로구 창신 2동
　　새마을지도자 강수길(40세)

10화 에너지 절약은 새마을운동으로
　　부산 남구 문현2동
　　새마을지도자 이두출(32세)

11화 주민의 뜻을 모아 탈바꿈한 기지촌
　　대구 동구 입석동
　　새마을지도자 박영환(45세)

12화 뜻과 의지가 있는 곳에 길이
　　인천 북구 부개동

새마을지도자 박용완(47세)
13화 우리는 이렇게 뭉쳤다
경남 울산시 신정3동
부녀지도자 이을우(37세)
14화 공장새마을운동으로 일등공장을 건설
경기 화성군 주식회사 중외제약
대표이사 이종호(52세)
15화 협동과 봉사에 보람을 갖고
경기 수원시 여자운전자회
회장 심순희(33세)
16화 지역에는 벽지있어도 교육에는 벽지없다
강원 삼척군 삼척여자중학교
교감 권오상(48세)
17화 협동과 단결로 찌든 가난을 몰아내고
경남 남해군 삼동면 금송리
어촌계장 하문토(58세)

마을영웅 1987 목차

1화 올림픽을 위한 지도자의 자세
서울특별시 종로구 종로 5·6가동
새마을지도자 박연택(49세)
2화 86 아시아경기대회와 부녀회원들의 봉사활동
경기도 성남시 성남동
부녀지도자 김선규(42세)
3화 집념으로 이룬 소망
전라남도 승주군 주암면 백록리
새마을지도자 조준헌(37세)
4화 주민의 피땀과 화합으로 이어진 달천교
경상북도 군위군 소보면 봉황 3동
5화 인삼재배로 키운 복지마을의 꿈
전라북도 진안군 마령면 덕천리 신덕마을
6화 바지락이 숨쉬는 복지터전
전라남도 보성군 득량면 해평리 구룡마을
7화 불모지에서 피땀흘려 이룬 보람
대구직할시 북구 산격2동 산격 시영아파트
8화 올림픽을 향한 화합
인천직할시 남구 옥련동

9화 새마을운동으로 이룬 세계속의 라니
  인천직할시 북구 작전동 라니산업(주)
10화 새마을금고 육성으로 이룬 복지마을
  부산직할시 부산진구 개금동 새마을금고
11화 무지의 마을을 밝힌 독서의 횃불
  충청북도 중원군 노은면 우성 3리 우성새마을금고